高 等 学 校 教 材

化学实验室安全基础

FUNDAMENTALS OF CHEMICAL LABORATORY SAFETY（第二版）

主编 姜文凤 刘志广

中国教育出版传媒集团
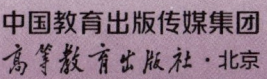
高等教育出版社·北京

内容提要

　　本书可作为高等学校化学实验室安全教育类课程的教材使用。 全书共分七章，内容包括：绪论，火灾、预防与自救，危险化学品安全防护基础知识，化学实验室安全用电基础知识，化学实验室设备操作及安全防护基础知识，化学实验室废弃物的安全处理与管控，化学实验室注意事项、事故处置与典型案例分析。本书内容简明、贴近实际、时代感强，并配有丰富的数字化资源。

图书在版编目（CIP）数据

化学实验室安全基础／姜文凤，刘志广主编.
2 版. ── 北京：高等教育出版社，2025.9. ──ISBN
978-7-04-065352-6

　Ⅰ．O6-37

中国国家版本馆 CIP 数据核字第 2025U1Z365 号

Huaxue Shiyanshi Anquan Jichu

策划编辑	付春江	责任编辑	李　颖	封面设计	赵　阳	版式设计	杜微言
责任绘图	李沛蓉	责任校对	刘丽娴	责任印制	张益豪		

出版发行	高等教育出版社	网　　址	http://www.hep.edu.cn
社　　址	北京市西城区德外大街 4 号		http://www.hep.com.cn
邮政编码	100120	网上订购	http://www.hepmall.com.cn
印　　刷	北京中科印刷有限公司		http://www.hepmall.com
开　　本	787mm×1092mm　1/16		http://www.hepmall.cn
印　　张	11.5	版　　次	2019 年 10 月第 1 版
字　　数	280 千字		2025 年 9 月第 2 版
购书热线	010-58581118	印　　次	2025 年 9 月第 1 次印刷
咨询电话	400-810-0598	定　　价	28.00 元

第二版前言

化学实验室是科学研究和人才培养的重要基地,也是创新与实践的核心场所。然而,实验室中涉及的危险化学品、高压设备、高温环境、辐射源等多种危险因素,使得安全问题成为实验室管理中不可忽视的重中之重。近年来,高校化学实验室安全事故频发,不仅造成了严重的人员伤亡和财产损失,还影响了正常的教学和科研秩序。这些事故的背后,往往暴露出安全意识薄弱、操作不规范、管理制度不完善等问题。因此,加强化学实验室安全教育,提升实验人员的安全素养和应急能力,已成为当前实验室管理工作的迫切需求。

本书自 2019 年出版以来,随着实验室安全标准的不断提升、智能化监控技术的快速发展、安全防护设备的迭代更新,以及新时代高等学校对安全教育要求的不断提高,实验室安全管理理念和实践都发生了深刻变革。为契合当前"安全第一,预防为主"的教育方针,我们组织化学实验教学的一线教师对本书进行全面修订,以期为国内各高校化学化工及相关专业的教师和本科生提供较为适用的新形态实验安全类教材。本次修订的主要内容包括:

(1)在保持上一版框架的基础上,注重引入最新的安全政策法规和安全案例,确保安全教育内容与当前法律法规和行业实践同步,避免知识滞后;系统梳理和架构章节的知识点脉络,构建安全教育知识图谱,为学习者构建系统化、场景化的安全知识体系。

(2)汇编安全事故案例库,注重运用安全基本理论和化学基本原理剖析事故的发生机制,深度解读和关联分析事故原因;制作全新的教学课件,通过结构化知识传递和深度关联分析,提升教学课件在安全理论和教学实践中的教学价值。

(3)融合信息技术,将安全不可逆相关内容制作成实战演练视频、安全理论讲解视频、安全情景动画和虚拟实验,读者扫描二维码即可浏览相关的数字化学习资源,为安全教育提供多元融合、情景互动、立体开放的资源支撑,培养符合新时代要求的高校化学实验室安全能力和安全素养。

本书编写与修订分工如下:姜文凤(第一、七章)、刘志广(第四、六章)、宿艳(第五章)、谭大志(第二章)、戴岳(第三章)。全书由姜文凤、刘志广统稿,姜文凤统筹策划数字化教学资源建设。

    本书在编写过程中参阅了很多国内外化学化工实验安全相关书籍、资料和互联网上的有关数据与案例;本书的出版得到了高等教育出版社的大力支持,在此一并表示衷心的感谢!

    限于编者的学识水平,书中难免会出现一些不足甚至错误之处,恳请广大读者批评指正,编者不胜感激。

编　者

2025 年 5 月于大连

第一版前言

随着实验室承担的教学和科研任务日益增多,高等学校化学实验室安全事故时有发生。这不但造成人员伤亡和财产损失,也严重干扰了高等学校正常的教学和科研工作秩序。高等学校化学实验室因自身特性而不可避免地使用各种危险化学品及各类高低压电器和装置,且涉及高温、高压、真空及辐射等多种危险因素。因此,实验室安全教育已经成为高等学校化学专业教育体系中不可缺少的重要环节。

化学实验室的安全教育是一项长期的、与时俱进的工作,建立健全的化学实验室安全教育体系,对于牢固树立以人为本的安全意识,持续培养操作能力和应急反应能力,切实保障实验教学和科研工作正常运行具有重要的意义。目前,国内许多高等学校在实验室安全教育方面相继开展了多种尝试,许多专家、学者对此也做了诸多的探讨和研究,但传统的化学实验室安全教育的教育理念、方式方法都存在着不足,不但缺乏系统性、长期性和连续性,更缺乏与时俱进、体现时代特色的新理念、新模式与新体系。传统的安全教育常常流于形式,学校、教师、学生对安全教学不够重视,教学内容对学生缺少持续的吸引力,教学效果不佳。随着时代的发展和对安全教育的日益重视,构建一套系统的、可操作性强的、体现新理念的化学实验室安全教育新模式已迫在眉睫。同时,现代教育技术、网络技术、虚拟仿真技术的快速发展也为新理念、新形态、新模式的"化学实验室安全教育"奠定了基础。

重视安全意识的培养是保证实验教学工作顺利开展的前提,实验安全技术的学习是实验室安全的重要保证。安全意识的培养与形成、实验安全技能的学习与掌握、安全制度的建立与落实三者相辅相成,是安全教育必须重视的三个方面。为此,我们依托现代信息技术,打造了一个全方位的"立体化、情景化、互动化"的化学实验室安全教育新体系。其理念与目标是:"让安全教育活起来、动起来、靓起来",要有让学生"眼睛一亮"的内涵与内容。

基于上述认识和实践,我们编写了本书。本书具有如下特点:注重信息化技术的应用。教材以新形态形式呈现,读者只要扫描页边二维码就能直接学习相应的教学课件、动画软件、视频演示等丰富的数字化资源,掌握相关章节的知识点脉络,极大地方便读者学习、激发读者学习兴趣。注重实用性。融合教师多年实践经验,贴近现阶段本科生化学实验过程的实际需要,内容简明,适应学时少、内容多的教学需要。注重先进性与时效性。化学实验室安全教育与教学具有很强的先进性与时效性,表现在实验内容日趋接近学科前沿,创新性实验不断增多,新技术、新设备不断引入实验教学。同时,有关标准、规范也在不断更新,本书力求引用最新资料与案例,反映最新动态。

本书由姜文凤、刘志广统稿,宿艳、谭大志、戴岳、刘宇等参加了本书的编写工作。

本书在编写过程中参阅了很多实验室安全教育类书籍和资料,以及互联网上有关数据与案例,在此深表感谢!

限于编者的学识水平,书中一定存在不足甚至错误之处,恳请广大读者批评指正,编者不胜感激。

编　者
2019 年 3 月于大连

目　录

第一章
绪　论

教学课件

知识图谱

　　实验室是高等学校从事教学与科研工作的主要场所,是人才培养的重要基地,对国家的科技发展起着至关重要的作用。近年来,随着我国社会经济的发展,高等学校实验室建设经历了一个快速发展期,其规模与水平都在不断与国际接轨,特别是实验教学示范中心的建立,对实验室规范化建设、实验教学体系构建及信息化管理等各方面都产生了积极的影响。实验室安全教育由从属、次要的地位快速上升为独立开设的课程。因此,如何在新形势下系统、完整、有效、与时俱进地构筑高等学校化学实验室安全教育体系、有效进行实验室安全教育课程的教学,已经成为高等学校一项长期的重要任务。

1.1　形势与任务

　　随着我国高等教育事业的飞速发展,高等学校规模不断扩大,学生人数日益增多,实验室的教学与科研任务越来越繁重,实验室的安全问题也越发凸显。由于化学实验室安全事故的频发,以及认知水平的提升和社会经济的发展,人们越来越重视化学安全教育。

　　化学实验室事故的频发体现出多个方面的问题:① 安全意识缺乏或落后于时代;② 安全技能欠缺;③ 管理水平低下;④ 安全教育内容和方式与快速发展的实验室建设规模和水平不适应。

　　时代与社会经济的发展,在为人才培养提供更好条件的同时,对化学实验室安全教育提出了更高的要求。安全教育必须时刻体现出与时俱进性的特点。化学实验有着自身的特殊性与规律性,化学实验室安全教育课程也必然具有自身的规律性及结构体系,我们需要明确教学目标,即教什么、学什么;为什么教、为什么学;重点教授哪些知识、培养哪些技能、养成哪些安全习惯。

　　当前,构建完整的课程知识体系是高等学校化学实验室安全教育课程的首要任务。这需要从教材编写、实验实训设置、教学方式改进等方面入手,实现从讲座形式向课程体系的转变,从零散知识点向系统知识体系的转变,从经验传授向理论升华的转变。

从目前来看,搞好化学实验室安全教育应做好以下几方面工作。

1. 安全观念的认同感

认同感是指个体或社会共同体通过相互交往而在观念上对某类价值的认可和共享,它体现出社会成员对社会价值规范的一种自觉接受、自觉遵循的态度。态度、观念的转变和技能的获得比单纯知识的掌握更重要。态度、观念的转变是化学实验室安全教育课程教学的核心。通过安全教育,大学生应当树立起以人为本、安全第一的意识,并培养积极正确的安全观,把安全问题与个人发展和社会发展、国家需要相结合,把安全与创新结合在一起。

2. 重视化学安全防护知识与技能的传授

在实践过程中,人们的思想达到预想中的结果时,人们的认识才能被证实。学习的最终目的在于运用。高等学校化学实验室安全教育课程教学的目标就是要通过知识与技能的学习、观念的养成使大学生全面掌握化学实验室安全防范技能;掌握以安全为前提的自我保护技能、问题解决技能,做到灵活应用,以便能够更好地适应社会。目前,由于受经济、实验条件及课时等各方面的制约,化学实验室安全教育主要以理论课程为主,缺乏实验、实习、实训环节,既影响教学效果,也不能满足实际需要。但本课程相关的实验、实训由于其危险性和局限性较大,高校大多无法开设,虚拟仿真实验为其开辟了一条新途径。以某高校为例,引入虚拟仿真实验教学后,学生可以在虚拟环境中模拟各种危险场景,如化学品泄漏、火灾等,通过实际操作掌握应对方法,极大地提高了学生的实践能力和应对突发事故的能力。

3. 强化课程与优质教材建设

一门课程的教材既指导着教学的进行,也是开展教学的根本依据。所以,教材编撰是否合理和科学,不但直接影响学生认知体系、观念体系的形成,而且影响整个教学目标的实现。与其他课程相比,化学实验室安全教育课程要有自己的鲜明特色,教材要更加注重实用性。一方面传授大量安全知识,另一方面开阔学生视野。例如,融入最新的科研成果和行业动态,使学生能够及时了解学科前沿信息,增强学习兴趣。

4. 提升课程吸引力

照本宣科、不贴近实际,缺少优秀的课程带头人使得安全教育课程缺乏吸引力。低效、单一的教学方式使课堂缺乏思维的力度,不仅没有使学生学会科学思维方式、提高学习兴趣,也使得教师失去对课堂和学生的驾驭力。另外,有了合格的教师和教材,还需要有相匹配的教学方法。教学方法至关重要,尤其是化学安全教育有其自身的特殊性,更要注重教学方法的改进和创新。例如,有的高校采用案例教学法,选取实际发生的实验室安全事故案例进行深入分析,引导学生思考事故原因和预防措施,激发学生的学习兴趣和主动性。同时,利用多媒体教学手段,播放实验操作视频、安全事故警示片等,增强教学的直观性和趣味性。

5. 强化考核与评价的实效性与多维度

如何检验学生对课程的掌握程度,是否能学以致用;如何检验学生是否具备必须具有的化学实验安全操作技能等,都需要一套科学的课程考核体系。实际教学中,许多学校仍以传统的卷面考试形式为载体,通过评定分数检测学生的学习情况。理论知识固然重要,而能否将理论转变为真正的实践行为能力,也是决定这门课程实效性的重要因素。通过建立虚拟环境,在虚拟实验室中设置多样化的安全隐患,让学生体验身临其境自己查找的考核方式,不但突破时空限制,极大地丰富考核方式,更能极大地提升学生学习课程的兴趣及考核效果。

6. 提升学生学习的主动性和积极性

课程教学中,学生在课堂学习过程中的主动性和积极性较低,对于该课程的学习呈现出被动方式,主要表现在:一是学生并不重视课程的学习,认为安全问题只是杞人忧天,可学可不学。还有很大部分的学生认为安全事故不会发生在自己身上,心存侥幸。因为不重视,安全教育课程往往就容易被学生忽视。二是教学方式局限,主要以听为主的课堂学习,实践性差,无法调动学生的积极性和参与性。三是无法或难以开展实验、实训等实践教学,导致学生在遇到安全隐患时,无法做出正确的判断,从而导致行为反应迟钝、危险因素不能及时排除。更让人担心的是,由于安全教育流于形式,相当多的学生基本没有完全掌握安全设备(如灭火器)的使用等。因此,仅仅依靠课堂上的理论讲授来让学生完全掌握安全知识和技能往往事倍功半。针对以上情况,教师可通过组织安全知识竞赛、开展小组讨论等活动,激发学生的学习兴趣和主动性。同时,利用虚拟仿真实验平台,让学生在虚拟环境中进行实验操作,提高学生的实践能力和应对突发安全事故的能力。

1.2 实验室安全教育的重要性与急迫性

在我国,由于多年来受条件与观念的限制,实验室存在各自为政、相对封闭的问题。化学实验室不但狭小,往往还长期存放、积累大量的化学试剂,本身危险性就比较大,加上安全意识淡薄,更是特别容易出现问题。且实验室人员密集、设备相对集中,若发生危险后果非常严重。这不但严重影响教学、科研工作进行,更会造成人员不可挽回的伤害甚至死亡。也有些学校没有建立实验室废弃物或有毒化学品的处置办法,处理的随意性较大,甚至直接倒入下水道,具有较大的安全隐患。还有的人主观上麻痹大意、不以为意、自以为是,客观上对安全常识不了解、不清楚且缺乏安全培训。

化学实验多涉及高温、低温、高压、有毒、辐射等危险因素,极易引发安全事故,对操作技能要求较高。化学实验通常需要较长时间完成,工作时间长容易疲劳,使得注意力不够集中,极易导致实验事故的风险性增大。

随着经济发展,高等学校办学条件得到极大改善,购置和引进了大量先进的用于科研与教学的高、精、尖仪器设备,对安全操作提出了更高的要求。

目前,还有大量老旧实验室尚未完成改造,存在电气线路老化、煤气管道漏气风险,以及消防设施和安全防护设备缺乏、逃生标记不完善等诸多问题,存在极大安全隐患。

随着高等学校创新人才培养计划的实施,实验教学示范中心的建立,实验教学内容相比过去发生了很大改变,引入了更多综合性与研究性的实验内容。随着我国科技水平整体提高,本科生、研究生的毕业论文更多涉及学科前沿,使用到更多新试剂、新方法、新原理、新技术,不可预测的风险也大大增加。因此必须做好预案,防范风险的发生。

　　实验室安全教育是高等学校开放与国际化的需要。近年来,我国高等学校的国际化进程越来越快,留学生也越来越多,国际交流日益频繁。然而,也存在着国内高等学校实验室安全教育的发展滞后于整体教育的发展这一现实。尤其是与欧美国家的高等学校相比,在整体上存在着一定差距。如何适应国际化发展的需要,是值得思考的问题。另外,随着教育的国际化,实验室安全问题已成为全球共同关注的话题。

1.3　我国高等学校实验室安全教育课程发展历程

　　我国高等学校全面重视对学生的实验室安全教育是在 1999 年高等教育大规模扩招之后。在此之前,高等学校规模小,生师比普遍较低,教师有足够的精力管理学生,加上教学方式主要以教师为中心,学生自主性较小,所以不安全系数相对较低。当时,高等学校对学生的安全教育主要分布在各门实验课前及每个实验项目中。一般教师都会在一门实验课或每个实验开始前讲解实验安全注意事项及实验操作要点等,实验教材描述也比较详细,学生只要按部就班就能完成实验,得到实验结果。所以,那时候没有专门的实验室安全教育课程与教材。

　　教材作为知识的载体,是教育教学的主要依据。随着国家日益重视安全生产工作及相关法律法规的建设与完善,从 20 世纪八九十年代开始,特别是进入 21 世纪以来,我国陆续出版了消防安全技术、电气安全技术、化学品安全技术、防尘防毒技术、压力容器安全技术、辐射防护技术等领域专著,系统介绍了安全生产各专门领域的安全技术。高等学校实验室具有许多不同于生产领域安全工作的特点,因此不能简单地直接将安全生产的专著引入高等学校实验室安全教育课程体系中。早在 1989 年国内高等学校就已经出版有了关于实验室安全的著作。进入 21 世纪以来,有关高等学校实验室安全、专门讲授高等学校化学实验室安全教育方面的教材逐渐增多,近年来更是出现繁荣局面。

1.4　国际与国内涉及化学品的安全法规

　　随着改革开放的深入,越来越多的国际公约与文件被我国政府批准履行,一批相关法律法规文件也相继公布。

　　1990 年 6 月国际劳工组织第七十七届会议通过了《作业场所安全使用化学品公约》(第 170 号公约),我国于 1994 年批准了第 170 号公约。

　　《全球化学品统一分类和标签制度》(GHS)是由联合国出版的作为指导各国控制化学品危害、保护人类和环境的统一分类制度文件。在 2002 年 12 月召开的联合国危险货物运输和全球化学品统一分类及标签制度专家委员会首次会议上,通过了第一版 GHS。2003 年 7 月,联合国正式出版了第一版 GHS。GHS 每隔两年进行一次修订。

　　1992 年联合国召开的环境与发展大会(UNCED)通过了《21 世纪议程》,第 19 章关于有毒化学品环境无害管理中确认了将"全球化学品统一分类和标签制度"列为需要完成的六项化学品国际安全行动计划之一,并建议"到 2000 年应当提供全球化学品统一分类和与之配套的标签制度,包括化学品安全技术说明书和易理解的图形符号"。

2002 年 9 月 4 日联合国在南非约翰内斯堡召开的可持续发展全球首脑会议上通过的《行动计划》中提出,鼓励各国尽早执行新的全球化学品分类和标签制度,以期让该制度从 2008 年起能够全面运转。2002 年年底,我国成为联合国危险货物运输和全球化学品统一分类及标签制度专家委员会下设的全球化学品统一分类和标签制度专家分委员会的正式成员。

2002 年 1 月,国务院公布《危险化学品安全管理条例》,2011 年 2 月修订通过,并于 2011 年 12 月 1 日起正式实施,2013 年 12 月对部分条款进行了修改。修订后的《危险化学品安全管理条例》明确了危险化学品生产、储存、使用、经营、运输过程中安全监督管理部门的职责,按照 GHS 对危险化学品重新定义,并在分类、标签和安全技术说明书(SDS)等方面作出规定,为 GHS 的实施提供了法律依据。

2013 年 4 月,中华人民共和国工业和信息化部正式出版《中国 GHS 实施手册》,2013 年《危险化学品目录》(征求意见稿)中按照 GHS 对危险化学品进行分类。《危险化学品目录》(2015 版)于 2015 年 5 月 1 日起实施。

我国正逐步建立、完善 GHS 国家协调机制,修订相关法律法规和标准。实施 GHS,不仅有利于保护我国国民健康和环境的可持续发展,而且有利于促进化学品进出口贸易和信息传递。

1.5　数字化技术在化学实验室安全教育中的应用

数字化技术与化学实验室安全教育深度融合,构建覆盖“预防—处置—恢复”全周期的安全能力培养体系,对于普及各种安全知识,提高学生对常见危险源的认知能力和对突发安全事件自救自护的应变能力,保障学生身心健康和安全,有着重要意义,也是发展的趋势,具有广阔的发展前景。VR、AR、虚拟现实技术可以构建沉浸式实验环境,支持爆炸、毒气泄漏等危险反应过程模拟及仪器操作训练,实现高危实验零风险操作;AI 数字孪生技术可以实时模拟化学品泄漏扩散路径及应急疏散方案;眼动追踪技术可以分析学生危险源识别注意力分布,结合脑机接口监测应激反应,形成个性化训练方案。数字化技术的应用标志着实验室安全教育进入智能感知新阶段。

思　考　题

1. 实验室安全教育的目的与作用是什么?
2. 我国是在什么时期开始设置实验室安全教育课程的?
3. 联合国是在什么时候发布《全球化学品统一分类和标签制度》(GHS)的?意义何在?
4. 《中国 GHS 实施手册》是何时出版的?

第二章
火灾、预防与自救

教学课件　　　　　　知识图谱

　　燃烧属于一种化学反应,具有有利的一面,但失控则会带来灾难。在化学实验室,经常需要加热操作、灼烧试样或进行一些容易发生燃烧的化学反应,同时实验中也经常使用一些具有易燃、易爆性的试剂、药品及仪器设备,存在发生火灾的危险。火灾是无法控制的燃烧,往往会带来极其严重的破坏性后果,对师生的人身安全及实验室安全产生巨大威胁。因此,了解燃烧的特性,控制燃烧,预防火灾的发生,以及掌握消防灭火方法都有重要的意义。同时,我们应该学习火灾发生时必要的逃生方法与技巧,从而有效减少伤害。

2.1　燃烧的基础知识

2.1.1　燃烧的定义与条件

1. 燃烧的定义

狭义的燃烧是指可燃物与助燃物相互作用而发生的快速放热反应,广义的燃烧是指放热的氧化还原反应。燃烧过程通常伴有火焰、发光或发烟现象。

2. 燃烧的基本特征

燃烧过程具有两个基本特征:
(1) 发生氧化还原反应;
(2) 放热。
当燃烧失去控制时,形成火灾。

3. 燃烧需要具备的必要条件

燃烧需要具备以下三个必要条件,缺一不可。
(1) **可燃物**　不论固体、液体或气体,一般情况下,凡是能在空气、氧气或其他氧化剂中发生燃烧反应的物质统称为可燃物;反之,则为不可燃物。可燃物既可以是单质,如碳、硫、磷、钠、铁、镁等;也可以是化合物或混合物,如乙醇、甲烷、木材、煤炭、棉花、纸张、天然气、石油等。

可燃物按其组成可分为无机可燃物和有机可燃物两大类。从数量上讲,绝大部分可燃物为有机可燃物,少部分为无机可燃物。无机可燃物主要包括元素周期表中 Ⅰ~Ⅲ 主族的部分金属单质(如钠、钾、镁、钙、铝等)和 Ⅳ~Ⅵ 主族的部分非金属单质(如碳、磷、硫等),以及一氧化碳、氢气和非金属氢化物等。不论是金属还是非金属,完全燃烧时都变成相应的氧化物,而且这些氧化物均为不可燃物。

有机可燃物种类繁多,其中大部分含有碳(C)、氢(H)、氧(O)元素,有的还含有少量氮(N)、磷(P)、硫(S)等元素。这些元素在可燃物中都不是以游离状态存在的,而是彼此化合为有机化合物。

碳是有机可燃物的主要成分,它基本上决定了可燃物发热量的大小。氢是有机可燃物中含量仅次于碳的成分。有的有机可燃物中还含有少量硫、磷,它们也能燃烧并放出热量,其燃烧产物(SO_2、P_2O_5 等)不但污染环境,还对人体健康有害。

可燃物按其常温时的状态可分为可燃固体、可燃液体和可燃气体三大类。不同状态的同一种物质其燃烧性能是不同的。一般来讲,气体容易燃烧,其次是液体,最后是固体。同一种状态但组成不同的物质其燃烧性能也不同。

(2) 氧化剂(助燃物)　凡是能和可燃物发生反应并引起燃烧的物质,称为氧化剂(传统说法叫"助燃剂",严格地说这样的叫法不甚合理,因为它们不是"帮助"燃烧,而是"参与"燃烧),如氧气、空气、氯酸钾等。氧化剂的种类很多,氧气是最常见的氧化剂,它存在于空气中(体积分数约为21%),故一般可燃物在空气中均能燃烧,如燃烧 1 kg 石油需要 10~12 m³ 空气。燃烧 1 kg 木材需要 4~5 m³ 空气。当空气供应不足时,燃烧会逐渐减弱,直至熄灭。当空气中氧的含量低于 12% 时,多数可燃物会停止燃烧。

其他常见的氧化剂有卤族元素:氟、氯、溴、碘,此外还有一些化合物,如硝酸盐、氯酸盐、重铬酸盐、高锰酸盐及过氧化物等。它们的分子中含氧较多,当受到光、热或摩擦、撞击等作用时,都能发生分解放出氧气,使可燃物氧化燃烧。乙炔、氢、甲烷、乙烯等可燃气体与氯气混合时,有的一经混合立即起火燃烧,有的混合后在太阳光作用下起火燃烧。如乙炔和氯气混合后立即起火燃烧;而氢气与氯气混合后,在太阳光照下会发生燃烧爆炸。

(3) 点火源(温度)　燃烧要有一定温度,即能引起可燃物燃烧的能量(点火源)。凡能引起可燃物燃烧的能源叫点火源,如明火、摩擦、冲击和电火花等。不同的可燃物发生燃烧,需要固定的点火能量,达到这一能量要求才能发生反应。

点火源的种类很多,主要包括以下几类:

① 明火。包括生产用火,如用于气焊的乙炔火焰、电焊火花、加热炉、锅炉中油、煤的燃烧火焰等;非生产用火,如火柴火焰、烟头火等。

② 电火花。如电器设备正常运行中产生的火花,电路故障时产生的火花,静电放电火花及雷电等。

③ 冲击与摩擦火花。如砂轮、铁器摩擦产生的高温等。

④ 其他。如高温表面、聚集的太阳光照(玻璃中的气泡也可聚光)等。

已经燃烧的物质可能成为它附近可燃物的点火源。

还有一种点火源,没有明显的外部特征,而是来自可燃物内部的发热,由于热量不能及时散失引起温度升高导致燃烧。这种情况可视为"内部点火源"。这类点火源造成的燃烧现象通常被称作自燃。

"点火源"这一燃烧条件的实质是提供一个初始能量,在这个能量的激发下,可燃物与氧化剂发生剧烈的氧化反应,引起燃烧。

在化学实验室严禁吸烟,一是吸烟更容易引发中毒危险;二是烟头可以成为点火源。烟头的表面温度约为 250 ℃,而烟头中心的温度可高达 700~800 ℃,极易引发燃烧。另外,生石灰与水作用时的温度也可高达 600~700 ℃,也可引起易燃材料的燃烧。

可燃物、氧化剂和点火源是构成燃烧的三个要素,缺一不可,俗称燃烧三角形,如图 2-1 所示。这是指"质"的方面的条件——必要条件,但这还不够,还要有"量"的方面的条件——充分条件。在某些情况下,如可燃物的数量不够,氧化剂不足,或点火源的能量不够大,燃烧也不能发生。例如,甲烷在空气中的浓度低于 5% 时就不会发生燃烧,而乙醚燃烧则需要空气中的含氧量不低于 12%。

除此之外,大部分燃烧的过程中存在未受抑制的自由基作为中间体,这四项条件表示燃烧可以持续进行,用四面体来表示,称为燃烧四面体(见图 2-2)。

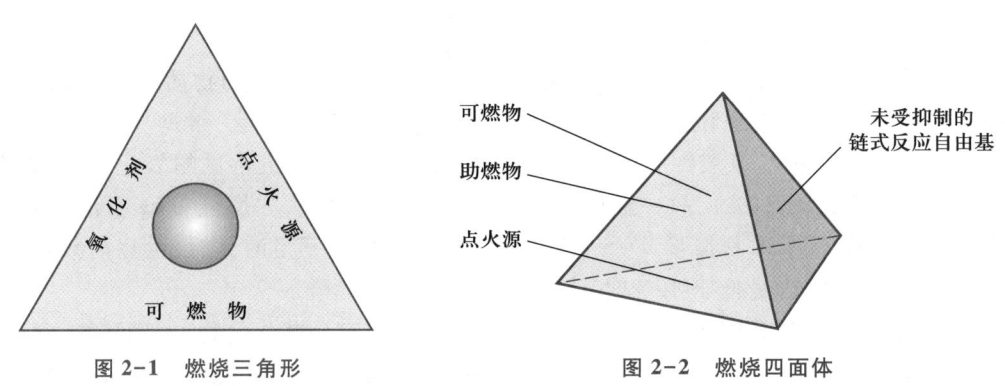

图 2-1　燃烧三角形　　　　　　　　　　图 2-2　燃烧四面体

2.1.2　燃烧的类型与相关参数

燃烧按其形成的条件、瞬间发生的特点及燃烧的现象,可分为闪燃、自燃、着火和爆炸四种类型。

1. 闪燃及闪点

闪燃是指可燃物表面挥发出的可燃气体与空气混合后遇火发生一闪即灭的现象。发生闪燃的最低温度叫闪点。

在一定环境温度下,液体表面都有一定量的蒸气存在,而蒸气压的大小取决于液体所处的温度,因此,一定液体蒸气浓度也由液体的温度所决定。当可燃液体表面的蒸气与空气形成的混合物与火源接近时,就会在瞬间发生燃烧,瞬间出现一闪即灭的现象,即闪燃。可燃液体的温度高于其闪点时,随时都有被点燃的危险。闪燃是短暂的,不是持续的燃烧,但它是引起火灾事故的危险因素之一。

闪点的概念主要用于可燃液体。某些可燃固体,如樟脑和萘等,在室温下也能蒸发或升华为蒸气,因此也有闪点。闪点是用来描述液体火灾爆炸危险性的主要参数之一。物质的闪点越低,燃爆的危险性越大。

化学实验室常见物质的闪点如表 2-1 所示。

从表 2-1 中数据可以看出,化学实验室经常使用的二硫化碳、乙醚、石油醚、苯和丙酮等试剂的闪点都比较低,即使存放在普通冰箱内(冷冻室最低温 -18 ℃)也能形成可以着火的气氛,故这类液体不可储存于普通冰箱内,使用时应特别注意。

表 2-1 化学实验室常见物质的闪点

物质名称	闪点/℃	物质名称	闪点/℃	物质名称	闪点/℃
二硫化碳	-30	三硝基苯酚	150	甲醇	11
丙酸	54	苯酚	79	甲乙醚	-37
甲苯	4	环氧乙烷	-29	乙醇	13
甲醚	-41	异丙醇	11	乙醛	-39
乙醚	-45	丙酮	-18	乙胺	-17
乙苯	12.8	乙酸乙酯	-4	乙酸酐	49

低闪点液体的蒸气只需接触红热物体的表面便会着火,二硫化碳尤其危险,与暖气散热器或热灯泡接触,其蒸气也会着火,使用时应该特别小心。

在某一温度下,物质的饱和蒸气压越高,即物质越容易挥发,其闪点就越低。

闪点的标准测定方法有闭杯法和开杯法两种。闭杯法测定的是饱和蒸气和空气的混合物,而开杯法由于蒸气自由挥发,同样温度下,可燃物浓度比闭杯法的要低,所以闭杯法测定值一般要比开杯法测定值低几摄氏度。

通常把闪点低于 28 ℃ 的液体叫易燃液体,闪点高于 60 ℃ 的液体叫不燃液体,闪点在它们之间的为可燃液体。

2. 自燃与自燃点

自燃是可燃物在没有外部火花、火焰等火源的作用下,因受热或自身发热并蓄热所发生的自行燃烧现象。在规定的条件下,物质在空气中发生自燃的最低温度称为自燃点。

化学实验室常见物质的自燃点如表 2-2 所示。

物质自燃有受热自燃和自热自燃两种类型。

(1) **受热自燃** 受热自燃是指有空气或氧气存在时,可燃物虽未与明火直接接触,但在外部热源的作用下,通过传热而使可燃物温度上升,达到物质的自燃点而着火燃烧。物质发生受热自燃取决于两个条件:一是要有外部热源;二是有热量集聚的条件。在化学实验室,由于可燃物靠近或接触热源(如高温设备、烘烤过度、油浴温度过高、机械转动部件润滑不良而摩擦生热、电气设备过载或使用不当造成升温等),都有可能造成受热自燃事故的发生。

表 2-2　化学实验室常见物质的自燃点

物质名称	自燃点/℃	物质名称	自燃点/℃	物质名称	自燃点/℃
二硫化碳	90	三硝基苯酚	300	甲醇	464
丙烷	450	苯酚	715	甲乙醚	190
甲苯	480	环氧乙烷	429	乙醇	363
甲醚	350	异丙醇	456	乙醛	175
乙醚	160～180	丙酮	465	环己烷	245
乙苯	432	苯	562	白磷	40

（2）**自热自燃**　自热自燃是指某些物质在没有外部热源的作用下，完全依靠物质内部发生的物理、化学或生化发酵过程而产生热量，并且这些热量在一定的条件下能够逐渐积蓄，导致物质温度升高，达到物质的自燃点而着火燃烧。

这类现象难以及时发现，往往产生较大的危害，需要高度关注。

物质发生自热自燃需要满足一定的条件：

① 必须是容易产生反应热或发酵热的物质，如化学性质不稳定、容易分解或自聚合而发生放热反应的物质；能与空气中的氧作用而产生氧化反应热的物质；由于存在发酵过程而产生发酵热的物质等。

② 这些物质要具有较大的比表面积或呈多孔状，如纤维、粉末或重叠堆积的片状物质，并有良好的绝热和保温性能。

③ 热量产生的速率必须大于向环境散发的速率。

只有满足了这三个条件，自热自燃才会发生。因此，预防自热自燃的有效措施就是要设法阻止这三个条件的形成。

自热自燃有如下几种类型：

① 由氧化反应热积蓄引发的自燃。油脂类的自燃主要是指含有大量不饱和脂肪酸的甘油酯，如亚麻油、桐油、棉籽油等，当其双键在空气中氧化时会放出较高的热量。油脂类自燃与其所处条件有关，含油破布、棉纱、木屑等由于有较大的氧化表面可引起自热自燃，而油脂存放在容器或倒出成薄膜状时不会发生自燃。

煤的自热自燃是指煤与空气接触发生氧化，一方面使煤的温度升高，另一方面因为煤中某些物质分解而使燃点降低，易于引起煤的自燃。也有资料认为煤的自燃是由煤中的黄铁矿（FeS_2）引起的。

金属硫化物，如硫化铁，极易自燃。在涉及硫化染料、二硫化碳、石油炼制与某些气体燃料的实验室科研、工厂生产中，由于设备受腐蚀而产生的硫化铁，当与空气接触时，便极有可能引起自燃，需要特别注意。

在化学实验室和化工生产中，由于硫化氢的存在生成硫化铁的机会较多，如设备腐蚀等，在常温下：

$$2Fe(OH)_3 + 3H_2S \longrightarrow Fe_2S_3 + 6H_2O$$

在 310 ℃以上：

$$2H_2S + O_2 \longrightarrow 2H_2O + 2S$$

$$FeS + S \longrightarrow FeS_2$$

$$Fe_2O_3 + 4H_2S \longrightarrow 2FeS_2 + 3H_2O + H_2 \uparrow$$

以上反应均为放热反应,因此极易自燃。

硫化铁的自燃不出现火焰,只发热到炽热的状态,能引起周围的可燃物燃烧。

② 由分解发热而引起的自燃。硝化棉$[C_6H_7O_2(ONO_2)_a(OH)_{3-a}]_n$、赛璐珞和有机过氧化物等物质,由于易发生分解反应而产生分解热,并积蓄热量而引起自燃。如硝化棉,其化学性质不稳定,即使在常温下也能产生微量的 NO 气体,NO 气体在空气中被氧化成 NO_2,NO_2 又起着促进硝化棉分解的自催化作用,可加速硝化棉的分解。分解放热使温度进一步升高,当达到 180 ℃时,就会发生自燃起火,进而引起爆炸性燃烧。防止其自燃,阻止其分解产生 NO 及 NO_2 成为关键因素,研究发现,乙醇(或异丙醇)可以有效吸收因分解而生成的 NO 或 NO_2,使硝化棉失去自催化作用,从而提高了硝化棉的稳定性。所以商品硝化棉或实验室储存的硝化棉都应浸润在乙醇或异丙醇中保存,并在储存过程中,严格防止乙醇或异丙醇蒸发而使硝化棉呈干燥状态,使得自燃情况发生。

③ 由聚合热、发酵热引起的自燃。在高分子科研实验与工业生产中,通常涉及具有较高化学活性的单体,在聚合反应时,易发生反应失控,或者在储存这些高化学活性的单体时,由于未加入阻聚剂,阻聚剂加入量不足,或存在促聚作用的化合物,使聚合作用自发进行,放出大量聚合热,同时,热量使温度升高,聚合加速,又放出更大量的热,这些因素互为因果,相互促进,反复进行,使系统压力快速升高,造成容器或管道破裂,泄漏出来的物质遇空气而自燃。环氧丙烷、丁二烯等均有可能由于聚合热的产生而引发爆炸和自燃。

对于未经充分干燥的木屑、麦草、粮食等,水分的存在使其中细菌活动放出热量,在散热条件不良时,热量聚积而使温度上升,达到自燃点而引发燃烧。

④ 由物质混合而引起的自燃。某些物质与空气接触或者在相互混合时,由于产生混合热而引起自燃。这类物质在储存、运输、制造、使用时,有可能引起火灾事故,这类物质又可分为以下三类:

a. 接触空气而自燃的物质。这类物质的自燃点均较低,与空气接触会迅速氧化发热而引起自燃,如白磷、磷化氢等。白磷自燃点约为 40 ℃,遇空气强烈氧化,很快使温度上升到自燃点而发生自燃。以此,白磷必须保存在有水密封的容器中。

b. 接触水能引起自燃的物质。属于这一类的物质有碱金属(钾、钠、锂)及磷化钙、硼氢化钠等,如硼化氢遇水反应:

$$B_2H_6 + 6H_2O \longrightarrow 2H_3BO_3 + 6H_2 \uparrow$$

还有某些金属硅化物,如 Mg_2Si、Fe_2Si 等,在水汽的作用下析出氢化硅,氢化硅在空气中能自燃:

$$Mg_2Si + 4H_2O \longrightarrow 2Mg(OH)_2 + SiH_4$$

c. 相互混合引起自燃的物质。属于这一类的物质很多,且大都为氧化剂,如压缩氧、氯、溴、硝酸、过氧化钠、高锰酸钾、铬酸酐、含氧酸盐、漂白粉等。它们遇到有机物时就能因反应放热而自燃。

乙炔、氢气、甲烷等与氯在光能的作用下能剧烈燃烧,其中乙炔燃烧后还能析出游离碳,反应如下:

$$C_2H_2 + Cl_2 \longrightarrow 2HCl + 2C$$

3. 着火与燃点（着火点）

着火是指可燃物在空气充足的条件下，与火源接触引起燃烧，移去火源后仍能继续燃烧持续一定时间的现象。可燃物发生持续燃烧的最低温度叫燃点（着火点），如木材的燃点为 250~300 ℃。化学实验室常用溶剂的燃点如表 2-3 所示。一些物质的燃点如表 2-4 所示。

表 2-3　化学实验室常用溶剂的燃点

溶剂名称	燃点/℃	溶剂名称	燃点/℃	溶剂名称	燃点/℃
二硫化碳	100	二甲亚砜	300~302	乙酸乙酯	426
乙二醇	118	乙醇	390~430	环己酮	420
环己烷	259	苯	562	甲苯	552
乙醚	350	乙苯	432	乙酸	550
甲醇	470	丙酮	561	苯乙烯	490

表 2-4　一些物质的燃点

物质名称	燃点/℃	物质名称	燃点/℃
松节油	53	麦草	200
樟脑	70	硫黄	255
赛璐珞	100	棉花	210~255
橡胶	120	豆油	220
纸张	130~230	烟叶	220
蜡烛	190	松木	250~300
布匹	200	涤纶纤维	390

4. 可燃液体的闪点与燃点的区别

可燃液体在燃点时燃烧的不仅是蒸气，还包括液体本身，即液体已达到燃烧的温度，可提供保持稳定燃烧的蒸气。在闪点时，移去火源后闪燃即熄灭，而在燃点时则能继续燃烧。

控制可燃物质的温度在燃点以下是预防发生火灾的重要措施之一。在火场，如果有两种燃点不同的物质处在相同的条件下，受到火源作用时，燃点低的物质先着火。用冷却法灭火，其原理就是将燃烧物质的温度降到燃点以下，使燃烧停止。

5. 物质的燃点、自燃点和闪点的关系

可燃液体的燃点高于其闪点 1~5 ℃。闪点越低，二者的差别越小。在开口的容器中做实验时，很难区分出它们的闪点与燃点，闪点在 100 ℃ 以下时，二者往往相同。闪点在 100 ℃ 以上时，二者相差可达 30 ℃。苯、二硫化碳、丙酮等的闪点都低于 0 ℃。

在没有闪点数据的情况下,也可以用燃点数据表征物质的火灾爆炸危险程度。表 2-5
列出了几种液体燃料的自燃点和闪点。

表 2-5　几种液体燃料的自燃点和闪点

物质名称	闪点/ ℃	自燃点/ ℃
汽油	-50~30	510~530
煤油	38~74	380~425
轻柴油	45~120	350~380
重柴油	>120	300~330
蜡油	>120	300~320
渣油	>120	230~240

2.1.3　燃烧的产物及危害

燃烧产物是指可燃物燃烧时产生的气体、烟雾等物质。燃烧产物的产生与构成取决于
可燃物的组成和燃烧条件。按燃烧的完全程度,燃烧可分为完全燃烧和不完全燃烧。若物
质燃烧后不产生能继续燃烧的产物,称为完全燃烧;反之,则称为不完全燃烧。可燃物在充
足的氧气条件下,通常发生完全燃烧。完全燃烧过程产生的热量大、温度高。大部分可燃物
由碳、氢、氧、氮、硫、磷等元素组成,燃烧产物主要为 CO_2、NO_2、SO_2 等有毒有害气体。当燃
烧过程中氧气不足时,发生不完全燃烧,产生大量的黑色浓烟(含大量碳粉末)。

燃烧对人体的危害分为烧伤、窒息和吸入气体中毒。统计表明,火灾造成的死亡中
80%是由窒息和吸入气体中毒导致的。

部分燃烧产物对人体产生较大的危害,通常产生多种有毒气体,特别是有机试剂燃烧
时,更是如此。一氧化碳气体可阻碍人体血液中的氧气输送;二氧化碳气体无毒无味,但当
燃烧产生的二氧化碳气体在大气中的含量达到 8%~10%时,可引起窒息死亡。二氧化硫气
体可引起严重的呼吸困难。聚氨酯泡沫塑料等含氮高分子材料燃烧时,可生成极毒的 HCN
气体,需要特别注意。

烟雾逃生最主要的防护措施是隔离有毒气体,防止有毒气体通过呼吸进入人体而中毒,
防毒面具是最有效的防护手段。当没有防毒面具时,可用湿毛巾捂住口鼻,从而减少有毒物
质的吸入。

2.2　爆炸与防爆

在化学实验中,不了解化合物属性,操作不慎往往会造成爆炸事故。尽管实验药品用量
较少,但由于实验通常在玻璃容器内进行,爆炸使玻璃容器爆裂会带来更严重的伤害。在科
研实验中,有些新化合物的属性不明,更应该预先做好足够的防范措施。

本节主要介绍与爆炸及预防爆炸相关的基本知识。

2.2.1　爆炸的定义与类型

1. 爆炸的定义

爆炸是指物质在外界因素激发下发生物理变化或化学反应,瞬间释放出巨大的能量和大量气体,并发生剧烈体积变化的一种现象。简而言之,爆炸是系统的一种非常迅速的物理或化学能量释放过程。

爆炸一般具有如下特征:

(1) 有气体参与;

(2) 爆炸点附近瞬间压力急剧上升;

(3) 伴随声响;

(4) 有明显的破坏效应。

2. 爆炸的分类

根据爆炸发生原因的不同,可将其分为核爆炸、物理爆炸和化学爆炸三类,但通常在安全教育中只讨论其中的物理爆炸和化学爆炸。

(1) **核爆炸**　基于原子核发生的"裂变"或"聚变"。

(2) **物理爆炸**　物质因状态或压力发生突变形成。其特征是爆炸前后系统内物质的化学组成及化学性质均不发生变化。化学实验室中涉及的物理爆炸主要是指压缩气体、液化气体和过热液体在压力容器内,由于某种原因使容器承受不住压力而破裂,内部物质迅速膨胀并释放大量能量的过程。

(3) **化学爆炸**　物质在瞬间完成化学反应、产生大量气体和能量的现象。其特征是爆炸前后系统内物质的化学组成及化学性质都发生了变化。

化学爆炸按爆炸时所发生的化学变化的不同又可分为以下三种:

① 简单分解反应引发的爆炸。引起简单分解反应爆炸的物质在爆炸时并不一定发生燃烧反应。爆炸能量是由爆炸物分解时产生的。属于这一类的有叠氮类化合物,如叠氮银、叠氮铅等;乙炔类化合物,如乙炔铜、乙炔银等。这类物质是非常危险的,受轻微震动即能引爆,爆炸速率可达 $5123\ \mathrm{m\cdot s^{-1}}$,反应如下:

$$PdN_6 \xrightarrow{\text{震动}} Pd + 3N_2\uparrow$$

② 复杂分解反应引发的爆炸。这类物质(如硝化甘油)爆炸时有燃烧现象,燃烧所需要的氧由自身提供。硝化甘油发生的分解反应如下:

$$C_3H_5(ONO_2)_3 \xrightarrow{\text{引爆}} 3CO_2\uparrow + 2.5H_2O + 1.5N_2\uparrow + 0.25O_2\uparrow$$

③ 爆炸性混合物引发的爆炸。爆炸性混合物是由两种或两种以上不相联系的组分所构成的系统。一组分通常为含氧相当多的物质,另一组分则相反,是根本不含氧的或含氧量不足以发生分子完全氧化的可燃物。

爆炸性混合物可以是气态、液态、固态或多相系统。气相爆炸包括混合气体爆炸、粉尘爆炸、气体的分解爆炸、喷雾爆炸。液相爆炸包括聚合爆炸及不同液体混合引起的爆炸。固相爆炸主要是爆炸性物质(炸药)的爆炸、固体物质混合引起的爆炸。

另外,根据爆炸速率的不同,可以将爆炸分为以下三种类型:

（1）**轻爆**　爆炸速率为几十厘米每秒到几米每秒。

（2）**爆炸**　爆炸速率为十几米每秒到数百米每秒。

（3）**爆轰**　爆炸速率为一千米每秒到数千米每秒。

在化学工业中,大多数危险的和破坏性的爆炸是蒸气云爆炸(vapor cloud explosion, VCE)。其发生过程是:① 大量的可燃蒸气突然泄漏出来(当装有过热液体和受压液体的容器破裂时就会发生);② 蒸气扩散遍及整个厂区,同时与空气混合;③ 产生的蒸气云被点燃。

美国在 1974—1986 年期间,共发生 29 次蒸气云爆炸,平均每起事故死亡 140 人。装有大量液化气体、挥发性的过热液体或高压气体的装置、容器都是 VCE 发生的潜在源,必须给予高度关注。

2.2.2　粉尘爆炸与影响因素

1. 粉尘与粉尘爆炸

粉尘是悬浮在空气中的固体微粒,粉尘分为可燃粉尘和不可燃粉尘(或惰性粉尘)两类。

粉尘爆炸是指悬浮在空气中的可燃性固体微粒(可燃粉尘)接触到火焰(明火)或电火花等任何着火源而发生爆炸的现象。金属粉尘、煤粉、塑料粉尘、有机物粉尘、纤维粉尘及谷物面粉等都可能造成粉尘爆炸事故。

粉尘爆炸危险性几乎涉及所有的工业部门,常见可爆炸粉尘材料包括:

（1）**农林**　粮食、饲料、食品、农药、肥料、木材等。

（2）**矿冶**　煤炭、钢铁、金属、硫黄等。

（3）**纺织**　棉、麻、丝绸、化纤等。

（4）**轻工**　塑料、纸张、橡胶、染料、药物等。

（5）**化工**　多种化合物粉体。

常见的粉尘爆炸场所包括:

（1）**室内**　通道、地沟、厂房、仓库等。

（2）**设备内部**　集尘器、除尘器、混合机、输送机、筛选机、打包机等。

粉尘是粉碎到一定细度的固体粒子集合体,按状态可分成粉尘层和粉尘云两类。粉尘层(或层状粉尘)是指堆积在物体表面的静止状态的粉尘;而粉尘云(或云状粉尘)则指悬浮在空间的运动状态的粉尘。

2. 粉尘爆炸的条件

可燃粉尘是指与空气中氧反应能放热的粉尘。一般有机物都含有 C、H 元素,它们都能与空气中氧反应而燃烧,生成 CO_2、CO 和 H_2O。许多金属粉尘也可与空气中氧反应生成氧化物,并放出大量的热,这些都是可燃粉尘。相反,与氧不发生反应或不发生放热反应的粉尘统称为不可燃粉尘或惰性粉尘。

对于边长为 5 m 的正方体房间(体积为 125 m^3),如果地面有 1 mm 厚粉尘层,其堆积密度为 500 $kg \cdot m^{-3}$(0.5 $kg \cdot L^{-1}$),则粉尘总量为 12.5 kg。当将其全部扬起而分布在整个室内空间时,室内粉尘云浓度可达到:

$$\rho = \frac{12.5 \text{ kg}}{125 \text{ m}^3} = 100 \text{ g} \cdot \text{m}^{-3}$$

这就是说,在 1 mm 厚的积尘扬起后,可使室内空间达到可爆浓度。

粉尘爆炸需要一定的条件,粉尘爆炸所采用的化学计量浓度单位与气体爆炸的不同。气体爆炸采用体积分数(%)表示,即燃料气体在混合气总体积中所占的体积分数;而在粉尘爆炸中,粉尘粒子的体积在总体积中所占的比例极小,几乎可以忽略,所以一般都用单位体积中所含粉尘粒子的质量来表示,常用单位是 g·m^{-3} 或 mg·L^{-1}。这样,在计算化学计量浓度时,只要考虑单位体积空气中的氧能完全燃烧(氧化)的粉尘粒子量即可。

空气中主要成分是 N_2 和 O_2,若忽略其他组分,则空气中 O_2 和 N_2 的体积比为 1∶3.774。空气的平均摩尔质量 $M = 28.964$ g·mol^{-1},即 1 m^3 空气中含 0.21 m^3 或 9.38 mol 氧。

以淀粉为例,淀粉分子式为 $C_6H_{10}O_5$,9.38 mol 氧能氧化的淀粉量为

$$\frac{9.38 \text{ mol}}{6} \approx 1.56 \text{ mol}(C_6H_{10}O_5) = 253 \text{ g}(C_6H_{10}O_5)$$

即淀粉在空气中燃烧的化学计量浓度为 253 g·m^{-3},其化学反应方程式可写为

$$1.56C_6H_{10}O_5 + 9.36O_2 + 35.27N_2 = 9.36CO_2 + 7.8H_2O + 35.27N_2$$

50 g·m^{-3} 为常见粉尘的下限浓度量级,5000 g·m^{-3} 为上限浓度量级。对边长为 50 μm 的粒子,在浓度下限时,其粒子中心距为 1.35 mm。粒子间距为 1.3 mm,这时已基本不透光。若采用 25 W 灯泡照射浓度为 40 g·m^{-3} 的煤粉尘云,在 2 m 内人眼看不见灯光。这种浓度在一般环境是不可能达到的,人也是完全可以感受到这种危险浓度的,这种情况只有在设备(如磨面机、混合机、提升机、气流输送机、粮食筒仓等)内部或局部点才能遇到。在这种浓度下,一旦点火源存在,就会发生爆炸。这种爆炸叫"一次爆炸"。当一次爆炸的气浪或冲击波卷起设备外的粉尘积尘,使环境中达到可爆浓度时,又会引起"二次爆炸"。这种二次爆炸所形成的破坏程度和范围往往比一次爆炸更严重和更大。因此,不能单纯认为空间粉尘浓度没有达到爆炸浓度范围就是安全的,而应特别重视地面积尘被卷起的危险性。

粉尘爆炸的另一个关键因素是"点火源",在粉尘特别区域,应采取强力措施,防止意外"点火"。

粉尘在生产过程中客观存在,但了解影响粉尘爆炸的因素,降低及消除发生的条件,可以有效阻止粉尘爆炸,消除危险。

3. 影响粉尘爆炸的因素

(1)**化学性质和组分**   粉尘必须是可燃的,含有过氧基或硝基的有机物粉尘会增加爆炸的危险性。燃烧热越高、爆炸下限浓度越低、点火能越小的物质,越易爆炸。当含有挥发分时,若煤含挥发分在 11% 以上,极易爆炸。

(2)**粒度大小及分布的影响**   粉尘爆炸的燃烧反应是在粒子的表面发生的,比表面积越大,越易反应,所以粒子直径越小,越易爆炸。一般当可燃粉尘粒子的直径大于 400 μm 时,使用强点火源也不能使其发生爆炸。但当粗粒子粉尘中含有一定量的细粉尘时,则可使粗、细混合粉尘发生爆炸。如甲基纤维素粉尘,当粗粉中加入 5%~10% 的细

粉,则会引爆。

（3）**可燃性气体共存的影响**　使用强点火源也不爆炸的粉尘,当其中含有可燃性气体时,其爆炸下限会下降,从而使粉尘在更低浓度下爆炸。

（4）**最小点燃能量**　粉尘的最小点燃能量是指最易点燃的混合物在 20 次连续试验时,刚好不能点燃时的能量值。最小点燃能量与粉尘的浓度、粒径大小等有关,测试条件不同则测试值也有所不同,很难得出定值。

（5）**爆炸极限**　粉尘与空气的混合物要像气体那样达到均匀的浓度分布是不容易的,所以测试的重现性不好,多数情况是经过统计处理后算出来的。一般工业可燃粉尘爆炸下限在 $20 \sim 60 \ mg \cdot m^{-3}$,爆炸上限可达 $2 \sim 6 \ kg \cdot m^{-3}$。上限浓度通常是不易达到的。表 2-6 列举了部分可燃粉尘的爆炸极限。温度和压力对爆炸极限有影响,一般是温度或压力升高时,爆炸极限变宽。

（6）**水分含量**　对于疏水性粉尘,虽然水对粉尘的浮游性影响不大,但是水分蒸发使点火有效能降低,蒸发出来的蒸汽起惰化作用,具有减少带电性的作用。锰、铝等金属与水反应生成氢,增加其危险性。对于导电性不良的物质和合成树脂粉末、淀粉、面粉等,干燥状态下粉尘与管壁和空气的摩擦产生静电集聚,容易产生静电火花。

表 2-6　部分可燃粉尘的爆炸极限

粉尘（200 目以下）	最小点燃能量	爆炸下限	最大爆炸压力
	10^{-3} J	$g \cdot m^{-3}$	0.1 MPa
铝粉	20	$35 \sim 40$	6.2
镁粉	80	20	5.0
锌粉	900	500	6.9
聚苯乙烯	40	15	5.4
玉米淀粉	40	45	5.0
砂糖	30	19	3.9
可可	100	45	4.3
咖啡	160	85	3.5
硫黄	15	35	2.9

2.2.3　爆炸极限与影响爆炸极限的因素

1. 爆炸极限

可燃气或蒸气与空气混合形成爆炸性混合物,浓度达到一定范围时,遇火源立即发生爆炸,而爆炸性混合物发生爆炸的浓度范围称为爆炸极限。爆炸下限越低、爆炸极限范围越宽,爆炸危险性越大。可燃性混合物能够发生爆炸的最低浓度和最高浓度分别称为爆炸下限和爆炸上限,这两者有时亦称为着火下限和着火上限。在低于爆炸下限时不爆炸也不着火;在高于爆炸上限时也不会发生爆炸,但能燃烧。这是由于前者的可燃物浓度不够,过量空气的冷却作用,阻止了火焰的蔓延;而后者则因为空气不足,导致火焰不能蔓延。当可燃物的浓度大致相当于反应浓度时,具有最大的爆炸威力(即根据完全燃烧反应方程式计算的浓度比例)。通常加入惰性气体或其他不易燃气体来降低可燃物的浓度。表 2-7 给出了不同物质的爆炸极限。

表 2-7   不同物质的爆炸极限

物质名称	爆炸极限/%	物质名称	爆炸极限/%	物质名称	爆炸极限/%
戊烷	1.5~7.8	苯	1.2~7.1	一氧化碳	12.5~74.2
己烷	1.1~7.5	甲苯	1.1~7.1	乙炔	2.5~82
庚烷	1.1~6.7	乙醇	3.1~27.7	乙烯	2.7~36
乙醚	1.7~49	甲醇	6.0~36.5	乙烷	3.0~12.5
丙烷	2.1~9.5	氢气	4.0~75.6	氨气	15~28
甲烷	5.0~15	二硫化碳	1.3~50	乙胺	3.5~14.0

可燃性混合物的爆炸极限范围越宽,即爆炸下限越低和爆炸上限越高时,其爆炸危险性越大。这是因为爆炸极限越宽则出现爆炸条件的机会就越多。爆炸下限越低则可燃物稍有泄漏就会形成爆炸条件;爆炸上限越高则有少量空气渗入容器,就能与容器内的可燃物混合形成爆炸条件。应当指出,可燃性混合物的浓度高于爆炸上限时,虽然不会着火和爆炸,但当它从容器或管道里逸出,重新接触空气时却能燃烧,仍有着火的危险。

2. 影响爆炸极限的因素

（1）**初始温度**   初始温度升高,分子的反应活性增加,危险性增大。

（2）**含氧量**   含氧量增加,爆炸极限范围的上限提高,范围增大,危险性增大。

（3）**压力**   压力增高,爆炸极限范围的上限提高,范围增大,危险性增大。

（4）**惰性气体含量**   系统中惰性气体含量增加,爆炸极限范围的下限提高,上限显著降低,范围缩小,危险性减小。

（5）**火源强度**   强度高,受热面积大,接触时间长,范围增大,危险性增大。

（6）**容器**   容器管道直径越小,爆炸极限范围越小,发生爆炸的危险性越小;小到一定程度时,火焰不能通过而熄灭。

2.2.4   爆炸与燃烧的关系

爆炸和燃烧都需具备可燃物、氧化剂和火源这三个基本因素。因此,燃烧和化学性爆炸就其本质来说是相同的,而它们的主要区别在于氧化反应速率不同。燃烧速率(即氧化速率)越快,燃烧热的释放越快,所产生的破坏力也越大。由于燃烧和化学性爆炸的主要区别在于物质的燃烧速率,所以火灾和爆炸的发展过程有显著的不同。火灾分为初起阶段、发展阶段和衰弱熄灭阶段,造成的损失随着时间的延续而加重。因此,一旦发生火灾,若能尽快地进行扑救,即可减少损失。化学性爆炸实质上就是瞬间的燃烧,通常在 1 s 内已经完成。爆炸威力所造成的人员伤亡、设备毁坏和厂房倒塌等巨大损失均发生于顷刻之间,因此爆炸一旦发生,损失已无从减少。

　　燃烧和化学性爆炸两者均可随条件而转化。同一物质在一种火源条件下可以燃烧,在另一种条件下可以爆炸。例如,煤块只能缓慢地燃烧,如果将它磨成煤粉,再与空气混合后就可能爆炸。由于燃烧和爆炸可以随条件而转化,所以生产过程中发生的这类事故,有些是先爆炸后燃烧,例如,油罐、电石库或乙炔发生器爆炸后,接下来往往是一场大火;而某些情况下则先发生火灾而后爆炸,例如,抽空的油槽在着火时,可燃蒸气不断消耗,而又不能及时补充较多的可燃蒸气,因而浓度不断下降,当蒸气浓度下降到爆炸极限范围内时,则发生爆炸。

2.2.5　防爆的基本措施

　　防火防爆的核心是研究如何避免爆炸三条件(可燃物、氧化剂、点火源)同时存在和相互作用。

1. 防爆的基本措施

　　(1) 保持良好通风,防止可燃物聚集达到爆炸极限。控制可燃物和氧化剂的浓度、温度、压力及混触条件。

　　(2) 系统内通入惰性气体。系统中惰性气体含量增加,爆炸极限范围的上限显著降低,范围缩小,危险性下降。

　　(3) 系统密封,防止可燃物泄露。

　　(4) 消除一切足以导致起火、爆炸的点火源。在大多数场合,如果可燃物和氧化剂的存在是不可避免的,则消除或控制点火源就成为防火防爆的关键。在科研实验与生产过程中,点火源常常是一种必要的热能源,既要保证安全地利用,又要设法消除能够引起火灾爆炸的点火源。

　　火源的控制与管理:

　　① 防止撞击、摩擦产生火花。机器设备上转动部分的摩擦、铁器的相互撞击或对水泥地面的打击、物料高速喷出与容器摩擦等,都有可能产生高温或火花。预防措施:危险场所禁穿带钉鞋;用铜制、木制工具代替铁制工具。

　　② 防止热射线(日光)。直射的太阳光,通过圆形玻璃瓶、装有水的圆形塑料瓶、有气泡的平板玻璃等会聚焦形成高温焦点,可点燃可燃性物质。为此,有爆炸隐患的场所,必须采取遮阳措施,将窗玻璃涂上白漆或采用磨砂玻璃。

　　③ 防止电器火花。采取措施:防止电器设备在开关合闸、启动、运行中产生火花电弧或高温。

　　④ 消除静电火花的产生。接地是防静电危害的基本措施,其使设备与大地之间构成电气上的泄漏通路,将产生在设备上的静电泄漏于大地,防止静电的积聚。在静电危险场所,所有属于静电导体的物体必须接地,如用于加工、储存、运输各种易燃液体、气体和粉体的设备,管道都必须接地。在必要的场合,需要安装人体静电消除器设备,消除人体所带静电。

　　(5) 采取各种阻隔手段,阻止火灾、爆炸事故灾害的扩大,主要通过设置阻火装置和建造阻火设施来实现。常用的阻火装置有安全液封、阻火器、回火防止器、防火阀、火星熄灭器等。常见的阻火设施有防火门、防火墙、防火带、防火卷帘等。

（6）安装监测和报警装置。

2. 实验室发生爆炸事故的原因

（1）随意混合化学药品。氧化剂和还原剂的混合物在受热、摩擦或撞击时会发生爆炸。强氧化剂与一些有机化合物接触，如浓硝酸和乙醇混合时会发生猛烈的爆炸反应。表 2-8 列出了加热时发生爆炸的一些混合物。

表 2-8　加热时发生爆炸的一些混合物

镁粉-重铬酸铵	还原剂-硝酸铅	三氯甲烷-丙酮
镁粉-硫黄	氯化亚锡-硝酸铋	有机化合物
锌粉-硫黄	浓硫酸-高锰酸钾	
铝粉-氧化铅	铝粉-氧化铜	

（2）在密闭系统中进行蒸馏、回流等加热操作。

（3）在加压或减压实验中使用不耐压的玻璃仪器。

（4）气体钢瓶减压阀失灵。

（5）反应过于激烈而失去控制。

（6）易燃易爆气体（如氢气、乙炔等烃类气体、煤气和有机蒸气等）大量逸入空气，引起爆燃。

（7）易爆化合物受热或被敲击（如硝酸盐类、硝酸酯类、三碘化氮、芳香族多硝基化合物、乙炔及其重金属盐、重氮盐、叠氮化物、有机过氧化物等）易发生爆炸。

2.3　火灾预防与消防

在火带来便利的同时，伴随着的火灾会给人类社会造成巨大的灾害。预防火灾的最好方法是掌握火灾的特性，总结火灾发生的规律，严格遵守规则，消除引起火灾的隐患。同时，通过学习，在面对火灾时要能够快速做出判断，正确处置。

2.3.1　火灾的特点与分类

1. 火灾的特点

火灾通常具有严重性、突发性、复杂性等特点。严重性是指火灾的危害大，造成人员伤亡和重大经济损失。而且火灾往往在人们意想不到的时间与空间突然发生，具有突发性。另外，发生火灾事故的原因及过程是多种多样的。如引起火灾的火源有明火、化学反应热、高温、摩擦、电火花、自热等，引起燃烧的可燃物有气体、液体、固体。有的着火过程缓慢，有的则发生突然、发展迅速。火灾的复杂性使得火灾后寻找火灾的起因与起火点成为事故调查的主要任务。在火灾扑救时，必须根据不同的火源和可燃物（特别是化学品着火），采取不同的灭火方法,否则将会造成更大的伤害与损失。

火灾从引燃到熄灭可分为四个阶段,在不同阶段,需要采取的应对灭火措施有所不同。

(1) 初期阶段　从出现明火开始,此时燃烧的面积较小,只限于局部着火点处可燃物质的燃烧。此时燃烧的发展缓慢,有可能形成火灾,也有可能自行熄灭,是最佳扑救期,处置得当可大大减少伤害与损失。

(2) 发展阶段　燃烧一定时间后,燃烧的范围扩大,强度增大,温度升高,室内的可燃物质在高温的作用下不断分解放出可燃气体,使室内绝大部分可燃物质起火燃烧。这种在限定空间内,可燃物质的表面全部卷入燃烧的状态为轰燃,标志室内火灾进入全面发展阶段,非专业人员必须撤离。

(3) 猛烈阶段　释放大量热,空间温度急剧上升,此时火灾必须由专业人员扑救,并以控制火势,防止扩散为主。

(4) 熄灭阶段　燃烧的后期阶段,随着可燃物燃烧殆尽或灭火剂发挥作用,火灾的燃烧速率减慢,燃烧强度减弱,温度下降,火势逐渐减弱直至熄灭。此时局部温度仍然较高,遇到合适的条件有可能发生复燃现象,危险性不容忽视。

2. 火灾的分类

要研究灭火的方法,首先要将火灾进行分类,并根据火灾的类别选择合适的扑救方法和灭火器材。随着对火灾认识的发展,对火灾分类在不断完善。国际标准化组织于 2007 年对火灾分类标准进行了修订,我国的火灾标准也随之进行了调整。根据国家质量监督检验检疫总局、国家标准化管理委员会联合发布的《火灾分类》(GB/T 4968—2008)的规定,按可燃物的类型和燃烧特性将火灾分为六类,如表 2-9 所示。

表 2-9　我国火灾分类标准

火灾类别	具体描述
A 类	指固体物质火灾。这种物质通常具有有机物性质,一般在燃烧时能产生灼热的余烬。如木材、干草、煤炭、棉、毛、麻、纸张等火灾
B 类	指液体或可熔化的固体物质火灾。如煤油、柴油、原油、甲醇、乙醇、沥青、石蜡、塑料等火灾
C 类	指气体火灾。如煤气、天然气、甲烷、乙烷、丙烷、氢气等火灾
D 类	指金属火灾。如钾、钠、镁、铝镁合金等火灾
E 类	指带电火灾。物体带电燃烧的火灾
F 类	指烹饪器具内的烹饪物(如动植物油脂)火灾

除按以上分类外,还将火灾按等级划分。依据《生产安全事故报告和调查处理条例》(国务院令 493 号),公安部办公厅《关于调整火灾等级标准的通知》(公消〔2007〕234 号)将火灾等级增加为四个等级,由原来的特大火灾、重大火灾和一般火灾三个等级调整为特别重大火灾、重大火灾、较大火灾和一般火灾四个等级。

(1) 特别重大火灾　特别重大火灾是指造成 30 人及以上死亡,或者 100 人及以上重伤,或者 1 亿元及以上直接财产损失的火灾。

（2）**重大火灾**   重大火灾是指造成 10 人及以上、30 人以下死亡,或者 50 人及以上、100 人以下重伤,或者 5000 万元及以上、1 亿元以下直接财产损失的火灾。

（3）**较大火灾**   较大火灾是指造成 3 人及以上、10 人以下死亡,或者 10 人及以上、50 人以下重伤,或者 1000 万元及以上、5000 万元以下直接财产损失的火灾。

（4）**一般火灾**   一般火灾是指造成 3 人以下死亡,或者 10 人以下重伤,或者 1000 万元以下直接财产损失的火灾。

2.3.2   预防火灾的基本措施与方法

1. 预防火灾的基本措施

视频
实验室
灭火措施

（1）**控制可燃物**   尽量选择不燃、难燃、阻燃的材料;采取排风或通风措施,降低可燃气体、蒸气和粉尘在室内的浓度;严格控制实验室化学品的数量,严格分类存放措施。

（2）**隔绝空气**   隔绝空气,使燃烧无法进行。如用惰性气体保护,将金属钠保存在煤油中,白磷保存在水中。

（3）**清除火源**   隔离或远离火源,采用防爆照明、防爆开关、检查更换老化电线、仪器接地、消除静电,以及防止可燃物遇见明火或温度失控而引起火灾。

动画
火灾蔓延
机理

（4）**阻止火势**   在可燃气体管路上安装阻火器、水封装置;在建筑物之间留有防火间距,建有防火墙、防火门,设防火分区等。

（5）**安装监控、报警与自动喷淋装置**   在房间与走廊安装易燃气体及火情监控、报警与自动喷淋装置。

2. 灭火的基本方法

灭火的基本方法是破坏燃烧的条件。通常可采取以下方法:

（1）**冷却灭火法**   冷却灭火法是最主要的灭火方法之一,也是简单且易于做到的有效方法。将冷却灭火剂直接喷射到燃烧物质表面,降低燃烧物体的温度,使其温度降低到该物质的着火点以下,燃烧就会终止;或者将灭火剂喷洒到火源附近的可燃物上,防止其受到辐射热影响而形成新的起火点。冷却灭火剂广泛使用以水为基础的灭火剂,水具有较大的比热容和很高的汽化热,冷却性能良好。除此之外,还可以使用二氧化碳（干冰）、液氮作为冷却灭火剂。

（2）**窒息灭火法**   窒息灭火法是指隔绝空气与可燃物接触,阻止空气流入燃烧区域,或用不燃烧的惰性气体降低空气的浓度,使燃烧物质得不到足够的氧气而熄灭。物质燃烧需要在最低氧浓度以上才能进行,一般氧浓度低于 15%,就不能维持燃烧。在着火场所内,可以用水喷雾或惰性气体降低空间的氧浓度,从而达到窒息灭火。水雾吸收热气流的热量而转化成水蒸气,当空气中水蒸气浓度达到 35%时,燃烧就会停止。此外,用不燃或难燃的石棉毯、灭火毯、湿麻袋覆盖在燃烧的物体上,也可使火焰熄灭。

（3）**隔离灭火法**   隔离灭火法是指将可燃物质与助燃物质、火焰隔离,从而中止燃烧,扑灭火灾。例如,关闭实验可燃气体的阀门,迅速转移火焰附近的有机溶剂,拆除与燃烧物质相连的可燃物质,都属于隔离灭火法。再如,泡沫灭火器灭火时,泡沫覆盖于燃烧液体或固体的表面,将可燃物质与空气隔开,从而中止燃烧。

（4）**化学抑制灭火法**　化学抑制灭火法是指使灭火剂参与燃烧的反应过程,抑制自由基的产生或降低火焰中的自由基浓度,即可使燃烧中止。常见的化学抑制灭火剂有干粉和七氟丙烷,其对有焰燃烧火灾效果好,可快速扑灭初期火灾。

2.3.3　化学实验室火灾的预防措施

（1）严禁在开口容器或密闭体系中用明火加热有机溶剂。需用明火加热易燃有机溶剂时,必须要有蒸气冷凝装置或合适的尾气排放装置。

（2）废溶剂严禁倒入污物缸。应倒入回收瓶内再集中处理。

（3）金属钠严禁与水接触。实验后的少量废钠通常用乙醇处理。

（4）不得在烘箱内存放、干燥、烘焙有机物。实验后的产物通常含有一些易燃的溶剂、低沸点的反应原料及不明特性的物质,如果使用烘箱烘干,烘箱中的电加热丝特别容易引起着火。

（5）使用氧气钢瓶时不得让氧气大量逸入室内。在含氧量约 25% 的大气中,物质燃烧所需的温度就要比在空气中低得多,且燃烧剧烈、不易扑灭。

2.3.4　火灾发生后应立即采取的措施

1. 采取的措施

（1）首先采取措施防止火势蔓延,关闭电闸、气体阀门。

（2）移开易燃易爆物品。

（3）确保安全撤离的情况下,视火势大小,采取不同的扑灭方法。

（4）火势较大时,撤离,并通知相邻人员撤离。

（5）119 报警,报告着火位置、燃烧物品等。

（6）路口接应消防车。

2. 灭火方式选择

一旦失火,可视火势大小,采取不同的扑灭方式:

（1）对于在容器中(如烧杯、烧瓶等)发生的局部小火,可用石棉网、表面皿或消防沙等盖灭。

（2）有机溶剂在桌面或地面上蔓延燃烧时,不得用水冲洗,可撒上细沙或用灭火毯扑灭。

（3）钠、钾等金属着火,可采用干燥的细沙覆盖。严禁用水和 CCl_4 灭火器,否则会导致猛烈的爆炸,也不能用 CO_2 灭火器。

（4）衣服着火时,切勿慌张奔跑,以免风助火势。化纤织物最好立即脱除,无法立即脱除时,一般小火可用湿抹布、灭火毯等包裹使火熄灭。若火势较大,可就近到喷淋器下面,用水浇灭。必要时可就地卧倒打滚,防止火焰烧向头部,并在地上压住着火处,使其熄火。若看到他人衣服着火,可使用灭火毯帮助灭火,不要使用灭火器朝人喷射。

（5）在化学反应过程中,对于因冲料、渗漏、油浴着火等引起的反应体系着火(情况比较危险,处理不当会加重火势),扑救时必须谨防冷水溅在着火处的玻璃仪器上,也必须谨防灭火器材击破玻璃仪器而造成严重的泄漏,从而使火势扩大。有效的扑灭方法是用几层灭火毯包住着火部位,隔绝空气使其熄灭,必要时在灭火毯上撒些细沙。若仍不奏效,必须使用灭火器,应由火场的周围逐渐向中心处扑灭。

2.3.5 消防设施简介

本节针对高等学校学生安全知识学习的需要,简单介绍一些学校常见的消防设施。

1. 火灾自动报警系统

火灾自动报警系统是现代建筑内的重要消防设施,也是现代消防不可缺少的安全技术措施。火灾自动报警系统由火灾触发装置、火灾警报装置、火灾报警控制器、消防联动控制系统及其他辅助功能装置组成。它能够在火灾初期,将燃烧产生的烟雾、热量、火焰等物理量,通过火灾探测器变成电信号,传输到火灾报警控制器,并同时以声或光的形式通知整个楼层疏散。控制器记录火灾发生的部位、时间等,使人们能够及时发现火灾,并及时采取有效措施扑灭初期火灾,最大限度地减少火灾造成的生命和财产损失。

火灾自动报警系统通常与火灾警报广播系统、自动喷水灭火系统、室内消防栓系统、防火卷闸门等相关设备联动,自动或手动发出相关指令启动消防设备。

火灾探测器是火灾自动报警系统的"感觉器官",可分为感烟式、感温式、感光(火焰)式、可燃气体式和复合式等。不同类型的火灾探测器适用于不同类型的火灾与场所,其中感烟式、感温式火灾探测器在我国应用较多。按其测控范围又可分为点型火灾探测器和线型火灾探测器两大类。点型火灾探测器只能对警戒范围中某一点周围的温度、烟雾等参数进行控制。线型火灾探测器则可以对警戒范围中某一线路周围的烟雾、温度进行探测。

火灾报警控制器是火灾自动报警系统的中枢,它接收信号并做出分析判断,一旦发生火灾,它立即发出火警信号并启动相应联动消防设备。

2. 自动喷水灭火系统

自动喷水灭火系统可分为湿式自动喷水灭火系统、干式自动喷水灭火系统和预作用式自动喷水灭火系统等。

湿式自动喷水灭火系统由洒水喷头、报警阀组、水流报警装置等组件,以及管道、供水设施组成。由于该系统的管道内始终充满有带压水体,一旦发生火灾,喷头立即喷水,故称湿式自动喷水灭火系统,其具有结构简单、灭火效率高、灭火速度快等优点,应用广泛。但由于管路中始终充满水,受环境温度的限制,适合安装在室内温度不低于 4 ℃,且不高于 70 ℃ 的建筑物内。

干式自动喷水灭火系统是为了满足寒冷和高温场所的要求而设计的。与湿式最大的不同是其管路和喷头中没有水,而是处于充气状态。探测到火灾后,干式自动喷水灭火系统首先喷出气体,当管路中的气压降低至某一限值时,报警阀自动打开,压力将剩余的气体从打开的喷头处喷出,然后开始喷水灭火。干式自动喷水灭火系统增加了充气设备,投入较大,且喷水启动速度也稍慢。

预作用式自动喷水灭火系统的管路和喷头中也没有水,充以空气或氮气。只有在火灾发生初期时,火灾探测系统才自动打开预作用阀,使管道充满水变成湿式自动喷水灭火系统。火灾达到一定温度,喷头立即喷水,该系统兼有湿式和干式自动喷水灭火系统的优点,并克服了湿式自动喷水灭火系统的泄漏与干式自动喷水灭火系统的喷水延迟等缺点。

3. 室内消防栓

室内消防栓是消防系统的重要部分,通常安装在建筑物内部的消防栓箱内。室内消防栓主要由消火栓箱、消火栓阀、水枪、水龙带、挂架、水龙带卡扣、报警按钮组成。

室内消防栓应设置在走廊、楼梯口、消防电梯等明显、易于取用的地方,消防栓栓口离地面高度以 1.1 m 为宜。室内消防栓的设置应保证同层任何部位两个消防栓的水枪充实水柱能够同时到达。每根水龙带的长度不超过 25 m。

室内消防栓通常供专业人员使用。紧急启用时,打开消防栓箱门,取出消防水带,向着火源点延伸展开,一头接消防栓出水口,另一头接水枪,逆时针旋转消防栓阀门转轮,出水灭火。

4. 防火与安全疏散设施

(1) **防火卷帘**　防火卷帘是现代建筑防火的必备设施,已被广泛应用于建筑的防火隔断区,能有效地阻止火势蔓延,保障生命财产安全,是现代建筑中不可缺少的防火设施,在建筑防火中起着重要作用。防火卷帘是一种活动的防火分隔物,一般用钢板等金属板材制作,以扣环或铰接的方法组成,平时卷起在门窗上口的转轴箱中,起火时将其放下展开,用以阻止火势蔓延。

防火卷帘一般设置在上下层连通的走廊、电梯区等开口部位,以及中庭、楼梯等部位。

(2) **防火门**　防火门是建筑物消防设备中的重要组成部分。防火门是指在一定时间内能满足耐火稳定性、完整性和隔热性要求的门。它是设在防火分区间、疏散楼梯间、垂直竖井等处具有一定耐火性的防火分隔物。防火门除具有普通门的作用外,还具有阻止火势蔓延和烟气扩散的作用,可在一定时间内阻止火势的蔓延,确保人员疏散。

为便于人员疏散、逃生,防火门的开启方向应为疏散方向,同时疏散通道内的防火门应安装防火门闭门器或设置让常开防火门在火灾发生时能自动关闭的闭门装置,防火门关闭后应能从任何一侧手动开启。

(3) **安全出口及疏散通道**　安全出口指的是疏散通道或消防通道的出入口,如建筑物外门、楼梯间的门等。安全出口应易于寻找,并设有明显的"安全出口"标志。要遵照"双向疏散"的原则分散布置,即建筑物内人员停留在任何地点,均宜保持有两个方向的疏散路线。

疏散通道为疏散时,人员从房门内到疏散楼梯或安全出口的室内走道,它是疏散的必经之路,为疏散的第一安全地带。疏散通道的设置要简明直接,尽量避免弯曲。

(4) **消防应急灯及疏散指示标志**　消防应急灯是为人员疏散、消防作业提供照明的消防应急灯具。它平时利用外接电源供电,在断电时自动切换到电池供电状态。一般高层建筑、人员密集的地方都有配置。

疏散指示标志的合理设置对人员安全疏散具有重要作用,国内外实际应用表明,在疏散走道和主要疏散路线的地面上或靠近地面的墙上设置发光疏散指示标志,对安全疏散起到很好的作用,可以更有效地帮助人们在浓烟弥漫的情况下,及时识别疏散位置和方向,迅速沿发光疏散指示标志顺利疏散,避免造成伤亡事故。

安全出口或疏散出口的上方、疏散走道应设有灯光疏散指示标志。疏散指示标志的方向指示标志图形应指向最近的疏散出口或安全出口。灯光疏散指示标志可采用蓄电池作备用电源,其连续供电时间不应少于 30 min。工作电源断电后,应能自动接合备用电源。

（5）**封闭楼梯间**　封闭楼梯间是指建筑物内用耐火建筑构配件分隔,能防止烟和热气进入的楼梯间,通常应靠近外墙并能直接采光和自然通风。封闭楼梯间是建筑物中最主要的安全区域之一。封闭楼梯间应设防火门,并向疏散方向开启。

2.3.6　消防用具的使用

1. 灭火器介绍及使用

虚拟实验
灭火器的
结构介绍

目前,实验室配备的灭火器主要有二氧化碳灭火器和干粉灭火器两种。扑救火灾时,要根据不同的火灾类型选用合适的灭火器。本节简要介绍两种灭火器的特点、灭火原理、适用范围、使用方法及注意事项等。

（1）**二氧化碳灭火器**

① 灭火原理与特点。二氧化碳灭火剂是一种具有一百多年历史的灭火剂,其价格低廉,获取容易。二氧化碳是一种不燃、不助燃的气体,具有较高的密度,约为空气的 1.5 倍。在常压下,液态的二氧化碳会立即汽化,一般 1 kg 液态二氧化碳可产生约 0.5 m³ 气体。

二氧化碳主要依靠窒息作用和部分冷却作用灭火。灭火时,二氧化碳气体隔绝空气而包围在燃烧物体的表面或分布于较密闭的空间中,降低可燃物周围或防护空间内的氧浓度,产生窒息作用而灭火。另外,液体二氧化碳从钢瓶中喷出时,会由液体迅速汽化,从周围吸收热量,起到冷却的作用。

② 适用范围。二氧化碳灭火器的使用范围较广,可扑灭 B 类火灾、C 类火灾、E 类火灾及 F 类火灾。二氧化碳灭火器灭火速度快、无腐蚀性、灭火后无污染物质,不留痕迹,特别适合扑救贵重设备、档案资料、仪器仪表、600 V 以下电气设备及油类的初期火灾。

二氧化碳灭火器不适用于扑救内部阴燃物质、自燃分解物质及 D 类物质引起的火灾。金属火灾（D 类）不能用二氧化碳灭火器灭火的原因是活泼金属可以夺取二氧化碳中的氧而继续燃烧。

③ 使用方法及注意事项。使用二氧化碳灭火器灭火时,将其提到火场,在距燃烧物 2~3 m,放下灭火器,除掉铅封,拔出保险销,一只手握住喇叭筒喷管,另一只手按压下压把,将喷出的二氧化碳液体对准火焰根部横扫。

使用时,不能直接用手抓住喇叭筒外壁或金属连线管,以防手被冻伤。

灭火时,当可燃液体呈流淌状燃烧时,使用者可将二氧化碳灭火器的喷射流由近而远向火焰喷射。如果可燃液体在容器内燃烧时,使用者应将喇叭筒提起,从容器的一侧上部向燃烧的容器中喷射,但不能将二氧化碳射流直接冲击可燃液面,以防可燃液体冲出容器而扩大火势,造成灭火困难。

使用二氧化碳灭火器时,在室外使用的,应选择在上风方向喷射。在室内窄小空间使用的,灭火后操作者应迅速离开,以防窒息。

（2）**干粉灭火器**

① 灭火原理及特点。干粉灭火剂一般由一种或多种具有灭火功能的细微无机粉末和

具有特定功能的填料、助剂共同组成,通常分为 BC 干粉灭火剂(主要成分为碳酸氢钠)和 ABC 干粉灭火剂(主要成分为磷酸二氢铵)两类。干粉灭火器灭火时,依靠灭火器内加压气体将干粉喷出,形成干粉气流喷向火焰,具有灭火剂毒性低、灭火效率高、灭火速度快、使用方便等优点,目前在我国应用较为普遍。

虚拟实验
干粉灭火器
使用介绍

灭火原理主要包括两个方面,一是靠干粉中无机盐的挥发性分解物,与燃烧过程中燃料所产生的自由基或活性基团发生化学抑制和负催化作用,使燃烧的链式反应中断而灭火;二是靠干粉的粉末落在可燃物表面,发生化学、物理反应,在高温作用下形成一层玻璃状覆盖层,从而隔绝氧,产生窒息灭火作用。另外,干粉灭火剂在燃烧火焰中发生吸热分解反应,故也有较好的冷却灭火作用。由灭火作用机理可知,干粉需要直接覆盖在燃烧物体表面。所以使用时应站在火场上风处,对准火焰根部喷射才可以灭火,否则是没有效果的。

② 适用范围。干粉灭火器可扑灭一般火灾,还可扑灭油、气等燃烧引起的火灾。

干粉灭火器主要用于扑救石油、有机溶剂等易燃液体、可燃气体和电气设备的初期火灾。碳酸氢钠干粉灭火器适用于易燃、可燃液体、气体及带电设备的初期火灾;磷酸铵盐干粉灭火器除可用于上述几类火灾外,还可扑救固体物质的初期火灾。但二者都不能扑救金属火灾。

③ 使用方法与注意事项。把干粉灭火器提到现场,用右手抓着压把,左手顺势展开喷粉胶管,接着除掉铅封,拔出保险销,用右手掌使劲按下压把,左手把持喷粉管,在距火场 3 m 左右,对准火焰喷射,不断靠前左右摆动喷粉管,用干粉笼罩住燃烧区,直至把火扑灭为止。

干粉灭火器必须经常检查压力是否有效。手提干粉灭火器必须竖立使用,不可颠倒使用,喷管口禁止对人,以防伤害;灭火时,操作者必须处于上风处操作,注意控制灭火点的有效距离和使用时间。干粉灭火剂中含有磷酸盐、碳酸盐等物质,具有腐蚀性,不适宜扑灭精密仪器的着火,使用之后,需要立即清理。

2. 灭火毯介绍及使用

(1) **灭火毯灭火原理及特点**　灭火毯利用覆盖火源、阻隔空气的原理来达到灭火的目的。灭火毯对于须远离热源体的人、物是一个理想和有效的外保护层,并且非常容易包裹表面凹凸不平的物体,灭火迅速,在无破损的情况下可重复使用。

灭火毯具有以下特点:

① 没有失效期。

② 在使用后不会产生二次污染。

③ 绝缘、耐高温。

④ 便于携带,配置简单,能够快速使用。

⑤ 无破损时能够重复使用。

虚拟实验
灭火毯
使用介绍

灭火毯是一种质地柔软的消防器具,在火灾初期阶段时,能以最快速度隔氧灭火,控制灾情蔓延,还可以作为逃生用的防护物品,只要将毯子裹于全身,由于毯子本身具有防火、隔热的特性,在逃生过程中,人的身体能够得到很好的保护。

灭火毯已经成为化学实验室的标准消防配备。

(2) **灭火毯分类与适用范围**　灭火毯按其所用材料可分为石棉灭火毯、玻璃纤维灭火

虚拟实验
灭火毯实
验室灭火
过程

毯、高硅氧灭火毯、碳素纤维灭火毯、陶瓷纤维灭火毯等。

灭火毯适用于扑灭小物体、小容器（油浴）着火，以及人体着火；灭火毯展开后必须大于火源面积，使得其能够完全覆盖或包裹住火源。

（3）**灭火毯使用方法及注意事项**   在起火初期，将灭火毯直接覆盖住火源，火源可在短时间内扑灭。

灭火毯通常保存在包装袋内并悬挂在墙上，使用时首先用双手握住下部的两根黑色拉带，将灭火毯取出；再将折叠的灭火毯展开，让其自然下垂；靠近火源，将灭火毯完全覆盖着火容器或包裹住着火物体。

灭火毯需要使用者靠近火源，在近距离使用，操作不当，极易对使用者造成伤害。灭火毯也不适用大面积火场的灭火。使用灭火毯灭火时要选择上风处。

3. 消防沙箱介绍及使用

虚拟实验
消防沙箱
使用介绍

（1）**消防沙箱灭火原理及特点**   消防沙箱专门用于扑救 D 类金属火灾及油类火灾，这是因为这类火灾不能用水灭火。

消防沙箱利用覆盖火源、阻隔空气的原理来达到灭火的目的。消防沙箱的使用方法相对简单，当着火面积比较大时，可用铁铲把沙子直接覆盖在油上，注意要完全覆盖。通常用消防沙箱来扑灭地面流淌的油火效果较好。

消防沙箱是化学实验室标准配备的消防设备，尺寸通常较小，以便于搬放。当实验室发生小范围油类及金属着火时，可直接端起消防沙箱，将沙子分少量多次倾倒，完全覆盖着火点即可。

虚拟实验
消防沙箱
实验室灭
火过程

（2）**消防沙箱的使用范围**

① D 类金属火灾：钾、钠、镁、铝镁合金、烷基类金属等。

② 油类火灾：导热油、食用油等。

③ 固体火灾：白磷、红磷、硫黄、沥青等。

消防沙箱的大小与尺寸无固定要求，室外使用的通常较大，室内使用的尺寸较小。材质通常有铁制、玻璃钢制和木质。实验室通常用木质小沙箱盛放沙子。

消防沙箱不适用于大面积火场的灭火，也不适用于易爆炸物质的灭火。

（3）**消防沙箱的使用与注意事项**   消防沙箱的使用较为简单。将消防沙箱端至火场，靠近火源上方，分多次倾倒沙子，使沙子均匀、完全覆盖火源。

使用消防沙箱时需要使用者靠近火源，在近距离使用，操作不当，极易对使用者造成伤害。使用消防沙箱灭火时要选择上风处，选择适当的站位。

消防沙箱保存与使用注意事项：

① 消防沙要保持干燥，因为若有水分遇到火后会飞溅，灭火时易伤人。

② 消防沙的储备量要充足。

③ 消防沙要用器材装好，如消防桶、消防箱等便于使用。

④ 实验室用消防沙箱不宜太大，通常两边设计有把手，方便端起；无盖式设计，易于火场快速倾倒沙子。

⑤ 消防沙箱在实验室中的放置位置无遮挡，取用方便；沙子上面不要放置杂物。

⑥ 灭火时，要判断风向，站立在上风处倾倒沙子，要防止被烟熏伤。

⑦ 灭火倾倒沙子时,要少量多次,由外向内,以能完全覆盖油火为好,或者阻止油向四处流淌,避免火势的迅速扩大。

⑧ 倾倒沙子时注意不要使油火飞溅,伤及自身。

2.4　火场逃生与自救

当火灾发生后,由于火场的火势不同,被困人员所处的位置、环境与状况各不相同,逃生自救的方式方法也不尽相同。学习必要的逃生方法与技巧十分必要,以有效减少伤害。

动画
灭火与逃生

2.4.1　火灾逃生状况及方法

一般而言,火灾逃生状况可分为三种:一是逃生避难时;二是室内待救时;三是无法期待获救时。

1. 逃生避难时的自救逃生方法与注意事项

(1)不可搭乘电梯。避免火灾导致电源中断,被困于电梯中。

(2)顺着指示标识,进入安全通道逃生。

虚拟实验
逃生演练

(3)以湿毛巾掩口鼻,避免浓烟的侵袭。

(4)浓烟中采取低姿势行走。浓烟飘浮在上层,离地面30 cm左右的地方还有空气存在。

2. 室内待救时的自救逃生方法与注意事项

(1)在室内待救时,设法告知救援人员你的待救位置。

(2)在易于获救处待命。

(3)要避免吸入浓烟。

浓烟是火灾中致命的"杀手",大量的浓烟吸入体内会造成死亡,吸入微量的浓烟则可能导致昏厥,影响逃生。因此务必记住,逃生过程中,应采取必要的措施,尽量避免吸入浓烟。

3. 无法期待获救时的自救逃生方法与注意事项

当无法期待获救时,绝对不要放弃求生的意愿,此时应当力求镇静,利用现场物品,设法自救逃生。

(1)**以床单或窗帘做成逃生绳**　将房间内的床单或窗帘卷成绳条状,首尾互相打结衔接成逃生绳。将绳头绑在房间内的柱子或固定物上,绳尾抛出阳台或窗外,沿着逃生绳往下攀爬逃生。

(2)**沿屋外排水管逃生**　当屋外有排水管可供攀爬至安全楼层或地面时,可利用屋外排水管逃生。但攀爬时要注意排水管是否牢固,避免发生坠楼意外。

(3)**绝不可轻易跳楼**　在火灾中,常会发生逃生无门而被迫跳楼的状况,但非到万不得已,绝不可跳楼,最好能静静待在房间内,设法防止火及烟的侵袭,等待消防人员的救援。

2.4.2　火灾逃生策略

面对大火,必须坚持"三要""三救""三不"原则,才能够化险为夷,绝处逢生。

1. "三要"

（1）"要"熟悉自己住所的环境。

（2）"要"遇事保持沉着冷静。

（3）"要"警惕烟毒的侵害。

平时要多注意观察，做到对住所的楼梯、通道、大门、紧急疏散出口等了如指掌，对有没有平台、天窗、临时避难层（间）胸中有数。

2. "三救"

（1）选择逃生通道"自救"。

（2）结绳下滑"自救"。

（3）向外界"求救"。

3. "三不"

（1）"不"乘普通电梯。

（2）"不"轻易跳楼。

（3）"不"贪恋财物。

4. 火场逃生十大秘诀

第一诀：熟悉环境，记牢出口。

第二诀：通道出口，畅通无阻。

第三诀：保持镇静，快速撤离。

第四诀：不入险地，不贪财物。

第五诀：简易防护，不可缺少。

第六诀：善用通道，莫入电梯。

第七诀：缓降逃生，滑绳自救。

第八诀：大火袭来，固守待援。

第九诀：发出信号，寻求救援。

第十诀：火已烧身，切勿惊跑。

5. 学校防火"六要素"

（1）应自觉遵守防火安全管理规定。

（2）不在教学和生活区随意焚烧树叶、垃圾等可燃、易燃物品。

（3）严格按照规定使用、管理、销毁易燃、易爆实验用化学品。

（4）需要用火时，须遵守用火审批、管理制度，不得随意动火，并要配备必要的灭火器材。

（5）不乱拉临时线，不乱设临时插座，不得使用电炉、电热水器等电热器具，不卧床吸烟，不在熄灯后使用蜡烛、打火机照明，宿舍内不得存放、使用酒精、汽油等易燃、易爆危险品。

（6）加强消防安全知识的教育培训。应学习掌握基本的火场逃生知识和技能,学会正确使用各种消防器材,学会正确拨打火警电话,正确报知火警情况。

学校要经常检查消防设施,教室、实验室等的门及消防通道的门必须设计成向外开(顺着疏散方向),防止人群突然拥挤阻挡,门无法打开。不能以任何理由锁闭安全门或阻碍消防通道。

2.4.3　火场逃生自救常识

要避免恐惧、从众、逆反、等死等异常心理行为,对火场冷静观察,以积极心态寻找生机,创造生存机会。要掌握必要的逃生技能,了解火场逃生自救常识。

（1）**毛巾捂鼻护嘴法**　湿毛巾或手帕捂住嘴和鼻,阻止吸入烟雾造成窒息。逃生时应注意:逆风疏散,逃至上风处。应弯腰前进,但液化气或城市煤气火灾时,不应采用匍匐前进方式。

虚拟实验
气垫逃生

通常湿毛巾可以比干毛巾更有效地隔阻有害气体的吸入,多层也比单层更有效。一条毛巾以折叠8层为宜,烟雾消除率可达60%。当在实验室找不到毛巾等时,应将自身的衣服脱下防护口鼻使用。还可将浸湿的棉衣、棉被、毛毯等遮盖在身上,防止烧伤。

虚拟实验
滑绳逃生

（2）**封隔法**　当无法疏散时,可先退入卫生间或一个房间内,并将门缝用毛巾、毛毯、棉被等封死,防止受热,并不断往上浇水冷却,防止外部火、烟的侵入,抑制火势蔓延速度,延长救援等待时间。

（3）**高层楼着火逃生法**　当楼梯的烟火猛烈时,可利用房屋的排水管、阳台、雨篷逃生,也可采用绳索、消防水带逃生,也可用床单、窗帘等,撕成长条连接代替绳索,但顺其下滑时,一端务必拴牢固,防止中途脱落摔伤。绳子较短时,将自己悬挂在窗外,等候救助。绳子较长时,可下滑到无烟楼层,破窗脱险。

虚拟实验
消防升降
台逃生

（4）**被迫跳楼逃生法**　请务必注意,高层楼切不可采用此方法逃生。当有消防逃生气垫时,也需要采取正确的跳楼姿势,避免脊椎受伤。低层楼(通常4层以下)可采用此方法逃生,但先向地面上抛下一些棉被、沙发垫,增加缓冲,然后手扶窗台往下滑,以缩小跳楼高度,并保证双脚首先落地。

（5）**就地滚翻压灭火法**　如果身上的衣物着火,应迅速将衣服脱下或撕下,或就地滚翻将火压灭,但注意不要滚动太快。一定不要身穿着火衣服跑动。如果有水可迅速用水浇灭,但人体被火烧伤时,一定不能用水浇,以防感染。

（6）**火场求救方法**　可在窗口、阳台、屋顶或避难层处,向外大声呼叫,敲打金属物件,投掷物品,发出求救信号,引起注意,为逃生争取时间。

（7）**骑坐在室外空调法**　目前安装空调的房间越来越多,当室内充烟,没有条件结绳时,可以用湿毛巾或衣物等防止烟雾吸入口鼻,骑坐在室外空调上等候救助。

安全事故
案例

（8）当寻找不到适宜的逃生方法时,可迅速跑向室内消防栓,打开水带,接上出水口和水枪,旋转打开消防栓阀门,靠近窗户,低姿将水射向烟雾。同时,要将自身用水喷湿。

思　考　题

1. 燃烧的必要条件是什么? 燃烧可分为哪几种类型?

2. 什么是爆炸? 爆炸可分为哪几种类型?

3. 预防火灾的基本措施有哪些?

4. 预防自热自燃的有效措施有哪些?

5. 商品硝化棉或实验室储存的硝化棉为什么要在乙醇或异丙醇中保存?

6. 影响粉尘爆炸的因素有哪些? 如何防止粉尘爆炸?

7. 湿式和干式自动喷水灭火系统的主要差别是什么? 各适用于什么场合?

8. 化学实验室常用的灭火器材有哪几类?

9. 灭火的基本方法有哪些?

10. 二氧化碳灭火器不可用于扑救哪些类型的火灾?

11. 扑救 D 类金属火灾采用哪种灭火方式较好?

12. 若看到他人衣服着火,可使用哪种方式帮助灭火?

13. 逃生自救的方法有哪些?

14. 查看化学实验室所在建筑内的防火与安全疏散设施都有哪些。

第三章
危险化学品安全防护基础知识

教学课件　　　　　　知识图谱

　　化学对人类社会的发展起到了巨大的推动作用。化纤纺织品、农药化肥、医用塑料等极大满足了人类社会的巨大物质需求，而这些物质都是由一些基本化学品通过合成反应得来的。化学品能够被用于生产出有用的产品，但也有其不利的一面，只有掌握了化学品，特别是危险化学品的特性，才能变不利为有利，从而防止事故的发生。通过观察分析已发生的相关事故，可以发现它们大多是由于不熟悉试剂性质、不按规范操作导致的。因此，本章将系统介绍危险化学品的分类、特性、储存及使用注意事项等相关知识。

3.1　化学品与危险化学品概述

　　如今，世界上已知的化学物质数量极为庞大，已超 1.9 亿种，并且仍以每年数百万种的速度持续增长。市场上销售的化学品种类也已超过 15 万种。在过去的 50 年里，化学品的年产量更是发生了惊人的变化，从最初的 1 亿多吨增长到如今的 4 亿多吨。我国化学工业发展迅速，目前已生产和上市销售的化学物质约有 5 万种。《危险化学品目录（2022 年调整版）》中明确列出了 2828 种危险化学品，其中剧毒化学品达 148 种。全国危险化学品从业单位数量众多，多达数十万，从业人员超过 500 万人。这些数据充分表明，化学已深度融入人类生活。尽管危险化学品和剧毒化学品在整个化学品中所占比例较小，但它们所造成的危害不容小觑。例如，2020 年 8 月 4 日，位于黎巴嫩首都贝鲁特的港口发生了一起严重的硝酸铵爆炸事故。港口储存的大量硝酸铵因长期存放且储存条件不当，在高温等因素影响下突然爆炸。此次爆炸威力巨大，对周边地区造成了毁灭性打击，不仅导致数千人伤亡，大量建筑物被摧毁，还对当地生态环境造成了长期且严重的污染。此外，近年来新能源汽车锂电池起火事件频发，部分原因是锂电池在生产、运输或使用过程中，因内部短路、过充等问题引发燃烧，对人员和财产安全构成严重威胁。据统计，全球每年因化学品事故和危害造成的经济损失超过 4000 亿元人民币。

　　国家对危险化学品安全非常重视，发布了《危险化学品安全管理条例》（中华人民共和国国务院令第591号)、《危险化学品目录》等多份文件,这些文件是企业落实危险化学品安全管理主体责任,以及相关部门实施监督管理的重要依据。其中《危险化学品目录》根据实际需要,进行了多次修订。

3.1.1　化学品与危险化学品的定义

化学品:由各种化学元素组成的单质、化合物和混合物,无论是天然的,还是人造的,都属于化学品。

危险化学品:是指具有毒害、腐蚀、爆炸、燃烧、助燃等性质,对人体、设施、环境具有危害的剧毒化学品和其他化学品。氰化钾(KCN)这类剧毒化学品,少量进入人体就可能导致中毒死亡;硫酸具有强腐蚀性,接触人体皮肤会造成严重灼伤;汽油属于易燃液体,遇到明火或高温容易燃烧爆炸,这些都属于危险化学品。

3.1.2　危险化学品的分类

危险化学品在不同时期、不同文件中有不同的分类方法。

在2012年12月实施的《危险货物分类和品名编号》(GB 6944—2012)中危险化学品分为9类。

在2010年5月1日实施的《化学品分类和危险性公示 通则》(GB 13690—2009)中,危险化学品在理化危险类条目中分为16类,在健康危险类条目中分为10类,在环境危险类条目中分为7类。

根据联合国《全球化学品统一分类和标签制度》(GHS),我国制定了化学品危险性分类和标签规范系列标准,确立了化学品危险性28类的分类体系。由于《危险化学品名录》(2002版)主要采用爆炸品、易燃液体等8类危险化学品的分类体系,与现行化学品危险性28类的分类体系有较大差异。现行《危险化学品安全管理条例》(中华人民共和国国务院令第730号)调整了危险化学品的定义,规定"危险化学品,是指具有毒害、腐蚀、爆炸、燃烧、助燃等性质,对人体、设施、环境具有危害的剧毒化学品和其他化学品"。2015年发布的《危险化学品目录》中的分类在与现行管理相衔接、平稳过渡的基础上,逐步与国际接轨。根据化学品分类和标签系列国家标准,从化学品28类95个危险类别中,选取了其中危险性较大的81个类别作为危险化学品。分为三大项:物理危险、健康危害、环境危害。其中物理危险项包括16类:① 爆炸品;② 易燃气体;③ 气溶胶;④ 氧化性气体;⑤ 加压气体;⑥ 易燃液体;⑦ 易燃固体;⑧ 自反应物质或混合物;⑨ 自热物质和混合物;⑩ 自燃液体;⑪ 自燃固体;⑫ 遇水放出易燃气体的物质或混合物;⑬ 氧化性液体;⑭ 氧化性固体;⑮ 有机过氧化物;⑯ 金属腐蚀物。

为了便于教学,本章分类方法以《化学品分类和危险性公示 通则》(GB 13690—2009)为主,并参考了《危险货物分类和品名编号》(GB 6944—2012)、《化学品分类和标签规范》(GB 30000—2024)及《危险化学品目录》(2022年调整版)等。

3.1.3　危险化学品事故

危险化学品事故包括发生在生产过程中、储存过程中、运输过程中及使用过程中的所有事故。高校实验室中也时有化学品及相关事故发生。

以 2018 年 12 月 26 日北京某高校实验室爆炸事故为例,事故发生在该校东校区环境工程实验室。实验过程中,学生使用搅拌机对镁粉和磷酸进行搅拌,料斗内产生的氢气被搅拌机转轴处金属摩擦、碰撞产生的火花点燃,从而引发爆炸。此次事故造成 3 名参与实验的学生死亡,给学生家庭带来了巨大悲痛,也给学校的教学和科研工作造成了严重影响。

危险化学品事故给国民经济及人民生命财产带来极其严重的损失,了解化学物质对人体、设备及环境的危害的基本知识,防止事故的发生已成为危险化学品安全生产及科技安全发展的重要课题。

3.2　爆炸品与安全防护

3.2.1　爆炸品的定义与分类

凡是受到撞击、摩擦、震动、高热或其他因素的激发,能产生激烈的变化并在极短的时间内放出大量的热和气体,同时伴有声、光等效应的物质均称为爆炸品。

爆炸品的分类方法很多,按爆炸品的组成可分爆炸化合物和爆炸混合物。

爆炸化合物是具有某些特定基团的确定结构的化合物。按其结构或具有的爆炸基团(单元结构)的不同可分为表 3-1 所示的类别。

表 3-1　爆炸化合物的类别

类别	引起爆炸的基团	爆炸化合物示例
乙炔类化合物	C≡C	乙炔银,乙炔汞
叠氮化合物	N≡N	叠氮铅,叠氮镁
雷酸盐类化合物	N≡C	雷汞,雷酸银
亚硝基化合物	N=O	亚硝基乙醚,亚硝基酚
硝基化合物	$R-NO_2$	三硝基甲苯,三硝基苯酚
硝酸酯类	$R-ONO_2$	硝化甘油,硝化棉
氮的卤化物	N—X	氯化氮,溴化氮
臭氧、过氧化物	O—O	臭氧,过氧化氢
氯酸、过氧氯酸化合物	O—Cl	氯酸钾,高氯酸钾

爆炸混合物通常是由两种或两种以上爆炸组分和非爆炸组分经机械混合而成的,通常指炸药,如黑色火药、硝铵炸药等。

《危险货物品名表》(GB 12268—2025)中按运输危险性把爆炸品分为六项:

(1)**整体爆炸品**　具有整体爆炸危险的物质和物品,一旦发生爆炸,能量会瞬间释放,对周围环境造成毁灭性破坏。如重氮甲烷、高氯酸、硝酸脲、硝化丙三醇、三硝基甲苯等。

（2）**迸射爆炸品**   具有迸射危险，但无整体爆炸危险的物质和物品，如雷管等。

（3）**燃烧爆炸品**   有燃烧危险并有局部爆炸危险或局部迸射危险或这两种危险都有，但无整体爆炸危险的物质和物品，如二亚硝基苯、二硝基邻甲酚钠等。

（4）**一般爆炸品**   不呈现重大危险的物质和物品。万一被点燃或引爆，其危险作用大部分局限在包装件内部，而对包装件外部无重大危险，如四唑并-1-乙酸。

（5）**不敏感爆炸品**   有整体爆炸危险的非常不敏感的物质，比较稳定，在着火试验中不会爆炸。不过，这并不意味着它们绝对安全，在特殊条件下仍可能发生爆炸。

（6）**极端不敏感爆炸品**   无整体爆炸危险的极端不敏感的物质。

在化学实验室，涉及的多为易爆化合物，炸药不在此介绍。

3.2.2   易爆化合物的危险特性

1. 爆炸性强

易爆化合物具有化学不稳定性，在一定外因的作用下，能以极快的速率发生猛烈的化学反应，发生爆炸。

易爆化合物爆炸的主要特点：

（1）**爆炸时反应速率快**   爆炸反应通常在 10^{-4} s 内完成。由于反应速率快，释放出的能量来不及散失而高度集中，所以具有极大的爆炸做功能力。

（2）**反应中释放出大量的热**   爆炸时气体产物依靠反应热往往能加热到数千摄氏度，高温高压反应产物的能量最后转化为机械能，使周围的介质受到压缩或破坏。

（3）**反应中能生成大量的气体**   由于反应热的作用，气体急剧膨胀，但又处于定容压缩状态，压力往往可达数十万个大气压。

2. 敏感度高

易爆化合物对热、火花、撞击、摩擦、冲击波等非常敏感，极易发生爆炸。

任何一种爆炸品的爆炸都需要外界供给它一定的能量——起爆能。某一爆炸品所需要的最小起爆能，即为该爆炸品的敏感度。敏感度是确定爆炸品爆炸危险性的一个非常重要的标志，敏感度越高，则爆炸危险性越大。

易爆化合物的敏感度受内在因素与外在因素两方面影响。决定敏感度的内在因素包括化学组成、结构；例如，含有硝基、叠氮基等基团的化合物，由于这些基团的特殊结构，使得化合物的化学活性较高，敏感度也相对较高。外在因素包括温度、杂质、结晶度及含水量等。温度升高使分子运动加剧，增加爆炸的可能性；杂质的存在可能引发化学反应，降低爆炸所需的能量；结晶度的变化影响分子间的相互作用，进而影响敏感度；而含水量对一些易爆化合物的敏感度也有显著影响，如某些化合物在含水状态下较为稳定，干燥后则变得敏感易爆。

3. 毒害性

很多易爆化合物具有一定毒性，有些爆炸品甚至在发生爆炸时可以产生有毒或窒息性气体。例如，硝化甘油少量吸入即可引起剧烈搏动性头痛，吸入大量时会导致低血压、抑郁、精神错乱等症状。三硝基苯酚（苦味酸）对人体也有一定危害，长期接触可引起头痛、头晕、恶心等症状。

4. 着火危险性

很多易爆化合物是含氧化合物,受外界能量作用发生氧化还原反应而形成分解式燃烧。

5. 吸湿性

有些易爆化合物具有较强的吸湿性,受潮或遇湿后爆炸能力会降低。有些爆炸品则在含水状态下保持稳定,如添加了 10% 水的苦味酸是一种相对安全的化合物。但需要注意的是,若水分散失,这些化合物可能会重新变得危险。

6. 见光分解性

某些易爆化合物受光照后容易分解,如叠氮银、雷酸汞。光照提供的能量可能会破坏化合物的化学键,使其发生分解反应,进而引发爆炸。

7. 化学反应性

有些易爆化合物可与某些化学试剂,如酸、碱、盐等发生反应,生成爆炸性更强的危险化学品。如苦味酸遇见某些碳酸盐能反应生成更易爆炸的苦味酸盐,当苦味酸受到铜、铁等金属撞击时,也立即发生爆炸。

3.2.3 易爆化合物的储存和使用注意事项

易爆化合物在爆炸瞬间能释放出巨大的能量,使周围的人和建筑物受到极大的伤害和破坏,因此在使用和储存时必须高度重视,严格管理。

（1）使用易爆化合物时应格外小心,轻拿轻放,避免摩擦、撞击和震动。

（2）储存易爆化合物应有专门的仓库,分类存放。仓库应保持通风,远离火源、热源,避免阳光直射,与周围的建筑物要有一定的安全距离。

（3）储存易爆化合物贯彻执行"五双"制度的库房管理应严格,即做到双人保管、双人领取、双人使用、双账本、双把锁。

动画
爆炸品的
特性、储
存及灭火

3.2.4 易爆化合物火灾的扑救

1. 迅速查明发生后续爆炸的可能性和危险性

易爆化合物发生火灾后应迅速查明发生后续爆炸的可能性和危险性,采取一切措施防止爆炸的发生。在人身安全确有保障的前提下,应迅速组织力量及时疏散着火区域周围的易燃、易爆品。

动画
易爆品火
灾的扑救

2. 易爆化合物火灾的扑救

易爆化合物着火可用大量的水进行扑救,但不能用沙土压盖,因为如果用沙土压盖,着火产生的烟气无法散去,导致内部压力升高,从而更易引起爆炸。

3.2.5   常见易爆化合物及其性质

1. 各种易爆化合物及其危险程度

表 3-2 给出了各种易爆化合物名称及危险程度。

表 3-2   各种易爆化合物名称与危险程度

键合形式	物质名称	危险程度
O—O		
R—O—O—H	烷基氢过氧化物	B
R—O—O—R	二烷基过氧化物	C
RCO—O—O—H	有机过氧酸	C
RCO—O—O—R	酯的过氧化物	C
RCO—O—O—COR	二酰基过氧化物	C
臭氧化物(环结构 O—O / C C / O)	臭氧化物	B
O—X		
X_nO_m	卤素氧化物	C
N·$HClO_4$	高氯酸铵盐	B
C·$OClO_3$	高氯酸酯化合物	B
C·ClO_3	烷基氯酸化合物	B
N·$HClO_3$	氯酸铵盐	B′
C—$OClO_2$	亚氯酸酯化合物	B′
$MClO_2$	亚氯酸盐	C′
N—O		
C—O—NO_2	硝酸酯化合物	A
C—NO_2	硝基化合物	A′
C—N—NO_2	硝胺化合物	A′
N·HNO_3	硝酸铵盐	B′
C—NO	亚硝基化合物	C′
M—ONC	雷酸盐	B
N—N		
(Ar—N≡)$^+$X$^-$	重氮盐	C
N≡N=C……C=O	重氮含氧化合物	C

续表

键合形式	物质名称	危险程度
N≡N—C·····C—NH	重氮亚胺化合物	C′
$\begin{matrix} N & N \\ ⫼ & ⫼ \\ Ar-N-O-N-Ar \end{matrix}$	重氮酸酐化物	C
Ar—N≡N—C≡N	重氮氰化物	C
$(ArN_2)_2S$	重氮硫化物	C
Ar—N₂—S—Ar	重氮硫醚化合物	C
HN_3	叠氮酸	B
MN_3	金属叠氮化合物	B
XN_3	卤素叠氮化合物	B
—CN₃	有机叠氮化物	B
$\begin{matrix} O \\ ⫼ \\ C-C-N_3 \end{matrix}$	有机酸叠氮化合物	C′
N—X		
NX₃	卤化氮	C
N_nS_m	硫化氮	C
M_3N	金属氮化物	C
M_2NH	金属亚胺化合物	C
MNH_2	金属氨基化物	C

注:分解爆炸性物质的危险程度,分别用下列符号表示:A=灵敏度大、威力大;B=灵敏度大、威力中等; C=灵敏度大、威力小;A′=灵敏度中等、威力大;B′=灵敏度中等、威力中等;C′=灵敏度中等、威力小。

2. 典型易爆化合物简介

(1) **硝化丙三醇** 又称硝化甘油、甘油三硝酸酯;为白色或淡黄色黏稠液体,低温易冻结;熔点为 13 ℃;不溶于水,易溶于乙醚、丙酮等。

硝化甘油受暴冷暴热、撞击时,均有引起爆炸的危险。另外,硝化甘油与强酸接触能发生剧烈反应,引起燃烧爆炸。因此,应避免将其与氧化剂、活性金属粉末、酸性试剂接触。

吸入少量该物质即可引起剧烈搏动性头痛,大量吸入时产生低血压、抑郁、精神错乱等症状。在工业上,硝化甘油常用于制造炸药,如在矿山开采、建筑爆破等领域有广泛应用。

(2) **三硝基苯酚** 又称苦味酸,黄色块状或针状结晶,无臭,有毒,味极苦;熔点为 122~123 ℃;能溶于乙醚、苯及乙醇。

该物质的稀溶液对皮肤的刺激性很轻,浓溶液能使皮肤起泡,亦能引起结膜炎、支气管炎或支气管肺炎等。长期接触该物质,可引起头痛、头晕、恶心等症状。

苦味酸普遍用于实验室中,是一种相对安全的化合物。为了使其保持稳定,通常所售的苦味酸中添加了 10% 的水。当苦味酸失水干透或形成某些金属盐时,它会变得易爆。

苦味酸在 1771 年就已能用化学方法制得,从 1849 年起,它被用作染丝的黄色染料,也是第一种被使用的人造染料。自发明之日起,它在染坊里平平安安地使用了 20 多年。1871 年的一天,法国一家染料作坊里有位新工人,打不开苦味酸桶,于是用榔头用力敲击,意外地发生了爆炸,许多人被当场炸死。这是一场悲剧,但也由此给出一个启发。经过反复试验,苦味酸开始被大量应用于军事上黄色炸药的制造。

3.3　气体与气体的使用安全

气体是在化学实验室经常涉及的物质,也是容易发生事故的因素。化学实验室中所涉及的气体通常可分为两种情况,一种是在实验过程中有意制备或意外产生的常温常压气体,如使用气体发生器制备氧气、废液混合意外产生的气体、温度升高导致物质分解产生的气体等;另一种是由专业生产商提供的商品化的、通常保存在钢瓶中的加压气体,包括压缩气体、液化气体、溶解气体和冷冻液化气体等,也称瓶装压缩气体。这类气体的应用更加广泛。

3.3.1　气体分类

《化学品分类和危险性公示　通则》将气体分为:易燃气体、气溶胶、氧化性气体与加压气体。其中气溶胶是指喷射罐(系任何不可重新罐装的容器,该容器由金属、玻璃或塑料制成)内装强制压缩、液化或溶解的气体(包含或不包含液体、膏剂或粉末),并配有释放装置以使内装物喷射出来,在气体中形成悬浮的固态或液态微粒,或者形成泡沫、膏剂或粉末,或者以液态或气态形式出现。气溶胶含易燃成分时,可归类为易燃物。

在实验室,气体通常按其危险性的大小分为以下三类。

1. 非易燃无毒气体

非易燃无毒气体是指在 20 ℃ 时,蒸气压力不低于 280 kPa 或作为冷冻液体运输的不燃、无毒气体,如氮气、稀有气体、二氧化碳、氧气等。

该类气体的使用量很大,但对于这类气体,人们的认识多停留在无毒、不燃上,而往往忽略了其有害的一面,如氮气、稀有气体的窒息性。空气中氮气含量过高可使人“氮酩酊”。氧气虽然是生命赖以生存的物质,但当氧气浓度过高时,也会使人中毒或死亡。常压下,当氧的浓度超过 40% 时,就有可能发生氧中毒。氧气本身不燃烧,但具有助燃性,能与多数可燃气体或蒸气混合而形成爆炸性混合物。根据《气瓶安全技术规程》,氧气瓶及其专用工具严禁与油类接触,氧气瓶附近也不得有油类存在,操作者必须将手洗干净,不能穿戴沾有油脂或油污的工作服、手套及用油手操作,以防氧气冲出后发生燃烧甚至爆炸。

2. 易燃气体

易燃气体是指在温度为 20 ℃、压力为 101.3 kPa 时,与空气的混合物按体积分数占 13% 或更少时可点燃的气体;或不论易燃下限如何,与空气混合,燃烧范围的体积分数至少为 12% 的气体。实验室常见的易燃气体有氢气、甲烷、丙烷、乙烯、乙烷、乙炔等烃类及硫化氢等。例如,在有机合成实验中,若使用氢气作为反应气体,一旦氢气泄漏且未及时处理,遇到明火极易引发爆炸事故。

3. 毒性气体

毒性气体是指已知对人类具有的毒性或腐蚀性强到对健康造成危害的气体,或者吸入半致死浓度 LC_{50} 不大于 $5\ mL \cdot L^{-1}$ 的气体。此类气体对人畜有强烈的毒害、窒息、灼伤、刺激作用,如光气、氯气、氨气、二氧化硫、溴化氢、一氧化碳等。

毒性气体通常具有强烈的刺激性气味而引起人们的警觉。但对于无色无味、可燃的一氧化碳,人的鼻子是感觉不出来的,所以一氧化碳中毒可以在人不知不觉中发生。一氧化碳吸附红细胞的能力比氧气吸附红细胞的能力强,可降低血流载氧能力,导致意识力减弱,中枢神经功能减弱,心脏功能和肺呼吸功能减弱,甚至昏迷死亡。在一些涉及含碳物质不完全燃烧的实验中,如果通风不畅,就可能产生一氧化碳,威胁实验人员的生命安全。

3.3.2　气体的危险特性

1. 物理性爆炸

储存于钢瓶内压力较高的压缩气体或液化气体,受热膨胀压力升高,当超过钢瓶的耐压强度时,即会发生钢瓶爆炸。

2. 化学活泼性

易燃和氧化性气体的化学性质很活泼,在普通状态下可与很多物质发生反应或爆炸燃烧。以氢气和氯气为例,二者混合后在光照条件下会剧烈反应,发生爆炸。

3. 可燃性与扩散性

易燃气体遇火源能燃烧,与空气混合到一定浓度会发生爆炸。爆炸极限越宽的气体发生火灾、爆炸的危险性就越大。

比空气轻的易燃气体逸散在空气中可以很快地扩散,一旦发生火灾会造成火焰迅速蔓延。

4. 毒害性

毒害性包括中毒性、腐蚀性、致敏性及窒息性等。大多数气体如氯气、硫化氢、氯乙烯、一氧化碳等都有毒害性。有些气体如硫化氢、氨、三氟化氮等还具有腐蚀性。

当大量压缩或液化气体扩散到空气中时,空气中氧的含量降低,可使人因缺氧而窒息。例如,在一些化工实验室中,如果发生氯气泄漏,不仅会对人体造成中毒伤害,还可能因氯气的腐蚀性损坏设备,同时泄漏的氯气会迅速扩散,导致周围人员缺氧窒息。

3.3.3　气体火灾的扑救

（1）**控制燃烧范围**　当发生气体火灾时,首先要扑灭外围被火源引燃的可燃物,从而有效控制燃烧范围,防止火灾进一步蔓延扩大。

（2）**关闭气源阀门**   如果是输气管道泄漏着火,应尽快找到气源阀门并将其关闭,切断气源,从根源上控制火势。

（3）**选择合适灭火剂**   完成堵漏工作后,可根据气体的性质选择水、干粉、二氧化碳等合适的灭火剂进行灭火。对于活泼金属引发的火灾,不能使用水或二氧化碳灭火,而应选择专用的灭火剂。

（4）**保护压力容器**   如果火场中存在压力容器,或者有受到火焰辐射热威胁的压力容器,应尽可能将其转移到安全地带。若无法及时转移,则需要使用水枪对压力容器进行冷却保护,防止其因受热发生爆炸。

动画
气体火灾
的扑救

3.3.4   常见气体及其性质

1. 乙炔

乙炔是一种无色、无味气体,微溶于水,溶于乙醇、丙酮、氯仿、苯,混溶于乙醚。爆炸极限为 2.5%～82%。乙炔极易燃烧爆炸,与空气混合,可形成爆炸性的混合物,遇火源能引起燃烧爆炸。乙炔气体钢瓶应储存在通风良好的库房,竖立放置,严禁在地面上卧放。

在原子吸收光谱分析中经常要使用乙炔气体作为燃气。

2. 氧气

氧气是一种无色、无味的气体。氧气虽然是生命赖以生存的物质,但当氧气浓度过高时,也会使人中毒或死亡。

氧气本身不燃烧,但具有助燃性,能与多数可燃气体或蒸气混合而形成爆炸性混合物。

3. 氮气

氮气是一种无色、无味、无爆炸性的气体。氮气虽然无毒,但当氮气浓度过高时,也会使人中毒或死亡。

氮气占大气总量的 78.12%（体积分数）,在标准状况下的气体密度是 $1.25\ \mathrm{g\cdot L^{-1}}$,氮气在水中溶解度很小,在常温常压下,1 体积水中大约只溶解 0.02 体积的氮气。氮气是难液化的气体,在极低温下会液化成无色液体,再降低温度时,会形成白色晶状固体。

毒害危险:空气中氮气含量过高,使吸入氧气分压下降,引起缺氧窒息。吸入氮气浓度不太高时,吸入者最初感胸闷、气短、疲软无力;继而有烦躁不安、极度兴奋、乱跑、叫喊、神情恍惚、步态不稳的症状,称为"氮酩酊",随后可进入昏睡或昏迷状态。若吸入高浓度氮气,吸入者可迅速昏迷,因呼吸和心跳停止而死亡。

氮气钢瓶的操作注意事项:提供良好的自然通风条件。操作人员必须经过专门培训,严格遵守操作规程。防止气体泄漏到工作场所空气中。搬运时轻装轻卸,防止钢瓶及附件破损。配备泄漏应急处理设备。

储存注意事项:储存于阴凉、通风的库房。远离火种、热源。库温不宜超过 30 ℃。储区应备有泄漏应急处理设备。

4. 氢气

氢气是一种无色、无味、无毒、易燃易爆的气体,和氟、氯、氧、一氧化碳及空气混合均有爆炸的危险。其中,氢与氟的混合物在低温和黑暗环境就能发生自发性爆炸。氢虽无毒,在生理上对人体是惰性的,但若空气中氢含量升高,将引起缺氧窒息。与所有低温液体一样,直接接触液氢将引起冻伤。液氢外溢并突然大面积蒸发还会造成环境缺氧,并有可能和空气一起形成爆炸混合物,引发燃烧爆炸事故。

氢气有易燃易爆性,纯氢的引燃温度为 400 ℃,当空气中所含氢气的体积占混合体积的 4.0% ~ 74.2% 时,即形成爆炸性混合物,遇热或点燃都会发生爆炸。

氢气比空气轻,在室内使用和储存时,一旦发生泄漏,漏气会上升滞留在屋顶不易排出,遇火星会引起爆炸。不纯的氢气点燃时即会发生爆炸!

涉及氢气时的操作注意事项:设备与管路要密封良好,现场应通风良好,不能有明火和可燃物,电器及照明设备应防爆,使用无火花工具,能够防止静电积累并有良好静电导除措施,着装要以不产生静电为原则。

动画
氢气的危
险特性

3.4　自反应物质和混合物

在现代化学物质分类体系里,自反应物质和混合物作为重要类别被单列出来。

3.4.1　自反应物质和混合物的定义

自反应物质和混合物是指热不稳定性的液体或固体物质或混合物,即使没有氧(空气),也易发生强烈放热分解反应。不过需要明确的是,已按照《全球化学品统一分类和标签制度》(GHS)被归类为爆炸品、有机过氧化物或氧化物的物质和混合物,并不在此列。

判断自反应物质或混合物是否具有爆炸特性,需依据实验室试验结果。当在特定有限条件下加热时,若物质出现易于爆炸、快速爆燃的情况,或者呈现出剧烈反应,便可认定其具备爆炸特性。

3.4.2　自反应物质和混合物的类型

自反应物质和混合物按下列原则分为"A ~ G"七个类型。

(1)在运输包装内,可能会发生爆炸或快速爆燃的任何自反应物质或混合物,称为 A 型自反应物质,如 2-重氮-1-萘酚-5-磺酰氯等。

(2)具有爆炸特性,在包装内,既不会爆炸也不会快速爆燃,但易发生受热爆炸的任何自反应物质或混合物,称为 B 型自反应物质。

(3)具有爆炸特性,但在包装内,不会发生爆炸、快速爆燃或受热爆炸的任何自反应物质或混合物,称为 C 型自反应物质,如 N,N-二亚硝基-N,N-二甲基对苯二甲酰胺。

(4)在实验室试验中,出现以下情况的任何自反应物质或混合物,则被确定为 D 型自反应物质,如发泡剂 BSH(苯磺酰肼)。在特定实验条件下,它不会发生剧烈的爆炸或爆燃,而是缓慢地进行氧化反应,释放热量。

① 部分爆燃,不会快速爆燃,在封闭条件下加热时不呈现任何剧烈反应现象。

② 完全不会爆炸,会缓慢燃烧,在封闭条件下加热时不呈现任何剧烈反应现象。

③ 完全不会爆炸或爆燃,在封闭条件下加热时呈现中等反应现象。

(5) 在实验室试验中,不会爆炸,也不爆燃,在封闭条件下加热时呈微弱反应或不反应的任何自反应物质或混合物,称为 E 型自反应物质,如 1-三氯锌酸-4-二甲氨基重氮苯。

(6) 在实验室试验中,既不会在空化状态爆炸,也完全不会爆燃,在封闭条件下加热时呈微反应或不反应,低、弱或无爆炸力的任何自反应物质或混合物,称为 F 型自反应物质。

(7) 在实验室试验中,既不会在空化状态爆炸,也完全不会爆燃,并且不发生反应,无任何爆炸能量,只要是热稳定的(50 kg 包装的自加速分解温度为 60~75 ℃),对于液体混合物,用沸点不低于 150 ℃ 的稀释剂减感的任何自反应物质或混合物将被确定为 G 型自反应物质。如果该混合物不是热稳定的,或用沸点低于 150 ℃ 的稀释剂减感,则该混合物应被确定为 F 型自反应物质。

3.4.3　自反应物质和混合物的注意事项

对于 A 型自反应物质和混合物,危险性很大,需要采取特殊方式保存和运输。对于 B 型自反应物质和混合物,保存和运输时要注意防止受热,避免光照,避免长途运输。对于 C 型自反应物质和混合物,要注意防止包装破损。

3.5　易燃、自热、自燃及遇水放出易燃气体的物质

在众多化合物中,有些化合物具有易燃的特性,特别是有机化合物更是如此。还有一些相对特殊的化合物和物质,在某些条件下,能够发生自热与自燃现象。因此,如果存放、使用过程不当,将会造成危害。

3.5.1　定义与分类

1. 易燃物质

依据易燃物质的存在形态,可分为易燃液体与易燃固体。

易燃液体是指闪点不高于 60 ℃,在其闪点时放出易燃蒸气的液体或液体混合物。易燃液体按闪点大小可分为以下三类:第 1 类:低闪点液体,闭杯试验闪点<-18 ℃;第 2 类:中闪点液体,-18 ℃≤闭杯试验闪点<23 ℃;第 3 类:高闪点液体,23 ℃≤闭杯试验闪点≤60 ℃。易燃液体遇火迅速燃烧,所挥发的可燃气体在空气中的浓度达到爆炸极限时,遇火星即发生爆炸。存放密闭容器中的易燃液体,受热后能使容器爆裂而引起燃烧。大量可燃气体扩散到空气中,可使人畜中毒或窒息。运输中一般不得与其他品种混装混放。应特别注意防火、防热、防撞击,并按安全要求进行操作。易燃液体多为有机化合物或混合物。

易燃固体则是指燃点较低,在受热、撞击、摩擦或与某些物品接触后,会引起强烈燃烧的固体,如硫黄、某些金属或金属合金粉末等。根据燃烧性能和毒性等差异,易燃固体又可分为一级易燃固体和二级易燃固体。

2. 自热物质

自热物质或混合物是指除自燃物质以外,通过与空气反应并且无需外来能源即可自行发热的固态、液态物质或混合物。该物质或混合物不同于自燃液体或固体,只能在数量较大(以千克计)和时间周期较长(数小时或数天)时才会着火燃烧。物质或混合物的自热是一个缓慢过程,物质或混合物与空气中的氧发生反应,产生热量。如果热量产生的速率超过热损耗的速率,该物质或混合物的温度便会上升。经过一段时间的诱导,可能导致自发点火和燃烧。

自热物质的类别包括:

类别1 自热物质:用边长 25 mm 立方体样品在 140 ℃ 时进行试验得到肯定结果(即可导致燃烧)。

类别2 自热物质:大量共存时,出现自热反应,可导致自燃。

自热试验出现以下三种情况之一,即可判定为类别2自热物质:

(1)使用边长 100 mm 立方体样品在 140 ℃ 试验时得到肯定结果,使用边长 25 mm 立方体样品在 140 ℃ 试验时得到否定结果,并且该物质或混合物将以大于 3 m³ 的体积包装。

(2)使用边长 100 mm 立方体样品在 140 ℃ 试验时得到肯定结果,使用边长 25 mm 立方体样品在 140 ℃ 试验时得到否定结果,使用边长 100 mm 立方体样品在 120 ℃ 试验下取得肯定结果,并且该物质或混合物将以大于 450 L 的体积包装。

(3)使用边长 100 mm 立方体样品在 140 ℃ 试验时得到肯定结果,使用边长 100 mm 立方体样品在 100 ℃ 试验时得到肯定结果和使用边长 25 mm 立方体样品在 140 ℃ 试验时得到否定结果。

3. 自燃(发火)物质

自燃物质包括自燃液体与自燃固体,是指即使数量很少也能在与空气接触后 5 min 内着火的液体和固体。如黄磷,它的自燃点很低,化学性质活泼,受到撞击、摩擦或与氯酸盐等氧化剂接触时,容易发生燃烧爆炸。

4. 遇水放出易燃气体的物质

与水相互作用,产生易燃气体,并放出大量热量而引起燃烧或爆炸的物质,称为遇水放出易燃气体的物质,也称遇水易燃物质。

表 3-3 列出了易燃、自热、自燃及遇水易燃物质分类及特性。

表 3-3 易燃、自热、自燃及遇水易燃物质分类及特性

名称	类别		特性	典型化合物
易燃物质	易燃液体	低闪点液体	闭杯试验闪点<-18 ℃ 极易燃烧和挥发	汽油等
		中闪点液体	-18 ℃≤闭杯试验闪点<23 ℃ 容易燃烧和挥发	煤油、松节油、甲醇等
		高闪点液体	23 ℃≤闭杯试验闪点≤60 ℃	柴油、己醇、氯苯等

续表

名称	类别	特性	典型化合物
易燃物质	易燃固体 一级易燃固体	燃点低,容易燃烧和爆炸,放出气体的毒性大	红磷、三硝基甲苯
	易燃固体 二级易燃固体	与一级易燃固体相比,燃烧性能差,燃烧速率慢,燃烧放出气体的毒性小	金属铝粉、硝基化合物等
自燃物质	自燃液体 自燃固体	即使数量很少也能在与空气接触后5 min内着火的液体和固体	黄磷、还原铁、还原镍、三乙基铝、三丁基硼等
自热物质	类别1自热物质:可导致燃烧。用边长25 mm立方体样品在140 ℃时得到肯定结果 类别2自热物质:大量共存时,出现自热反应,可导致自燃	自热物质是指除自燃物质以外,通过与空气反应并且无需外来能源即可自行发热的固态、液态物质或混合物。该物质或混合物不同于自燃液体或固体,只能在数量较大(以千克计)和时间周期较长(数小时或数天)时才会着火燃烧	油布、油纸、漆布、蜡布、浸油棉麻、毛发、破布或纸屑。桐油、亚麻仁油等类干性油。含有不饱和键化合物(如桐油酸、亚麻酸等高级不饱和脂肪酸的甘油酯)
	其他自热物质	潮湿、高温、包装疏松、结构多孔。均可因在氧化过程中积热不散而引起自燃	活性炭、油烟、金属粉、硫化碱、煤粉、橡胶粉等物品。煤粉在含有适量水分或硫矿石时可以自燃。干草饲料由于堆贮发酵、通风散热不良等原因可以自燃
遇水易燃物质	一级遇水易燃物质	遇水发生剧烈反应,单位时间内产生气体多且放出大量的热,在火源的作用下容易引起燃烧和爆炸	Li、Na、K及其氢化物、碳化物等
	二级遇水易燃物质	遇水或酸反应速率较慢,放出易燃气体,在火源作用下引起燃烧和爆炸的物质	金属钙、锌粉等

3.5.2　易燃、自燃及遇水放出易燃气体物质的危险特性

1. 易燃液体的危险特性

（1）**高度易燃易爆性**　易燃液体通常容易挥发,闪点和燃点较低,接触火源容易着火而持续燃烧。易燃液体蒸气与空气可形成爆炸性混合气体。当蒸气与空气混合达到一定比例

时,遇火源往往发生爆炸。例如,汽油蒸气在空气中的浓度达到 1.4%~7.6%(体积分数)时,遇明火就会爆炸。

（2）**高度流动扩散性**　易燃液体不但容易挥发扩散,通常其黏度也很小,不仅本身极易流淌,还因渗透、浸润及毛细现象等作用,可通过容器的极细微裂纹,渗透出容器外。泄漏后很容易蒸发,形成的易燃蒸气比空气重,能在坑洼地带积聚,从而增大了发生燃烧爆炸的危险性。当容器破裂后,易燃液体极易流淌、扩散迅速。发生燃烧、爆炸事故时,事故现场会迅速扩大,人员逃生难度较大。

（3）**受热膨胀性**　一般易燃液体的膨胀系数较大,容易膨胀,同时受热后蒸气压也较高,从而使密闭容器内的压力升高。存放在密闭容器中的易燃液体,一旦受热后能使容器爆裂而引起燃烧。

（4）**静电引爆性**　易燃液体电阻率大,在受到摩擦、震荡后极易产生静电,聚集到一定程度,就会放电产生电火花而引起燃烧爆炸事故。例如,在运输易燃液体的过程中,液体与管道、容器壁之间的摩擦容易产生静电,如果不及时导除,就可能引发危险。

（5）**强还原性**　有些易燃液体具有强还原性,当其与氧化剂接触时容易发生反应,且放出大量的热而引起燃烧爆炸事故,存放时应特别注意与氧化剂分开有效。

（6）**中毒麻醉性**　大量可燃气体扩散到空气中,可使人畜因缺氧而窒息。另外,绝大多数易燃液体及其蒸气都具有一定的毒性,有些还具有麻醉性(如乙醚),长时间接触或吸入会使人畜中毒、昏迷或死亡。

2. 易燃固体的危险特性

（1）**易燃性**　易燃固体的熔点、燃点、自燃点及热解温度较低,受热容易熔融、分解或汽化。

（2）**爆炸性**　多数易燃固体具有较强的还原性,易与氧化剂发生反应。

（3）**毒害性**　许多易燃固体不但本身具有毒性,而且燃烧后还可生成有毒物质。

（4）**敏感性**　易燃固体对明火、热源、撞击比较敏感。

（5）**自燃性**　易燃固体中的赛璐珞、硝化棉及其制品在缓慢氧化过程中会产生热量,如果热量不能及时散发,就会使温度不断升高,达到自燃点后就会自燃。

（6）**易分解或升华**　易燃固体容易被氧化,受热易分解或升华,遇火源、热源引起剧烈燃烧。

3. 自燃物质的危险特性

易于自燃物质由于其化学组成和结构不同,受环境条件的影响不同,有各自不同的危险特性。

（1）**氧化自燃性**　这类物质化学性质非常活泼,自燃点低,具有极强的还原性,一旦接触氧或氧化剂,立即发生氧化反应,并放出大量的热,达到其自燃点而自燃甚至爆炸。

（2）**积热自燃性**　这类物质多为含有较多不饱和双键的化合物,遇氧或氧化剂容易发生氧化反应,并放出热量。一些干性油,如桐油、亚麻仁油等,在储存过程中,若与空气充分接触,就可能因这种积热自燃现象而引发火灾。

（3）**遇湿易燃性**　有些易于自燃物质,在空气中能氧化自燃,遇水或受潮后还可分解而自燃爆炸。

4. 遇水放出易燃气体的物质的危险特性

（1）**遇湿易燃易爆性**　遇湿后发生剧烈反应，产生的可燃气体多，放出的热量大，以金属钠为例，它与水反应生成氢气，反应过程中释放的热量足以使氢气燃烧，甚至引发爆炸。

（2）**与酸或氧化剂反应更加强烈**　遇水放出易燃气体的物质大都具有很强的还原性，当遇到氧化剂或酸时反应会更加剧烈。例如碳化钙，遇到酸时，反应速率更快，产生的易燃气体更多，爆炸的危险性更大。

（3）**自燃危险性**　遇水放出易燃气体的物质在潮湿空气中能自燃，特别是在高温下反应比较强烈。例如，磷化铝在潮湿空气中会逐渐分解，产生磷化氢气体，当温度超过 60 ℃时，磷化氢会立即在空气中自燃。

（4）**毒害性和腐蚀性**　很多遇水放出易燃气体的物质，如钠汞齐、钾汞齐等本身具有毒性及腐蚀性，有些遇湿后还可放出有毒的气体。

5. 易燃、自燃等物质的储存和使用注意事项

动画
易燃、自燃等物质的储存及使用

（1）易燃物应存放在阴凉、通风处，远离火种、热源、氧化剂及氧化性酸类。闪点低于 23 ℃的易燃液体，其保存温度一般不得超过 30 ℃，低沸点的品种须采取降温式冷藏措施。有条件的实验室应设易燃液体专柜分类存放。

（2）易燃液体不得敞口存放。操作过程中室内应保持良好的通风，必要时佩戴防护器具，保证周围环境没有火源。

（3）易燃液体存放及使用场合，禁止使用易产生火花的铁制工具及穿带铁钉的鞋，禁穿产生静电的工作服。

（4）使用易燃液体时要轻拿轻放，避免摩擦和撞击，要防止相互碰撞或将容器损坏造成泄漏事故。

（5）自燃物质的储存和使用：易于自燃物质应储存在阴凉、通风、干燥处，远离明火及热源，防止阳光直射且应单独存放。在使用、运输过程中应轻拿轻放，不得损坏容器。

（6）遇水放出易燃气体的物质的储存和使用：这类物质不得与酸、氧化剂混放，包装必须严密，不得破损，严格防止吸潮或与水接触。不得与其他类别的危险品混存混放，使用和搬运时不得摩擦、撞击、倾倒。

3.5.3　易燃物和自燃物的火灾扑救

动画
易燃物和自燃物的火灾扑救

（1）扑救易燃液体火灾时应掌握着火液体的品名、密度等性质，以便采取相应的灭火和防火措施。

（2）小面积的液体火灾可用干粉或泡沫灭火器等进行扑救，也可用沙土覆盖。

（3）扑救毒害性、腐蚀性或燃烧产物毒性较强的易燃液体火灾，扑救人员必须佩戴防毒面具，采取严密的防护措施。

（4）多数易燃固体着火可以用水扑救，但对于镁粉、铝粉等金属粉末着火，不可用水、二氧化碳和泡沫灭火剂进行扑救。因为这些金属粉末在高温下会与水、二氧化碳等发生反应，反而会加剧火势。对于遇水产生易燃或有毒气体的物质,也不可以用水扑救。

(5) 对于有积热自燃物品(如油纸、油布等)的火灾,可以用水扑救。由白磷引发的火灾应用低压水或雾状水扑救,不可用高压水扑救。高压水冲击会使白磷飞溅,扩大火势,而低压水或雾状水能够有效地覆盖白磷,使其与空气隔绝,达到灭火目的。

(6) 遇水放出易燃气体的物质的火灾的扑救:这类物质着火绝不可以用水或含水的灭火剂扑救,二氧化碳灭火剂等不含水的灭火剂也不可以使用。可用干沙、石粉等进行扑救。金属锂着火时不可用干沙进行扑救。金属锂会与干沙中的二氧化硅反应,无法达到灭火效果。

3.5.4　常见易燃、自燃化合物

1. 易燃化合物

(1) **乙醚**　乙醚为无色透明液体,具有芳香刺激性气味,极易挥发;微溶于水,溶于乙醇、苯、氯仿等多数有机溶剂。

乙醚极易燃烧。其蒸气比空气重,能沿地面流向低处或远处,乙醚蒸气与空气能形成爆炸性混合气体。

乙醚对人体有麻醉作用,当吸入含乙醚 3.5%(体积分数)的空气时,30~40 min 人就可失去知觉。

乙醚发生火灾,一般采用干粉灭火器、泡沫灭火器、二氧化碳灭火器、沙土灭火。

(2) **丙酮**　丙酮是一种无色透明液体,有特殊的辛辣气味;易溶于水和甲醇、乙醇、乙醚、氯仿、吡啶等有机溶剂;易燃、易挥发,化学性质较活泼;可与水混溶,可混溶于乙醇、乙醚、氯仿、油类、烃类等多数有机溶剂。

丙酮易燃。其蒸气与空气可形成爆炸性混合物,遇明火、高热极易燃烧爆炸。与氧化剂能发生强烈反应。其蒸气比空气重,能在较低处扩散到相当远的地方。

丙酮对人体健康的危害主要表现为对中枢神经系统的麻醉作用,导致乏力、恶心、头痛、头晕、易激动。

丙酮发生火灾时,一般采用干粉灭火器、泡沫灭火器、二氧化碳灭火器、沙土灭火,而用水灭火无效。

(3) **甲苯**　甲苯为无色透明液体,不溶于水,溶于乙醇、苯、氯仿等多数有机溶剂。甲苯是可用于生产甲苯衍生物、炸药、燃料中间体、药物的重要化工原料。

甲苯易燃,其蒸气比空气重,与空气混合形成爆炸性混合物。遇到火源、高温、强氧化剂时有引起燃烧爆炸的危险。

甲苯属低毒类,吸入人体后可导致过度疲惫、兴奋、头痛等症状,对中枢神经系统有麻醉作用。

甲苯发生火灾时,一般可选择泡沫灭火器、干粉灭火器、二氧化碳灭火器、沙土灭火。

(4) **红磷**　红磷为紫红色无定形粉末,无臭,具有金属光泽;不溶于水、二氧化硫,微溶于无水乙醇,溶于碱。

红磷遇明火、高热、摩擦、撞击有燃烧的危险。长期吸入红磷粉尘,可引起慢性磷中毒。

红磷应储存于阴凉、通风的库房,并与催化剂、卤素、卤化物等分开存放,切忌混存。红磷引起的小火可用干燥沙土闷熄,大火可用水扑灭。

（5）**硫黄**　硫黄为淡黄色脆性结晶或粉末,具有特殊臭味;不溶于水,微溶于乙醚、乙醇,易溶于二硫化碳、苯、甲苯等溶剂。

硫黄粉末与空气混合能产生粉尘爆炸,与卤素、金属粉末接触剧烈反应,遇明火、高热易发生燃烧,与强氧化性物质接触能形成爆炸性混合物。

硫黄本身为不良导体,易产生静电导致硫尘起火,燃烧时散发有毒、刺激性气体。小火可用干燥沙土闷熄,大火可用大量雾状水扑灭。

2. 自燃化合物

（1）**白磷**　白磷又称黄磷,为无色或白色半透明蜡状固体;熔点 44.1 ℃,沸点 280.5 ℃,引燃温度 30 ℃;和空气作用后,表面变为淡黄色。

白磷自燃点低,在空气中会冒白烟并发生自燃。化学性质活泼,受撞击、摩擦或与氯酸盐等氧化剂接触能燃烧爆炸。

白磷储存时应保存在水中,与空气隔绝。同时应远离火源和热源,并与易燃物、可燃物、有机物、氧化剂等隔离。

（2）**三乙基铝**　三乙基铝为无色液体,具有强烈的霉烂气味;熔点 -52.5 ℃,沸点 194 ℃,闪点 -53 ℃。

三乙基铝化学性质活泼,接触空气会冒烟自燃。对微量的氧及水分反应极其灵敏,极易引起燃烧爆炸。皮肤接触可致灼伤,产生充血、水肿和起水泡,引起剧烈疼痛。

三乙基铝储存时必须密封,不可与空气接触。该物质着火可用干粉等相应的灭火剂扑救,禁止用水、泡沫灭火剂。

3. 遇水放出易燃气体的化合物

（1）**碳化钙**　碳化钙又称电石,为无色晶体,工业品为黑色块状物,断面为紫色或灰色;相对分子质量 64.10,熔点约 2300 ℃。

碳化钙暴露于空气中极易吸潮而失去光泽变为白色粉末,使质量降低或失效。碳化钙干燥时不燃,但遇湿或潮湿空气能迅速反应放出高度易燃的乙炔气体。

碳化钙储存时必须密封,切勿受潮;应与酸类、醇类等分开存放,切忌混存。该物质着火后可用干燥的石墨粉或其他干粉灭火。如将碳化钙露天存放,遇到雨水就可反应生成乙炔,引发乙炔气体泄漏,进而导致火灾爆炸事故。

（2）**磷化铝**　磷化铝为黄绿色结晶,粉末或片状,溶于乙醇、乙醚;熔点 2550 ℃;误服、与皮肤接触或吸入均会引起严重中毒。

磷化铝虽然本身不会燃烧,但遇酸、水或潮湿空气时会发生剧烈反应,放出磷化氢气体。当温度超过 60 ℃时,磷化氢会立即在空气中自燃,因此,在储存、运输时应与酸类、氧化剂远离。可用干粉、干燥沙土灭火,禁止用水、泡沫和酸碱灭火剂。

3.6　氧化性物质和有机过氧化物

具有氧化性的物质在化学实验室是常见的、不可缺少的试剂,在化学反应中,通常作为氧化剂使用。这类物质化学性质活泼,具有易爆等特性,因此在运输、保存、接触、使用等过程中需要特别注意。

3.6.1 氧化性物质和有机过氧化物及其分类

1. 氧化性物质特性

氧化性物质在这里主要是指无机氧化剂,其绝大多数不可燃,但可释放出氧,是可引起或促使其他物质燃烧的一种化学性质比较活泼的物质。在无机化合物中常指含有高价态原子结构的物质和含有双氧结构的物质。氧化性物质处于高氧化态,遇到酸、碱或受到潮湿、强热,又或与其他还原性物质、易燃物质接触,即能进行氧化分解反应,放出大量的热和氧气,引起可燃物质的燃烧,有时还能形成爆炸性混合物。

氧化性物质具有以下特性:

(1) **受热分解性**　有些氧化剂,当受热、摩擦、撞击等作用时,极易发生反应放出大量热,此时如遇可燃物,则发生剧烈的化学反应而引起燃烧、爆炸。例如,氯酸钾在加热条件下,会迅速分解放出氧气,若此时周围有硫粉等易燃物,就会引发剧烈燃烧甚至爆炸。

(2) **强氧化性**　有些氧化剂与易燃液体接触后可发生不同程度的化学反应,从而引起燃烧和爆炸。例如,高锰酸钾与乙醇接触,会迅速氧化乙醇,产生大量的热,从而引发燃烧。

(3) **遇酸爆炸性**　多数氧化剂遇酸能剧烈反应,甚至发生爆炸。例如,氯酸钾与浓硫酸混合会发生极为剧烈的反应,有极大的爆炸风险。

(4) **遇湿分解性**　有些氧化剂遇水或吸收空气中的水蒸气能分解放出氧化性气体,遇火源易使可燃物燃烧。例如,过氧化钠与水反应会生成氧气,若周围有可燃物质且存在火源,就会引发燃烧。

(5) **毒性与腐蚀性**　由于高氧化性,氧化性物质接触人体器官或皮肤时,可造成毒害,腐蚀烧伤皮肤。例如,重铬酸钾对人体皮肤和黏膜具有强烈的刺激性和腐蚀性,一旦接触,会对人体造成严重伤害。在接触这类物质时,操作人员必须按照《个体防护装备配备规范》(GB 39800.2—2020)的要求,佩戴好防护用具,防止受到伤害。

2. 有机过氧化物特性

有机过氧化物是指分子结构中含有过氧基(—O—O—)的有机物,可以看作一个或两个氢原子被有机基替代的过氧化氢衍生物。这类化合物具有下列一种或几种性质:① 易于爆炸分解;② 容易燃烧且燃烧迅速;③ 对撞击或摩擦敏感;④ 与其他物质发生危险反应。

有机过氧化物由于其本身是有机物,无须接触其他可燃物即可发生燃烧,此性质与无机氧化物性质不同,使其具有更高的危险性。

氧化性物质和有机过氧化物及其分类见表3-4。

表 3-4　氧化性物质和有机过氧化物及其分类

名称	分类	特性	典型化合物
氧化性物质	一级无机氧化物	含有过氧基、高价态元素的物质;化学性质活泼,具有很强的获得电子能力;自身不可燃	过氧化物类: 过氧化钠,过氧化钾 某些含氧酸及其盐类: 高氯酸,高氯酸钾,高锰酸钾等
	二级无机氧化物	化学性质较活泼,也具有较强的获得电子能力	除一级外的无机氧化剂: 亚硝酸钾,高锰酸银,重铬酸钠,二氧化铅,五氧化二碘
有机过氧化物	—	强氧化性,自身易燃易爆,极易分解,对热、震动或摩擦极为敏感	过氧化苯甲酰,过氧化二叔丁醇,过氧乙酸,过氧化环己酮

3. 强氧化性物质及其类别

氯酸盐:$MClO_3$[$M=Na$、K、NH_4、Ag、$Hg(\text{Ⅱ})$、Pb、Zn、Ba]。

高氯酸盐:$MClO_4$($M=Na$、K、NH_4、Sr)。

无机过氧化物:Na_2O_2、K_2O_2、MgO_2、CaO_2、BaO_2、H_2O_2。

有机过氧化物:烷基氢过氧化物 $R—O—O—H$(特丁基、异丙苯基)、二烷基过氧化物 $R—O—O—R'$(二特丁基、二异丙苯基)、二酰基过氧化物 $R—CO—O—O—COR'$(二乙酰基、二丙酰基、二月桂酰基、苯甲酰基)、酯的过氧化物 $R—CO—O—O—R'$(醋酸或安息香酸特丁基)、酮的过氧化物(甲基乙基酮、甲基异丁基酮、环己酮)。

高锰酸盐:$MMnO_4$($M=K$、NH_4)。

强氧化性物质的使用注意事项:

(1)此类物质因加热、撞击而发生爆炸,故要远离烟火和热源。要储存于阴凉的地方,避免阳光直射,并严格避免撞击。

(2)无机氧化物若与还原性物质或有机物混合,即会氧化发热而着火。

(3)氯酸盐类物质与强酸作用,产生 ClO_2(二氧化氯),而高锰酸盐与强酸作用,则产生 O_3(臭氧),有时会发生爆炸。

(4)有些氧化剂与可燃液体接触能引起自燃。如高锰酸钾与甘油或乙二醇接触,过氧化钠与甲醇或醋酸接触,铬酸与丙酮接触等,都能自燃着火。

(5)在氧化剂中,强氧化剂与弱氧化剂相互之间接触能发生复分解作用,产生高热而引起着火或爆炸。此时,弱氧化剂呈现还原性。如次氯酸盐、亚硝酸盐遇到氯酸盐、硝酸盐时,发生剧烈反应,引起着火或爆炸。氧化性弱的氧化剂不能与氧化性比其氧化性强的氧化剂一起储运。

(6)过氧化物与水作用产生 O_2,与稀酸作用,则产生 H_2O_2 并发热,有时会着火。

(7)碱金属过氧化物能与水起反应,因此,必须注意此类物质的防潮。

（8）有机过氧化物在某些化学反应中能作为副产物生成,并且,在某些有机物储存的过程中也会生成。因此,必须予以注意。

3.6.2　使用注意事项与火灾的扑救

1. 氧化性物质和有机过氧化物的储存与使用注意事项

（1）储存于阴凉、通风、干燥的场所。避免阳光直射。

（2）保存时不能与有机物、可燃物、酸同柜储存。

（3）碱金属过氧化物易与水起反应,应注意防潮。

（4）使用过程中应严格控制温度,避免摩擦或撞击。

（5）某些氧化剂具有毒性和腐蚀性,使用过程中应注意防毒。

2. 氧化性物质和有机过氧化物火灾的扑救

氧化性物质着火时会放出氧,加剧火势,即使在惰性气体中,火仍然会自行蔓延,因此,此类物质着火使用二氧化碳及其他气体灭火剂是无效的,应使用大量的水或用水淹浸的方法灭火。例如,当过氧化钠着火时,大量的水可以起到降温、隔绝空气及稀释反应物的作用,从而有效灭火。

有机过氧化物着火时,可能导致爆炸。可用大量水灭火。大量的水能够降低有机过氧化物的温度,抑制其分解和燃烧反应,同时也能起到一定的隔绝空气的作用,防止爆炸的发生。

3.6.3　典型氧化性物质和有机过氧化物介绍

1. 过氧化氢

纯过氧化氢是淡蓝色的黏稠液体,是一种强氧化剂,极不稳定,可与任意比例的水混溶。过氧化氢的水溶液俗称双氧水,为无色透明液体,实验室常见的过氧化氢为 $27.5\% \sim 35\%$ 的水溶液。过氧化氢及其水溶液对皮肤具有强腐蚀作用。

过氧化氢本身不能燃烧,但它是一种爆炸性极强的氧化剂,能与某些可燃物反应并产生足够的热量而引起燃烧,加之其分解所释放的氧能强烈助燃,最终可导致爆炸。

高含量的过氧化氢极不稳定,极易发生爆炸。在实验室切不可用蒸馏的方式浓缩过氧化氢水溶液。因为蒸馏过程中的加热和浓缩操作可能会使过氧化氢的浓度升高,增加爆炸风险。

2. 过氧化二苯甲酰

过氧化二苯甲酰（过氧化苯甲酰）为白色或淡黄色结晶,有轻微的苦杏仁气味;不溶于水,微溶于醇类;闪点 $80\ ℃$,引燃温度 $80\ ℃$;对上呼吸道有刺激性,对皮肤有强烈的刺激及致敏作用,进入眼内可造成严重损害。

过氧化二苯甲酰在干燥状态下非常易燃,预热、摩擦、震动或杂质污染均能引起爆炸性分解;急剧加热时可发生爆炸,与强酸、强碱、硫化物、还原剂接触会发生剧烈反应;储存时避免与还原剂、酸类、碱类、醇类接触。在化工生产中,过氧化二苯甲酰常用作塑料聚合的引发剂。

3. 过氧乙酸

过氧乙酸为强氧化剂,有很强的氧化性,易燃,具爆炸性;纯品极不稳定,在-20 ℃时也会爆炸;与还原剂、有机物、可燃物等接触会发生剧烈反应,发生燃烧爆炸;作为商品制成含量为40%的溶液时,在存放过程中仍可分解出氧气,含量大于40%就有爆炸性,加热至110 ℃即爆炸,遇火或受热、受震都可起爆。过氧乙酸遇有机物会放出新生态氧而起氧化作用,可以杀灭大多数微生物,对病毒、细菌、真菌及芽孢均能迅速杀灭,稀释后常用作高效灭菌剂,可广泛应用于各种器具及环境消毒。0.2%溶液接触 10 min 基本可达到灭菌目的。工业产品过氧乙酸一般为18%~23%含水、乙酸的溶液。过氧乙酸对金属有腐蚀性,不可用于金属器械的消毒,同时它应储存于塑料桶内,阴凉处避光保存,远离可燃性物质。

3.7 毒性物质与预防中毒

人们对毒性物质往往具有恐惧心理,但对化学工作者来说,毒性物质也是一种化学试剂,可用来造福人类,如某些药物的合成。但毒性物质毕竟属于一类特殊试剂,所以对于毒性物质,我们既不要"谈虎色变",同时又要熟悉这类物质的特性,隔断中毒途径,严格做好防范措施,防止中毒事故的发生。

3.7.1 毒性物质的判定

毒性物质包括人工合成的化学品及其混合物和天然毒素,还包括具有急性毒性易造成公共安全危害的化学品。

毒性物质是指经吸食、接触后人身健康受到或造成严重伤害甚至死亡的物质。毒性物质的毒性是指毒物导致机体损害的能力,毒性越大,危害越大。毒性物质的毒性常用半致死剂量(LD_{50})和半致死浓度(LC_{50})来表征。

半致死剂量(LD_{50}):在一定时间内经口或经皮给予受试样品后,使受试动物发生死亡概率为50%的剂量。以单位体重接受受试样品的质量($mg \cdot kg^{-1}$体重或 $g \cdot kg^{-1}$体重)来表示。

半致死浓度(LC_{50}):指在一定时间内经呼吸道吸入受试样品后引起受试动物发生死亡概率为50%的浓度。以单位体积空气中受试样品的质量($mg \cdot L^{-1}$)来表示。

不同毒性的毒物对机体的危害不尽相同,根据毒物对人每千克体重的致死量依次将毒物分为:剧毒(<0.05g)、高毒(0.05~0.5g)、中毒(0.5~5g)、低毒(5~15g)、微毒(>15g)。

目前在我国,有关毒性物质的判定方面所依据的标准或文件主要有以下三个:

1.《危险货物分类和品名编号》(GB 6944—2012)

该国标对毒性物质判定做了以下说明:毒性物质是经吞食、吸入或皮肤接触后可能造成死亡或严重受伤或健康损害的物质。

2.《化学品分类和标签规范》(GB 30000—2013)

对毒性物质的急性毒性进行了详细划分,具体从类别 1 到类别 5 分为五个类别,类别 1 为最强,界定为经口 $LD_{50} \leqslant 5$ mg·kg^{-1} 体重,经皮肤 $LD_{50} \leqslant 50$ mg·kg^{-1} 体重,或吸入(气体)$LC_{50} \leqslant 0.1$ mg·L^{-1},或吸入(蒸气)$LC_{50} \leqslant 0.5$ mg·L^{-1},或吸入(粉尘或烟雾)$LC_{50} \leqslant 0.05$ mg·L^{-1}。

3.《危险化学品目录》(2022 年调整版)

《危险化学品目录》(2015 版)包括危险化学品条目 2828 个(较前一版 3823 个有所减少)。剧毒化学品条目 148 种,比《剧毒化学品目录》(2002 版)减少了 187 种。《危险化学品目录》对剧烈急性毒性判定界限为经口 $LD_{50} \leqslant 5$ mg·kg^{-1},经皮 $LD_{50} \leqslant 50$ mg·kg^{-1},吸入(4 h)$LC_{50} \leqslant 100$ mL·m^{-3}(气体)或 0.5 mg·L^{-1}(蒸气)或 0.05 mg·L^{-1}(粉尘或烟雾)。

3.7.2　物质的毒性与影响中毒的因素

1. 化学结构与毒性

许多化合物都具有一定的毒性。结构决定性质,但有关化学结构与其毒性的关系,目前还没有找到两者之间完整的规律,如有些化合物异构体,有的是剧毒,有的却无毒或低毒。甲醇对人体有较大毒性,而乙醇则又是酒类的主要成分。通常,芳香族化合物的毒性比脂肪族化合物的毒性要大,有机化合物中含有较多卤素及氮磷元素时,具有较大毒性,如通常使用的农药、杀虫剂、灭鼠药等大多含有卤素及氮磷元素。杂环化合物的毒性要比一般化合物的毒性大。消除化合物毒性的根本办法是改变或破坏其结构。通过特定的化学反应,将有毒化合物的有害基团转化为无害或低毒的基团而降低其毒性。

物质的毒性是一定的,但对人体是否产生中毒作用主要取决于"量"的变化。三氧化二砷(砒霜)对人的致死量为 0.1~0.3 g,属于剧毒物质,但适当的剂量可成为治疗某些疾病的药物,在某些中药中也含有一定量的砒霜成分。在民间治疗疾病时,也存在"以毒攻毒"的说法,但关键是对量的掌控。许多合成药物,在治疗疾病的同时,也存在一定的副作用。

2. 毒性物质的物理性质对人体中毒的影响

毒性物质的物理性质对人体中毒的影响通常表现在人体对毒性物质的吸收方面。毒性物质的溶解度越大,其在血液中的相对含量越大,毒性也越大。另外,毒性物质的挥发性越大,其在空气中的浓度越高,人们正常呼吸时,吸入体内的量就越大,危险性也越大。像苯这种具有高挥发性的有机化合物,在通风不良的环境中,空气中苯的浓度会迅速升高,长期吸入可能导致白血病等严重疾病。

3. 毒性物质与人体的作用方式和时间对人体中毒的影响

中毒的危险性不仅取决于毒性物质毒性的大小,还与作用方式和时间有关。

非挥发性的固体或低挥发性的液体物质,避免直接接触可有效预防中毒。挥发性毒性化合物,则应避免吸入毒性物质而造成中毒,如金属汞,由于其具有挥发性,会造成慢性中毒,而氰化钾为固体非挥发性化合物,如果在实验过程中,形成酸性环境,则生成挥发性的剧毒氢氰酸。

4. 叠加效应

现实中常常遇到几种毒性物质同时存在、同时作用于人体的现象。这可能导致共存的毒性物质产生相互叠加效应而影响毒性,称为毒性物质的联合作用。它通常有三种表现形态:独立作用,几种毒性物质对人体的作用机理不同,故对人体互不产生关联;相加作用,几种毒性物质在化学结构上属同系物,或结构相似,对人体的作用方式与机理也相同,则其共同作用时表现出剂量加和效果;加强作用或拮抗作用,两种以上毒性物质同时存在时,一种毒性物质可减弱或加强另一种毒性物质的毒性,前者称拮抗作用,后者称为加强作用。例如,在治疗某些金属中毒时,会利用二巯丙醇等药物与金属离子结合,从而降低金属离子的毒性,这就是一种拮抗作用;而酒精会增强某些安眠药对中枢神经系统的抑制作用,导致呼吸抑制等严重后果,这属于加强作用。

3.7.3　中毒的途径及预防

1. 中毒的途径及预防

中毒的发生是指毒性物质进入人体并对其产生伤害。人体与毒性物质的接触方式不同,即毒性物质进入人体的途径不同,对人体产生的伤害程度也有所不同。预防中毒的重要措施就是切断毒性物质进入人体的途径。通常毒性物质侵入人体的途径有以下三种。

（1）**由呼吸道侵入**　毒性物质通过呼吸道侵入人体是最常见、最危险的途径之一。此时,进入体内的毒性物质主要被支气管和肺泡吸收,而且毒性物质的粒度越小,水溶性越好,越易被肺泡吸收,造成的伤害也越大。毒物一旦进入肺,很快就会通过肺泡壁进入血液循环而被运送到全身。通过呼吸道侵入最重要的影响因素是其在空气中的浓度,浓度越高,吸收越快。在火灾中,吸入毒性气体而引起中毒窒息是造成死亡的主要原因。在化学实验室,实验必须在通风橱中进行,以防止实验过程产生或意外产生的有毒气体被吸入而发生中毒事故。处理有毒气体时,必须正确佩戴合格的防毒面具。另外,不注意实验室通风,也可能造成慢性中毒或伤害。

（2）**由消化道侵入**　在化学实验室,毒性物质经消化道进入人体的情况比较少见,除故意为之外,一般是不遵守卫生制度、误服或其他意外事故造成的。进入消化道的毒性物质主要被胃和小肠吸收,被吸收的程度与毒性物质的结构、水溶性及胃内容物的多少有关。发生误服毒物时应立即呕吐或洗胃,尽量减少毒物在胃肠中的停留时间。不将食物、饮料及水杯带进实验室是防止此种方式中毒的有效措施。

（3）**由皮肤侵入**　毒性物质经皮肤被吸收,主要是通过表皮屏障和毛囊,少数情况经汗腺导管进入人体。毒性物质被皮肤吸收的速度与数量与其结构、浓度、脂溶性、温度及接触面积等多种情况有关,特别是当处于皮肤受损及高温高湿环境时,可导致中毒加重。在实验时,戴手套以防止接触试剂是预防接触中毒的主要措施。例如,乳胶手套能够阻挡大部分有机化合物对皮肤的侵害。

2. 毒性物质对人体的伤害

除致死外,毒性物质对人体的伤害是多方面的,主要表现在致突变、致癌和致畸三个方面。

（1）**致突变**　致突变是指基体的遗传物,主要是细胞核内构成染色体的脱氧核糖核酸（DNA）,在一定条件下发生突变性、根本性变异,可导致不孕不育、早产、畸胎等。

（2）**致癌**　致癌是指某些致癌毒性物质,可导致体细胞突变,产生肿瘤。致癌毒性物质可分为直接致癌毒性物质和间接致癌毒性物质。

（3）**致畸**　致畸是指毒性物质对胚胎产生各种不良影响,导致畸胎、死胎、胎儿生长迟缓或某些功能不全等缺陷。

3.7.4　剧毒化学品的主要特点与管理

剧毒化学品主要包括三类:无机化合物、有机化合物及生物碱类物质。无机剧毒化学品多为含有氰基（—CN）、汞、磷、砷、硒、铅等化合物,如氰化钾、三氧化二砷等;有机剧毒化学品多为含有磷、汞、铅、氰基等基团的化合物,如对硫磷等;生物碱类多为含有氮、硫、氧的碱性有机物,如尼古丁等。

动画
毒性物质
的安全使
用及管理

1. 剧毒化学品的主要特点

（1）快速、剧烈的毒性。较少量吸收即可造成严重中毒或导致死亡。

（2）较强的隐蔽性。具有水溶性,多为白色粉状、块状固体或无色液体,易与食物、食盐、糖、面粉等混淆。有些无色无味,不易觉察。例如,亚硝酸钠外观与食盐外观相似,在误食后可能会引发严重中毒,但二者在外观和气味上却很难区分。

（3）许多剧毒化学品同时还具有易燃、爆炸、腐蚀等特性,如硝化甘油等。

2. 剧毒化学品的管理

（1）剧毒化学品的管理,包括购买、领取、使用及保管等方面,都必须根据国务院、公安部、各地方及学校的相关法规标准严格执行。

（2）对于剧毒化学品管理的重点要求是:要设专用库房和防盗保险柜,双人领取验收、双人使用、双人保管、双锁、双账的"五双"原则等。

（3）实验室不得制备、存放剧毒化学品。

3.7.5　实验室防止中毒的措施

在化学实验室,有毒化学试剂的使用有时是不可避免的,但应采取必要措施防止中毒事故的发生。

（1）尽量减少或避免剧毒、高毒化学品的使用,或以无毒、低毒的化学品或工艺代替有毒或剧毒的化学品或工艺。例如,在某些有机合成实验中,以往使用剧毒的光气作为原料,现在可以采用碳酸二甲酯等相对低毒的物质替代,既能达到实验目的,又能降低安全风险。

动画
实验室防
止中毒的
措施

（2）严格按要求规程操作，避免大意。

（3）实验前必须有预防措施，加强个人防护，个人防护用品不得带出实验室。

（4）实验过程中所有接触过剧毒化学品的容器、手套不得随意放置，要严格清洗，废液回收处置，注意消除二次染毒源。

（5）注意实验过程、溶液混合及加热等过程中有毒气体的突然产生与逸出。例如，在加热某些含硫化合物时，可能会产生硫化氢气体，实验人员要提前做好防护和通风措施。

（6）定期检查实验室内空气中有毒物质的浓度。

（7）要注意实验室及实验过程中的通风和净化回收。

（8）采取隔离操作和自动控制等，防止人和有毒物质直接接触。

3.8　腐蚀品与使用防护

腐蚀品主要是指能灼伤人体组织并对金属、纤维制品等物质造成腐蚀的固体、液体或气体（或蒸气）试剂。在化学实验室，经常需要接触或使用具有一定腐蚀性的试剂，如常见的"三酸两碱"，这些试剂在带给人们奇妙的化学实验的同时，如果不注意防护也将给人体带来较大伤害。

3.8.1　腐蚀品分类与分级

腐蚀品可按其化学性质分为三类：酸性腐蚀品、碱性腐蚀品和其他腐蚀品。而每类腐蚀品又可依据其腐蚀性强弱进行分级。常见腐蚀品的分类与分级如表3-5所示。

表 3-5　常见腐蚀品的分类与分级

分类	分级	举例
酸性腐蚀品	一级无机酸性腐蚀品	硝酸、浓硫酸、氢氟酸
	一级有机酸性腐蚀品	苯甲酰氯、苯磺酰氯
	二级无机酸性腐蚀品	磷酸、三氯化锑
	二级有机酸性腐蚀品	冰醋酸、苯酐
碱性腐蚀品	无机碱性腐蚀品	氢氧化钠、氢氧化钾
	有机碱性腐蚀品	烷基醇钠
其他腐蚀品	其他无机腐蚀品	氯化铜溶液、氯化锌溶液
	其他有机腐蚀品	苯酚钠、甲醛溶液

3.8.2　腐蚀品的危险特性与防护

1. 腐蚀性

这是腐蚀品的主要特性。腐蚀品对皮肤有强烈刺激性和腐蚀性。当人体直接接触到腐蚀品时,可造成人体皮肤表面灼伤、严重的深度创伤或人体组织坏死。

腐蚀品不但对人体具有较大的腐蚀性,与布匹、木材、纸张、皮革等有机物接触时,能够夺取有机物中的水分使之碳化,如与食用糖作用发生碳化。此外,腐蚀品对金属及非有机物也具有腐蚀作用,如氢氟酸能与玻璃发生刻蚀作用。

腐蚀品的典型代表为浓硫酸,其具有非常强的腐蚀性。而氢氟酸不但具有强酸的腐蚀性,与皮肤接触,还能产生剧痛,使组织深度坏死,严重者累及骨骼,如果治疗不及时,将会导致严重后果,使用时必须给予特别关注。

2. 毒害性

除了具有强烈的腐蚀性外,多数腐蚀品如氢氟酸、溴素、五溴化磷等还具有不同程度的毒害性。发烟硫酸挥发的三氧化硫对人体具有很大毒害性。

3. 较高的化学活性(氧化性)

腐蚀品通常具有较高的化学活性。有些腐蚀品本身虽然不燃烧,但具有较强的氧化性,是氧化性很强的氧化剂,当其与某些可燃物接触或处于高温时,可引起可燃物质燃烧,甚至有爆炸的危险,如高氯酸浓度超过72%时遇热极易爆炸,此时属爆炸品,浓度低于72%时属无机酸性腐蚀品,但遇还原剂、受热等情况下也会发生爆炸。有机腐蚀品大都可燃或易燃。

4. 遇水反应特性

有些腐蚀品具有遇湿或遇水反应性,反应过程中可放出大量的热或有毒、腐蚀性的气体。

在实验室,避免被腐蚀品灼伤的方法是熟悉腐蚀品试剂的化学特性,做好个人防护,避免与腐蚀品直接接触,或将皮肤直接暴露在其蒸气中。

3.8.3　腐蚀品储存和使用过程中的注意事项

腐蚀品是化学实验室常用的试剂,因其具有较大的危险性,故在腐蚀品的储存和使用过程中,不但要熟悉其化学特性,还必须注意以下事项:

(1)腐蚀品应储存于阴凉、通风、干燥的场所,避免阳光直射。例如,硝酸见光易分解,所以要放在棕色试剂瓶中,置于阴暗处保存。

(2)有机腐蚀品严禁接触明火或氧化剂。像苯甲酰氯这类有机腐蚀品,遇到明火或氧化剂可能会引发燃烧甚至爆炸。

(3)具有氧化性的腐蚀品不得与可燃物和还原剂同柜储存。例如,浓硫酸具有强氧化

动画
腐蚀品的
安全使用
及管理

性,若与金属钠(还原剂)存放在一起,一旦两者接触,可能引发剧烈反应。

(4)酸性腐蚀品应与氰化物、氧化剂、遇湿易燃物质远离。

(5)接触、使用腐蚀品前要熟悉腐蚀品的化学特性,做好个人防护。

(6)腐蚀品长期保存时应注意防止泄漏,特别是挥发性气体对周围设备的缓慢腐蚀。

(7)对于凝固点比较低的冰醋酸、苯酚等,冬季取用时,切不可采取直接加热熔化的方式。直接加热可能导致局部过热,引发危险,可将这类试剂的容器放在温水浴中缓慢升温熔化。

3.8.4　腐蚀品火灾的扑救

动画
腐蚀品火
灾的扑救

腐蚀品可造成人体化学灼伤,扑救时灭火人员必须穿防护服,佩戴防毒面具。腐蚀品着火一般可用水、干沙进行扑救,但应注意腐蚀性液体泡沫飞溅对人群造成伤害。某些强酸、强碱,遇水时能产生大量的热,不可用水扑救。例如,浓硫酸遇水会放出大量的热,可能导致液体飞溅,扩大危害范围,此时应用干沙、干粉灭火剂灭火;而氢氧化钠着火时,要根据着火原因选择合适的灭火剂,避免使用可能与氢氧化钠发生反应的物质灭火。

3.8.5　常见腐蚀品简介

1. 硝酸

硝酸为无色透明发烟液体,工业品常呈黄色或红棕色。能与水以任何比例相混合;具有硝化作用,能在有机化合物中引入硝基而生成硝基化合物;相对密度 1.41(68%)、1.5(无水),沸点 120.5 ℃(68%)、86 ℃(无水);用途极广,主要用于化肥、染料、国防、炸药、冶金、医药等工业。例如,在制造炸药 TNT(三硝基甲苯)的过程中,硝酸就作为硝化剂参与反应。

硝酸是强氧化剂,遇金属粉末、松节油立即燃烧,甚至爆炸;与还原剂、可燃物,如糖、纤维素、木屑、棉花、稻草等接触可引起燃烧;遇氰化物则产生剧毒气体;有强腐蚀性,其蒸气刺激眼和上呼吸道,皮肤接触能引起灼伤,误触皮肤应立即用苏打水冲洗,再做医治。

火灾现场有硝酸时,可采用沙土、二氧化碳、雾状水(禁用加压的柱状水,以防飞溅危及消防人员安全)。

储运注意事项:储存于铝罐、陶瓷坛或玻璃瓶中,陶瓷坛可露天或棚下放置,下垫沙土上盖瓦钵;远离易燃、可燃物,并与碱类、氰化物、金属粉末隔离储存;泄漏物可用沙土或白灰吸附中和,再用雾状水冷却稀释后处理。

2. 硫酸

硫酸为无色透明黏稠液体;相对密度 1.84,沸点 330 ℃;能与水以任何比例混合,遇水大量放热。硫酸具有强烈的刺激性和腐蚀性,溅入眼内可造成灼伤、角膜穿孔,甚至失明。吸入硫酸蒸气可引起呼吸道刺激。

浓硫酸具有强氧化性,与有些有机物可发生磺化反应。稀硫酸与金属反应放出氢气。火灾现场有硫酸时,可采用干沙、干粉灭火剂灭火。

3. 氢氧化钠

氢氧化钠为白色易潮解的固体,有强吸湿性,易吸收空气中的二氧化碳而变质;易溶于水,不溶于丙酮、乙醚。

氢氧化钠具有强烈刺激性和腐蚀性。其粉尘对眼和呼吸道有强烈的刺激作用,皮肤和眼接触可引起灼伤,误服可引起消化道灼伤、黏膜糜烂、出血、休克。

氢氧化钠与酸发生中和反应并放热;遇水和水蒸气放出热量,形成腐蚀性溶液。氢氧化钠不燃,火灾现场有氢氧化钠时,应根据着火原因选择适当灭火剂灭火。

4. 苯甲酰氯

苯甲酰氯为无色发烟液体,有刺激性气味;沸点 197 ℃,闪点 72 ℃,引燃温度 185 ℃;溶于乙醚、氯仿、苯和二硫化碳。

苯甲酰氯对皮肤和黏膜有强烈的刺激性,皮肤接触可引起灼伤;遇明火、高热可燃,遇水或水蒸气反应放热并产生有毒的腐蚀性气体,对很多金属(尤其在潮湿空气中)有腐蚀作用。

苯甲酰氯发生火灾时可用干粉、二氧化碳灭火器灭火。

5. 液溴

液溴为深红棕色发烟液体,熔点 -7.2 ℃,沸点 58.78 ℃。液溴易挥发,具有极强烈的毒害性与腐蚀性。在常温时,液溴能挥发出有强烈刺激性的烟雾。液溴性质活泼,是强氧化剂,遇砷、锑放出火花而化合;与有机物混合,可引起燃烧;能溶于醇、醚、碱类及二硫化碳,微溶于水。在气相中溴单质将氨氧化为氮气并产生白烟(溴化铵),生产上常以此检查设备和管道是否漏溴。

溴蒸气对皮肤、黏膜均具有强烈刺激作用和腐蚀作用。轻度中毒时,有全身无力、胸部发紧、干咳、恶心或呕吐等症状;吸入较多时,有头痛、呼吸困难、剧烈咳嗽、流泪、眼睑水肿及痉挛等症状;有的出现支气管哮喘、支气管炎或肺炎。溴蒸气即使浓度很低时也会灼伤黏膜,使人出现流泪、咳嗽、鼻出血、头晕等症状。其最高容许浓度 $0.5\,mg\cdot m^{-3}$,中毒 $30 \sim 40\,min$ 可致死。液溴能灼伤皮肤,产生激烈刺痛,不易医治。因此,应避免皮肤和液溴接触,若皮肤被灼烧,要用大量清水冲洗,然后用酒精擦洗,并送医院治疗。

在实验室,应用磨口的细口棕色试剂瓶盛装液溴,并在瓶内加入适量的蒸馏水或饱和食盐水,使挥发出来的溴蒸气溶解在水中形成饱和溴水,以减少液溴的挥发,即采用"水封"。细口瓶应用玻璃塞而不用橡胶塞密封,置于阴凉处。

表 3-6 列出了部分无机物和有机物的毒性及腐蚀性。

表 3-6 部分无机物和有机物的毒性及腐蚀性

无机物			
亚硝酸盐类物质	⊙△	五氧化二砷	○
亚硒酸盐类物质	○	五氧化二磷	△
亚碲酸盐类物质	○	三氯化硼	○
亚砷酸盐类物质	○	三氯化磷	○△
锑	⊙	铀的氧化物	○
氨水	△	氯的氧化物	○
铀	○	锇的氧化物	△
氯化锑	△	氧化钙	△
氯化铟	○	三氧化二铬	△
氯化铬酰	○△	氧化汞	○
氯化汞	○	二氧化硒	○
氯化锡	△	氧化铍	○
硫酰氯	○△	三氧化二砷	●
亚硫酰氯	△	二氧化二硼	○
四氯化钛	△	三溴化硼	○
氯化钡	△	金属类氰化物	⊙
氯酸钡	△	氰化钾	●△■
氯化铍	○	氰化氢	●
高氯酸	△	氰化钠	●△■
高氯酸镁	△	氰酸盐	⊙
过氧化钙	△	氰金酸盐	⊙
过氧化氢	⊙	双氰银酸盐	⊙
过氧化锶	△	双氰化合物	○
过氧化钠	⊙	溴化汞	○
镉	○■	氢溴酸	⊙△
高锰酸钾	△	重铬酸盐	■
钾	⊙△	硝酸	⊙△
钙	△	硝酸双氧铀	○
铬酸盐	○■	硝酸银	△
氟硅酸	⊙	硝酸铬	○
五氯化磷	○△	硝酸汞	○

续表

无机物			
硝酸铊	○	发烟硫酸	⊙△
硝酸铍	○	砷酸	●
汞	●	砷酸盐	●
氢氧化钾	⊙△	砷酸一氢盐	●
氢氧化锶	△	砷酸二氢盐	●
氢氧化钠	⊙△	铀的氟化物	○
氢氧化钡	△	氢氟酸	○△
氢氧化铍	○	铍的化合物	○■
氢氧化锂	△	铬酐	⊙
氢氧化钙	△	碘化银	△
氢化钠	△	碘化汞	○
砷化氢	○	氢碘酸	△
硼化氢	○	碘	⊙
氢化锂	△	锂	△
磷化氢	○	硫化锌	△
硒	●	硫化磷	●
硒化氢	○	硫酸	⊙△
硒酸钠	○	硫酸铟	△
碳酸铍	○	硫酸银	△
硫氰酸汞	○	硫酸锶	△
四氰镉酸钾	○	硫酸铊	⊙
四氰铂酸钾	○	硫酸铜	△
碲酸盐	○	硫酸铍	○
钠	⊙△	磷	○
氨基钠	△	磷酸	△
羰基镍	●■	磷化锌	⊙
八氧化三铀	○	磷化铝	○
发烟硝酸	⊙△	磷化钙	⊙
有机物			
丙烯酸酯	○	丙烯醛	⊙
丙烯腈	⊙■	乙醛	△

续表

有机物			
乙腈	○	过氧化苯酰	△
左旋肾上腺素	○	咖啡碱	○
苯胺	⊙	甲酸	△
2-氨基乙醇	○	甲酸铊	○
氨基联苯	■	二甲基苯胺	○
烯丙醇	○ △	奎宁	○
烷基苯胺	⊙	甲酚	⊙
烷基甲苯胺	⊙	氯乙酸	△
异丙胺	○	1-氯-1-硝基丙烷	○
异佛尔酮	○	三氯硝基甲烷	⊙
胰岛素	○	氯丁二烯	○
吲哚	○	氯仿	⊙ △ ■
乙胺	○ △	乙烯酮	○
二乙基汞	■	秋水仙碱	○
乙苯	○	乙酸	△
乙硫醇	○	乙酸双氧铀	○
氯丙环	■	乙酸双氧铀锌	○
乙二醇丁基醚	○	乙酸汞	○
乙二醇甲基醚	○	乙酸钡	△
2-氯乙醇	○	乙酸乙烯酯	△
乙二胺	○	乙酸己酯	○
3-氯-1,2-环氧丙烷	⊙	2-甲氧基乙酸乙酯	○
烯丙基氯	○	水杨酸	△
氯乙烷	⊙	乙醚三氯化硼	○
二氯乙烷	○	乙醚三溴化硼	○
氯乙烯	○	乙醚三氟化硼	○
氯代联苯	■	二丙酮醇	○
卡基氯	○	二乙胺	○
氯甲烷	○	二甘醇乙基醚	○
异狄氏剂	○	四氯化碳	⊙ △ ■
过氧化脲	⊙	环己醇	○

有机物			
环己酮	○	三乙胺	○
放线菌酮	○	三氯乙烷	■
2,2′-二氯乙醚	○	三氯乙烯	■
二氯乙酸	⊙	三氯乙酸	⊙ △
二氯丁炔	⊙	三氯丙烷	○
二氯代联苯胺	■	三硝基甲苯	△
邻二氯苯	○	三硝基苯	△
双烯酮	○	三丁胺	△
四溴乙烷	○	三丙胺	△
4,6-二硝基邻甲酚	●	三甲胺	△
二溴乙烷	⊙	二异氰酸甲苯酯	○ ■
二溴氯丙烷	⊙	邻甲苯胺	⊙
二甲基乙酰胺	○	甲苯	■
二甲胺	⊙	萘	○
二甲苯胺	○	β-萘胺	■
二甲基磷酸酯	●	α-萘硫脲	○
二甲基甲酰胺	○	β-萘酸	⊙ △
二甲基硫酸盐	⊙ ■	左旋-尼古丁	●
溴化乙烯	⊙	对硝基苯胺	○
溴甲烷	⊙	邻硝基氯代苯	■
草酸	△	硝基甲苯	○
八甲基焦磷酰胺	○	硝基联苯	■
马钱子碱	○	对硝基硫代苯膦酸乙酯	○
氨基硫脲	●	硝基丙烷	○
硫丹	○	硝基苯	⊙ △
四乙基铅	● ■	三聚乙醛	△
四乙基焦磷酸盐	●	一六〇五(农药)	●
四氯乙烷	⊙ ■	对甲苯二胺	⊙
四氯乙烯	■	对苯二胺	⊙
四硝基甲烷	○	吡啶	○ △
四甲基铅	● ■	焦磷酸四乙酯	○

续表

有机物			
苯乙酸汞	○	醋酸酐	○
苯肼	○	邻苯二甲酸酐	△
苯二胺	△	异丙叉丙酮	○
苯酚	○△■	甲醇	⊙■
芬硫磷	○	甲苯胺	○
邻苯二甲腈	■	甲胺	○
丁胺	○	甲基汞	■
对一特丁基甲苯	○	甲基索佛那	⊙
特丁基硫醇	○	甲基萘氨基甲酸酯	⊙
氟乙酰胺	●	甲基一六○五	○
氟乙酸钠	○	甲肼	○
二甲马钱子碱	○	甲硫醇	○
糠醛	○	一氯代乙酸	⊙
丙撑亚胺	○	一氟代乙酸	●
三溴甲烷	○	一氟代乙酰胺	●
正己烷	■	1,4-氧氮杂环己烷	○
联苯胺	■	碘甲烷	■
苯甲醇	△	硫酸二乙酯	△
苯	○△■	硫酸二甲酯	○△■
对苯醌	○	硫酸菸碱	○
五氯苯酚	⊙△■	硫氰乙酸乙酯	⊙
马拉松(农药)	○	鱼藤酮	⊙
丙二酸铊	○		

注：●:剧毒物;⊙:毒物;○:一般毒性物质;△:腐蚀性物质;■:特别有害物质。

3.9 放射性物质与辐射防护

依据国家标准《危险货物分类和品名编号》(GB6944—2012),属于危险化学品范畴的放射性物质是指放射性核素,并且其活度和比活度均高于国家规定豁免值的物质。

3.9.1 放射性物质及来源

某些物质的原子核能发生衰变,放出人眼看不见也感觉不到,只能用专门的仪器才能探测到的射线,物质的这种性质叫作放射性。放射性物质是指那些能自然地向外辐射能量,发出射线的物质。这些物质一般都是原子质量很高的金属,如钍、铀等。放射性物质放出的射线有三种,分别是 α 射线、β 射线和 γ 射线。

辐射也可分为电离辐射和非电离辐射。电离辐射是指一切能引起物质电离的辐射总称,其种类包括高速带电粒子(α 粒子、β 粒子、质子等)、中性粒子和电磁波(X 射线、γ 射线等)。

在现代化实验室、医院、工厂中,人们广泛利用电离辐射从事科研、医疗和生产。例如,在医学领域,放射性核素被用于制备放射性药物治疗癌症,像碘–131 可用于治疗甲状腺癌,它能精准地被甲状腺癌细胞摄取,通过释放 β 射线杀死癌细胞,同时对周围正常组织的影响较小。在工业方面,利用 γ 射线的穿透性进行金属探伤,检测金属内部是否存在缺陷。在科研中,许多现代分析仪器以电离辐射为探针,对物质的理化性质、物质结构进行测试分析,不少仪器配备了 X 射线发生器、电子及离子源等,这些已成为现代科学技术研究中不可或缺的手段。因此,我们需要掌握一些必备的辐射安全防护方法,最大限度地避免对自身的辐射伤害。

具有相同质子数 Z 的一类原子称为元素或同位素,而质子数 Z 和中子数 N 相同的一类原子称为核素。已知的核素分为稳定核素和放射性核素两类。放射性核素指不稳定的原子核,能自发地释放出粒子(α 粒子、β 粒子、质子等)和射线(α 射线、β 射线、X 射线等),通过衰变形成稳定的核素。衰变时放出的能量称为衰变能,衰变到原始数目一半所需要的时间称为衰变半衰期。物质的这种现象称为放射性,具有这种性质的核素称为放射性核素,含有放射性核素的物质即放射性物质。

放射性核素可分为天然放射性核素和人工合成放射性核素。在元素周期表中,有 10 种元素($Z = 84 \sim 92$ 及 94)属于天然的放射性元素,这些元素存在于自然界的矿石中,如铀矿。至今,人们已经人工合成了 2700 多种放射性同位素,如将稳定的核素 ^{59}Co 放入核反应堆中可产生放射性核素 ^{60}Co,其能够发生 β 衰变,放射出 β 射线和 γ 射线。

3.9.2 放射性活度与电离辐射强度

我们通常用放射性活度表示放射源本身的衰变强度,放射性核素的活度表示方法有专用单位和国际单位两种。专用单位是居里(Curie, Ci),即将 1.0 g 放射性物质 ^{226}Ra 的活度定义为 1 Ci,目前在实验室通常使用毫居里(mCi)或微居里(μCi)级别的放射源。例如,在一些小型的科研实验中,可能会用到毫居里级别的 ^{60}Co 放射源,用于研究材料的辐照效应。在国际单位制中,放射性活度单位用贝可勒尔,简称贝可,符号为 Bq,1 Bq 表示 1 s 内发生一次核衰变。两者的换算关系为

$$1 \text{ Ci} = 3.70 \times 10^{10} \text{ 衰变/s} = 3.70 \times 10^{10} \text{ Bq}$$

放射性活度测定的方法与仪器主要有盖革计数器(测量 α,β 放射源)、液体闪烁计数器(测量低能 β 放射源)和固体闪烁计数器(测量 γ,X 射线源)。测得的计数率正比于放射性活度。

电离辐射强度是描述辐射场能量传递能力的物理量,通常指单位时间内的辐射能量通量或对物质的影响程度。电离辐射强度通常用照射量(X)或吸收量(D)表示。照射量(X)用 γ 射线或 X 射线在空气中产生的离子对数来表示射线的强度,单位为 R(伦琴),SI 单位

是 C/kg(库仑/千克)。换算关系为

$$1\ R = 使\ 1\ kg\ 空气产生\ 2.58 \times 10^{-4}\ C\ 电荷的辐射量 = 2.58 \times 10^{4}\ C/kg$$

吸收量(D)表示单位质量物质吸收电离辐射的能量。其专用单位是 Red(拉德),SI 单位是 J/kg(焦耳/千克),SI 专用名称为 Gy(戈瑞)。

$$1\ Gy = 1\ J \cdot kg^{-1} = 100\ Red$$

放射性活度与电离辐射强度的关联与区别见表 3-7。

表 3-7 放射性活度与电离辐射强度的关联与区别

特征	放射性活度	电离辐射强度
描述对象	放射源本身	辐射场在空间中的能量分布
物理本质	衰变事件速率	辐射能量传递速率
影响因素	核素种类、质量	活度、辐射类型、距离、屏蔽
单位	Bq,Ci	R/h,Gy/h

3.9.3 辐射危害与防护

1. 辐射危害

动画
辐射危害
与防护

电离辐射对人体的危害是超过允许剂量的放射线作用于机体的结果。辐射与人体的作用可分为体外辐射与体内辐射。体外辐射是指辐射源从体外照射人体,并在体内发生作用。α 粒子、β 粒子、γ 射线、X 射线等都会产生体外辐射,其照射量的大小与射线的种类与能量有关。大多数 β 粒子穿透能力较弱,不能穿透皮肤,不致造成严重的体外伤害,但足以对皮肤或眼睛构成伤害。高能 β 粒子可以穿透几毫米的表皮层,所以必须对外部辐射加以屏蔽以减少照射量。通常厚度为 13 mm 的有机玻璃就可以有效屏蔽大多数的 β 粒子辐射。与 β 粒子相比,α 粒子很少能穿透皮肤表面的角质层,所以,α 粒子通常不被认为具有外部辐射危害。相比于 α 粒子和 β 粒子,γ 射线和 X 射线则对物体具有很强的穿透能力,是需要防护的主要对象。例如,在医院的放射科,进行 X 射线检查时,医生会为患者提供铅制的防护用具,保护甲状腺、性腺等敏感部位免受 X 射线的伤害。

体内辐射是吞食(放射性污染的食物、水等)、吸入(放射性污染的空气)、接触(皮肤沾有放射性污染物)放射性物质,或通过受伤的皮肤直接侵入体内造成的。体内辐射可造成脏器和组织受到长期的严重伤害。

电离辐射对人体细胞组织的伤害作用,主要是阻碍和伤害细胞的活动机能及导致细胞死亡。人体长期或反复受到允许放射剂量的照射能使人体细胞改变机能,出现白细胞过多、眼球晶体混浊、皮肤干燥、毛发脱落和内分泌失调等。较高剂量能造成贫血、出血、白细胞减少、胃肠道溃疡、皮肤溃疡或坏死等。在极高剂量放射线作用下,造成的放射性伤害有以下三种类型:

(1)**中枢神经和大脑伤害** 主要表现为虚弱、倦怠、嗜睡、昏迷、震颤、痉挛,可在两周内死亡。

(2)**胃肠伤害** 主要表现为恶心、呕吐、腹泻、虚弱或虚脱,症状消失后可出现急性昏迷,通常可在两周内死亡。这是因为胃肠道的细胞更新较快,对辐射较为敏感,高剂量辐射会严重破坏胃肠道的组织和功能。

（3）**造血系统伤害**　主要表现为恶心、呕吐、腹泻,但很快好转,2~3周无病症之后,出现脱发、经常性流鼻血,再度腹泻,造成极度憔悴,2~6周后死亡。这是由于辐射破坏了造血干细胞,影响了血细胞的生成。

对于辐射,要有正确的认识,并做到科学的防护。研究表明,小剂量的照射还可能对人体的抗辐射能力有积极作用。即使不从事放射性作业,人体也不能完全避免放射性辐射,这就是大自然本底照射的结果。地球上每人每年接受宇宙射线约 35 mR;接受大地放射性物质的射线约 100 mR;接受人体内的放射性物质的射线约 35 mR。以上三个方面是大自然本底照射的基本组成,总剂量约为每人每年 170 mR。另外,在体检与医疗方面,辐射也在发挥着不可取代的积极作用。具体照射量与人体出现的相应症状如表 3-8 所示。

表 3-8　照射量与人体出现的相应症状

照射量	症状
10000 R;全身一次性照射	照射几小时后死亡;明显的神经和心血管衰竭(脑血管综合征)
500~1200 R;全身一次性照射	照射几天后死亡;带血腹泻,小肠黏膜受损(胃肠综合征)
250~500 R;全身一次性照射	照射几星期后死亡(50%死亡率);骨髓受损(造血综合征)
50~250 R;全身一次性照射	程度不同的恶心、呕吐、腹泻、皮肤红斑、脱发和免疫力下降
100 R;全身一次性照射	中度辐射病,白细胞计数减少
25 R;全身一次性照射	血液中淋巴细胞计数减少
10 R;全身一次性照射	外周血液中的异常染色体数目增加,无其他可觉察损伤症状

2. 电离辐射的防护

辐射防护的三要素"时间""距离"和"屏蔽",是人们最常用的防护措施。

（1）**缩短接触时间**　从事或接触放射线的工作,人体受到外照射的累计剂量与暴露时间成正比,即受到射线照射的时间越长,接受的累计剂量越大。为了减少工作人员受照射的剂量,应缩短工作时间,禁止在有射线辐射的场所作不必要的停留。在剂量较大的情况下工作,尤其是在防护较差的条件下工作,为减少受照射时间,可采取分批轮流操作的方法,以免长时间受照射而超过允许剂量。

（2）**加大操作距离或实行遥控**　放射性物质的辐射强度与距离的平方成反比。因此,采取加大距离、实行遥控的办法,可以达到一定的防护目的。例如,在处理高放射性物质时,工作人员会使用机械手臂进行远距离操作,或者通过遥控设备控制机器人完成相关任务,减少自身受到的辐射剂量。

（3）**屏蔽防护**　在从事放射性作业、存在放射源及储存放射性物质的场所,采取屏蔽的方法是减少或消除放射性危害的重要措施。屏蔽的材质和形式通常根据放射线的性质和强度确定。屏蔽 γ 射线常用铅、铁、水泥、砖、石等。屏蔽 β 射线常用有机玻璃、铝板等。

弱 β 放射性物质,如 ^{14}C、^{35}S、^3H,可不必屏蔽;强 β 放射性物质,如 ^{35}P,则要以 1 cm 厚塑

胶或玻璃板遮蔽;当发生源发生相当量的二次 X 射线时便需要用铅遮蔽。γ 射线和 X 射线的放射源要在有铅或混凝土屏蔽的条件下储存,屏蔽的厚度根据放射源的放射强度和需要减弱的程度而定。

(4)**个人防护服和用具**   在任何有放射性污染或危险的场所,都必须穿工作服、戴橡胶手套、穿鞋套、戴面罩和护目镜。在有吸入放射性粒子危险的场所,要携带氧气呼吸器。在发生意外事故导致大量放射污染或被多种途径污染时,可穿供给空气的衣套。

(5)**操作安全事项**   合理的操作程序和良好的卫生习惯,可以减少放射性物质的伤害。其基本要点如下:

① 为减少破损或泄漏,应在受容盘或双层容器上操作。工作台上应覆盖能吸收或黏附放射物的材料。

② 采用湿法作业,并避免放射物经常转移。不得用嘴吸移液,手腕以下有伤口时,不应操作。用过的吸管、搅拌棒、烧杯及其他器皿,应放在吸收物质上,不得放在工作台上,更不能在放射区外使用。

③ 放射性物质应存放在有屏蔽的安全处所,易挥发的化学物质应放在通风良好处。为防止因破损而引起污染,所有装放射物的瓶子都应储存在大容器或受容盘内。

④ 在放射物作业场所,严禁饮食和吸烟。人员离开放射物作业场所,必须彻底清洗身体的暴露部分,特别是手,要用肥皂和温水洗净。

(6)**信号和报警设施**   对于辐射区或空气中具有放射活性的地区,以及在搬运、储存或使用超过规定量的放射物质时,都应严格规定设置明显警告标志或标签。在所有高辐射区都要有控制设施,使进入者可能接受的剂量减少至每小时 100 mR 以下,并设置明显的警戒信号装置。在发生紧急事故时,需要所有人员立即安全撤离。应设置自动报警系统,使所有受到紧急事故影响的人都能听到撤离警报。

安全事故
案例

思 考 题

1. 危险化学品可分为哪些大类?
2. 爆炸化合物的危险特性有哪些?
3. 如何降低爆炸化合物的敏感度?
4. 实验室中哪些物质的火灾不能用消防沙子灭火?
5. 哪些易燃物质火灾不可用水、二氧化碳和泡沫灭火剂进行扑救?
6. 用塑料容器盛装易燃液体为什么会发生严重后果?
7. 氧化性物质和有机过氧化物的储存与使用注意事项有哪些?
8. 过氧化物不能与哪些化合物同柜储存?
9. 腐蚀品使用过程中的注意事项有哪些?
10. 如何防止氢氟酸产生伤害?
11. 毒性物质的判定标准与依据是什么?
12. 毒性物质进入人体的途径有哪些?
13. 实验室防止中毒的措施有哪些?
14. 降低放射性伤害的最常用的防护措施有哪些?

第四章
化学实验室安全用电基础知识

教学课件　　　知识图谱

化学实验室自身的特性及用电设备在化学实验室分布的广泛性,使得安全用电永远是化学实验室安全教育中的重要一环。不安全用电所造成的事故,不但导致设备损坏、财产损失,更会对人身产生不可逆转的伤害,甚至对生命造成严重威胁。因此,结合化学实验室的特点,学习用电安全相关基础知识,对于保障实验教学、人才培养、科学研究工作的顺利进行,有着重要的现实意义。

4.1　触电与影响触电伤害程度的因素

触电是化学实验室中最常见的用电安全事故之一。人的整个神经系统是以电信号和电化学反应为基础的,由于这个能量非常小,因此,人的系统功能很容易被外界电能破坏。实验人员安全用电知识与意识的缺乏、对后果认识的不足、侥幸心理及不良的操作习惯等是造成触电事故频发的重要因素。

4.1.1　电击与电伤

触电事故主要分为两种类型:一种是电击,另一种是电伤。

1. 电击

电击是指电流通过人体时所造成的内部伤害。它会破坏人的心脏、呼吸及神经系统的正常活动,甚至危及生命。在触电事故中,绝大部分伤亡是人体接受电流遭到电击使得心脏过载导致的人身伤亡。其实,人体里本来就有微量电流,但是一旦遇到强电流通过或人体细胞中的导电元素全部参与导电时,体内的大化学分子就会彻底解体而致使生命终结。

动画
触电对人
体的危害

电击是电流通过人体内部对器官和组织造成的伤害,是非常危险的一种伤害。电流作用于人体中枢神经,使心、脑和呼吸机能的正常工作受到破坏,严重的可导致死亡。

电击的主要特征：

（1）伤害人体内部器官。

（2）低压触电在人体的外表没有显著的痕迹，但是高压触电会产生极大的热效应，导致皮肤烧伤，严重者会被烧黑。

（3）致命电流较小。

按照发生电击时电气设备的状态，电击可分为直接接触电击和间接接触电击。直接接触电击是触及设备和线路正常运行时的带电体发生的电击（如误触接线端子发生的电击），也称正常状态下的电击。间接接触电击是触及正常状态下不带电，而当设备或线路故障时意外带电的导体发生的电击（如触及漏电设备的外壳发生的电击），也称故障状态下的电击。

2. 电伤

电伤是电流的热效应、化学效应、机械效应等对人所造成的伤害，发生触电事故而导致的人体外表创伤，通常有电弧烧伤、电标志、皮肤金属化、机械性损伤、电光眼。

（1）**电弧烧伤**　电弧烧伤是指当电气设备的电压较高时，产生强烈的电弧或电火花，烧伤人体，甚至击穿人体的某一部位。电弧电流直接通过内部组织或器官，可造成深部组织烧死，一些部位或四肢烧焦，但一般不会引起心脏纤维性颤动，而更为常见的是人体由于呼吸麻痹或表面大范围烧伤而死亡。

电弧烧伤分为直接电弧烧伤和间接电弧烧伤。前者是带电体与人体发生电弧，有电流流过人体的烧伤；后者是电弧发生在人体附近对人体的烧伤，包含熔化了的炙热金属溅出造成的烫伤。直接电弧烧伤是与电击同时发生的。

电弧温度高达 8000 ℃ 及以上，可造成面积较大、深度较深的烧伤，甚至烧焦、烧掉四肢及其他部位。大电流通过人体还能烘干、烧焦机体组织。高压电弧的烧伤较低压电弧的烧伤严重，直流电弧的烧伤较交流电弧的烧伤严重。

（2）**电标志**　电标志也称电流痕迹或电印记。它是指电流流过人体时，在皮肤上留下的青色或浅黄色斑痕，常以皮下出血、茧和点刺花纹等形式出现，其形状多为圆形或椭圆形，有时与所触及的带电体形状相似。电标志经治愈后皮肤上层坏死部分脱落，皮肤可恢复原来的色泽、弹性和知觉。

（3）**皮肤金属化**　皮肤金属化常发生在带负荷拉断路开关或闸刀开关所形成的弧光短路情况下。此时，在极高温度作用下，被熔化、气化的金属粒子向四处飞溅，如果撞击到人体裸露部分，则渗入皮肤表层，形成表面粗糙的灼伤。经过一段时间后，损伤的皮肤完全脱落。若在形成皮肤金属化的同时伴有电弧烧伤，情况就会严重些。

皮肤金属化的另一种原因是人体某部位长时间紧密接触带电体，使皮肤发生电解作用，一方面电流把金属粒子带入皮肤中，另一方面有机组织液被分解为碱性离子和酸性离子，金属粒子与酸性离子化合成盐，呈现特殊的颜色。根据颜色可知皮肤内含有哪种金属。

（4）**机械性损伤**　机械性损伤是指电流作用于人体时，由中枢神经反射和肌肉强烈收缩等作用导致的机体组织断裂、骨折等伤害。

（5）**电光眼**　电光眼是指发生弧光放电时，紫外光、可见光、红外光对眼睛的伤害。

4.1.2　影响触电伤害程度的因素

影响电流对人体危害程度的因素主要取决于电流的数值和通电时间。电流作用于人体中枢神经,使心、脑和呼吸机能的正常工作受到破坏,其中心室纤维性颤动是致命事故的主要机制。当电流通过神经纤维刺激到肌肉时,肌肉即要收缩。心脏本身具有工作过程所需的电动势,形成心脏各个区域按正确顺序有节奏运动的控制电信号。这个电信号的平均电压为 $1\sim1.6$ mV,心脏的一个搏动周期约为 0.75 s。当通过人体的触电电流和通过时间超过某个限值时,心脏正常搏动的电信号便受到干扰而被打乱。这样,心脏便不能再进行强有力的收缩而出现心肌震动,这就是医学上所称的“心室纤维性颤动”。

心室纤维性颤动阈值取决于生理参数(人体结构、心脏功能状态等)及电气参数(电流的持续时间路径、电流的特性等)。对于正弦波交流(50 Hz 或 60 Hz),如果电流的流通被延长到超过一个心搏周期,则纤维性颤动阈值会显著下降,这种效应是诱发期外收缩的电流使心脏不协调的兴奋状态加剧所导致的结果。当电击的持续时间小于 0.1 s,电流大于 500 mA 时,心室纤维性颤动就有可能发生。电击发生在易损期内,数安培的电流幅度,就很可能引起心室纤维性颤动。对于这样的强度而持续的时间又超过一个心搏周期的电击,有可能导致可逆性的心跳停止。

其他的电气效应,如肌肉收缩、血压上升、心跳脉冲的形成和传导的紊乱(包括心房纤维性颤动和瞬时的心律失常)都可能发生。如果有数安培电流持续的时间超过数秒,则深度的烧伤和其他的内部伤害都可能产生,也可能有外表烧伤。这些相关机理包括呼吸调节的功能紊乱、呼吸肌肉的麻痹、肌肉的神经中枢活动通路的破坏和头脑内部呼吸调节机理的破坏。这些效应如果持久,则不可避免地会导致死亡。

1. 电压、电流与作用时间对人体的影响

(1) **电压的大小对人体的影响**　许多情况下以时间为函数的接触电压的允许极限作为判据。从人体触碰的电压情况来看,一般 36 V 以下为安全电压,高于这个电压,人体触碰后都是危险的。根据国际电工委员会相关的导则中有关慎用“安全”一词的原则,上述安全电压的说法仅作为特低电压保护型式的表示,不能认为仅采用了“安全”特低电压电源就能防止电击事故的发生。

电压对人体的影响见表 4-1。

表 4-1　电压对人体的影响

接触时的情况		可接近的距离	
电压/V	对人体的影响	电压/kV	设备不停电时的安全距离/m
10	全身在水中时跨步电压界限为 10 V/m	≤10	0.7
20	湿手的安全界限	20~35	1.0
30	干燥手的安全界限	44	1.2
50	对人的生命无危险界限	60~110	1.5

续表

接触时的情况		可接近的距离	
电压/V	对人体的影响	电压/kV	设备不停电时的安全距离/m
100~200	危险性急剧增大	154	2.0
>200	对人的生命发生危险	220	3.0
3000	被带电体吸引	330	4.0
>10000	有被弹开而脱险的可能	500	5.0

（2）**电流的大小与作用时间对人体的影响** 通过人体电流的大小对人体的影响取决于触电者接触到电压的高低和人体电阻的大小。人体接触的电压越高，通过人体的电流越大，只要超过 0.1 A 就能造成触电死亡。

电流通过人体的时间越长，能量积累越多，对人体的伤害就越大；其次电流持续时间越长，与易损期重合的可能性就越大，电击的危险性就越大。由于每个人的体质不同，因而有着不同的结果。这种结果又和通过人体电流的大小有直接关系。电流对人体的作用如表 4-2 所示。

表 4-2 电流对人体的作用

电流/mA	对人体的作用
<0.7	无感觉
1	有轻微感觉
1~3	有刺激感，一般电疗仪器取此电流
3~10	感到痛苦，但可自行摆脱
10~30	引起肌肉痉挛，短时间无危险，长时间有危险
30~50	强烈痉挛，时间超过 60 s 即有生命危险
50~250	产生心室纤维性颤动，丧失知觉，严重危害生命
>250	短时间内（1 s 以上）造成心脏骤停，体内造成电灼伤

可以看出，通过人体的电流越大，对人体的伤害越严重。根据电流对人体的伤害程度，可以将通过人体的电流分为感知电流、摆脱电流和致命电流。能够引起人体感觉的最小电流称为感知电流。感知电流的大小随性别不同而有所差异，通常成年女性的平均感知电流约为 0.7 mA，成年男性的平均感知电流约为 1.1 mA。人体触电后能够自主摆脱电源的最大电流称为摆脱电流。成年女性的平均摆脱电流约为 10.5 mA，成年男性的平均摆脱电流约为 16 mA。在很短时间内导致生命危险的电流称为致命电流。一般情况下，100 mA 以上的电流足以致命。

电流通过人体时间的长短，对于人体的伤害程度有很密切的关系。人体处于电流作用下，时间越短获救的可能性越大。电流通过人体时间越长，对人体的机能破坏越大，获救的可能性也就越小。

2. 交流电频率的影响

一般来说,50~60 Hz 的工频电流与人的心脏跳动频率相近,对人体是最危险的。被高频率电流伤害的危险性要比直流电压和工频交流电的危险性小,但不是说频率越高,伤害越小。频率在 20 kHz 以上的交流小电流,对人体已无危害,所以在医学上可用于理疗。

此外,无线电设备及淬火、烘干和熔炼的高频电气设备,能辐射出波长 1~50 cm 的电磁波。这种电磁波能引起人体体温增高、身体疲乏、全身无力和头痛失眠等症状。

3. 电流通过人体的路径影响

电流对人体的影响,不但与电压、电流的大小及接触时间有关,还与电流通过人体的路径有着较大关系。当电流通过人体的内部重要器官时,对人伤害后果就严重。例如,通过头部,会破坏脑神经,使人死亡;通过脊,会破坏中枢神经,使人瘫痪;通过肺,会使人呼吸困难;通过心脏,会引起心脏停止跳动而导致死亡。通过人体途径最危险的电流路径是从左手到胸部,其次是右手到胸部,危险性最小的是从脚到脚。触电时,电流通过人体的途径与通过心脏的电流如表 4-3 所示。

表 4-3   电流通过人体的路径与通过心脏的电流

电流路径	左手到脚	右手到脚	左手至右手	左脚至右脚
通过心脏的电流占通过人体总电流的百分数/%	6.7	3.7	3.3	0.4

4. 触电者体质状况的影响

触电的危险性与触电者的体质状况和皮肤的干湿润程度有关。人体是导电的,当触电后,电压加到人体上时,就将有电流通过身体。当皮肤潮湿时电阻就小,皮肤擦破时电阻更小,则通过的电流就大,触电时的危险程度也就大。另外,触电的危险性与触电者的身体健康状况也有一定关系。如果触电者有心脏病、神经病等,危险性就较健康的人大得多。

人触电时与人体的电阻有关。人体的电阻一般在 10000~100000 Ω,主要是皮肤角质层电阻最大。当皮肤角质层失去时,人体电阻就会降到 800~1000 Ω。如果皮肤出汗、潮湿或有灰尘(金属灰尘、炭质灰尘),皮肤电阻会大大降低。一般认为,人体的体内电阻为 500 Ω 左右。

根据欧姆定律,电压一定时,电阻越大,流经人体的电流就越小;反之就越大,危害性也越大。

4.2   触电方式与危害

4.2.1   触电方式

触电最常见的方式是电击,按照人体触及带电体的方式和电流流经人体的途径,触电方式一般有以下三种。

1. 单相触电

单相触电是指人体接触一根火线所造成的触电事故。单相触电形式在触电事故中最为常见。

（1）**电源中性点接地的单相触电**　当人体接触其中一根火线时，人体承受 220 V 的相电压，电流通过人体→大地→中性点接地体→中性点，形成闭合回路（如图 4-1 所示），触电后果比较严重。此时通过人体的电流大小为

$$I_b = \frac{U_P}{R_0 + R_P} = 219 \text{ mA} \gg 50 \text{ mA}$$

式中：U_P 为电源相电压（220 V）；R_0 为接地电阻（$\leqslant 4 \ \Omega$）；R_P 为人体电阻（1000 Ω）。

从以上的计算式可以看出，若人体电阻按 1000 Ω 计算，则在 220 V 中性点接地的电网中发生单相触电时，流过人体的电流已达 219 mA，已大大超过人体的承受能力，即使在 110 V 系统中，通过人体的电流也达 110 mA，仍危及生命安全。

（2）**电源中性点不接地的单相触电**　当人体接触一根火线时，触电电流经人体→大地→线路→对地绝缘电阻（空气）和分布电容形成两条闭合回路（如图 4-2 所示）。

如果线路绝缘良好，空气阻抗、容抗很大，人体承受的电流就比较小，一般不发生危险；如果绝缘性不好，则危险性就增大。

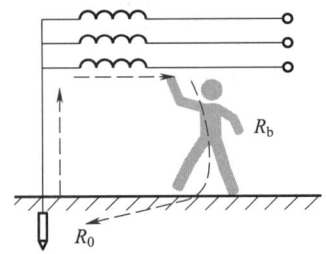 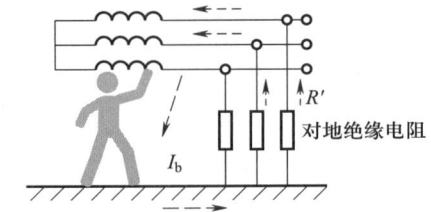

图 4-1　电源中性点接地　　　　图 4-2　电源中性点不接地
单相触电时的闭合回路　　　　单相触电时的闭合回路

2. 两相触电

人体同时接触两根火线所造成的触电称为两相触电。

当人体同时接触两根火线时，电流经 B 相火线→人体→C 相火线→中性点构成闭合回路（如图 4-3 所示）。

发生两相触电时，作用于人体上的电压等于线电压，这种触电是最危险的。380 V 线电压直接作用于人体，触电电流达到 300 mA 以上，后果非常严重。

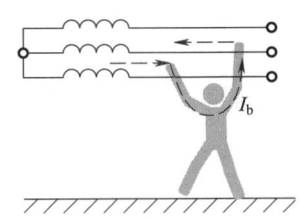

图 4-3　两相触电时的闭合回路

触及 380 V 线电压时，可计算出通过人体的电流：

$$I_b = \frac{U_I}{R_b} = \frac{380 \text{ V}}{1000 \ \Omega} = 0.38 \text{ A} = 380 \text{ mA} \gg 50 \text{ mA}$$

3. 跨步电压触电

当三相线中有一相电线断落在地面时，有强大的电流通过落地点流入大地，并以此落地

点为圆心,在周围形成一个强电场,产生电压降。距落地点越近,电压越高,影响范围约 20 m(如图 4-4 所示)。当人进入此范围时,由于两脚与落地点存在距离上的差别,在两脚之间形成电位差,即形成跨步电压。跨步电压可使得电流通过人体,造成触电。高压线有一相触地尤其危险。在潮湿地面,低压线断线触地形成的跨步电压可在 10 V 以上,会对人体造成伤害。时间长了可能有生命危险。

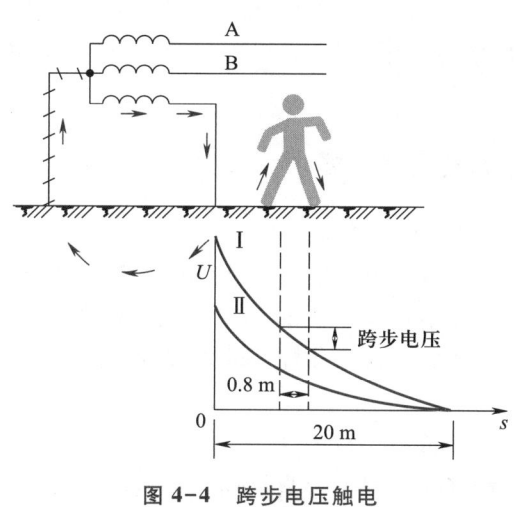

图 4-4 跨步电压触电

一旦误入跨步电压区,宜采取的方式是单脚跳或双脚并拢跳跃行走,快速步出跨步电压区域,行进时必须避免在两脚之间形成跨步电压。但已知前方有带电电线落地时,为安全起见,切不可采取此方式抵前观察或贸然通过。一般来讲,在干燥区域内,20 m 之外,跨步电压可降为零。

4.2.2 常见的触电事故

用电中会发生各种不同形式的触电事故,从总的情况来看,常见的触电事故有如下四种。

① 意外接触带电物体。这种触电往往是由于用电人员缺乏用电知识或在工作中不注意,不按有关规章和安全工作距离操作等,直接地触碰裸露外面导电体,这种触电非常危险。

② 触碰漏电的设备。由于某些原因,电气设备绝缘被破坏而导致漏电,因没有及时发现或疏忽大意,触碰了漏电的设备。

③ 人行走时跨入有危险电压的范围。由于外力(如雷击、弹打等)的破坏等,送电的导线断落地上,导线周围有大量的扩散电流向大地流入,出现高电压,若人行走时跨入有危险电压的范围,即导致跨步电压触电。

④ 高压送电线路处于大自然环境中,由于风力等摩擦或因与其他带电导线并架等,受到感应,在导线上带了静电,工作时不注意或未采取相应措施,上杆作业时触碰带有静电的导线而触电。

前两类触电事故是化学实验室中较为常见的。严格按规定操作,养成良好的习惯,这两类事故是较容易避免的。

4.3　实验室用电过程中如何避免事故发生

在实验室工作中,除触电事故外,用电不当造成仪器设备损坏、电器火花引燃试剂等现象也时有发生,必须引起足够重视。触电使人烧伤或死亡,过载、接地不良等使仪器设备损坏以及电器火花引燃试剂等都会造成严重后果或不可挽回的损失,但是这些事故往往是人为因素造成的。因此,在用电过程中,应注意以下问题,以有效预防用电事故的发生,减少人员伤害与财产损失。

4.3.1　严格遵守相关安全规定要求

(1)严禁非电工拆、装施工用电设施。

(2)导线进出开关柜或配电箱的线段应加强绝缘并采取固定措施。

(3)用电设备的电源引线不得大于 5 m,距离大于 5 m 的应设便携式电源箱或卷线轴,便携式电源箱或卷线轴至固定式开关柜或配电箱之间的引线长度不得大于 40 m,并应用橡胶软电缆。

(4)闸刀型电源开关严禁带负荷拉闸。

(5)严禁将电线直接钩挂在闸刀上或直接插入插座内使用。

(6)严禁一个开关或插座接两台或两台以上的电动设备。

4.3.2　一般用电常识与注意事项

实验室所发生的用电安全事故,基本上是由不严格遵守规章制度、粗心大意、缺乏用电基本知识以及突发、偶发因素所导致的。下面给出了一些常见的实验室基本用电常识及安全用电注意事项。

1. 用电设备的安全使用

设备接电前检查。如果不注意,一个小的疏忽可能造成实验室中昂贵的设备在接上电源一瞬间被损坏而无法使用;有的设备本身若有故障会引起整个供电网异常,造成难以挽回的损失。因此,建议设备接电前应进行"三查"。

(1)查设备铭牌。

(2)查环境电源。检查电压、容量是否与设备吻合。

(3)查设备本身。检查电源线是否完好,外壳是否可能带电。

使用大功率用电设备,如烘箱、恒温水浴、离心机、电炉等,要严防触电;绝不可用湿手或在眼睛旁视时开关电闸和电器开关。应用试电笔检查用电设备、电器等是否漏电,凡是漏电的仪器,一律不能使用。

2. 设备使用异常的处理

(1)用电设备在使用中可能发生以下几种异常情况:

① 设备外壳或手持部位有麻电感觉。

② 开机或使用中熔断丝(保险丝)烧断。

③ 出现异常声音,如噪声加大、有内部放电声、电动机转动声音异常等。

④ 出现异味,如塑料味、绝缘漆挥发的气味,甚至烧焦的气味。

⑤ 机内打火,出现烟雾。

⑥ 仪表指示超范围。有些指示仪表数值突变,超出正常范围。

(2)异常情况的处理方法:

① 凡遇上述异常情况之一,应尽快断开电源,拔下电源插头,对设备进行检修。

② 对于烧断熔断器的情况,绝不允许换上大容量熔断器继续工作,一定要查清原因后再换上同规格熔断器。

③ 及时找专业人员处理。

3. 养成安全操作习惯

安全操作习惯可以通过培养逐步形成,并使操作者终身受益。

主要安全操作习惯有:

① 人体触及任何电气装置和设备时先断开电源。断开电源一般指真正脱离电源系统(如拔下电源插头、断开刀闸开关或电源连接),而不仅是关闭设备电源开关。

② 测试、装接电力线路采用单手操作。

③ 触及电路的任何金属部分之前都应进行安全测试。

④ 穿戴绝缘防护用品,如绝缘橡胶鞋、绝缘橡胶手套等。

4. 防止触电的基本措施

(1)绝缘防护　使用绝缘材料将导电体封护或隔离起来,保证电气设备及线路能够正常工作,防止人体意外触电。另外,应注意经常检查绝缘物是否老化或被损坏。

(2)安装屏护　采用护罩、隔离板、围栏等把危险带电体同外界隔离,以减少意外触电的可能。

(3)仪器设备外壳保持良好接地　电器设备一旦漏电或被击穿,金属外壳就会意外带电,极易发生触电危险。用电设备保持良好接地会大大降低危险程度。

(4)安装漏电保护装置　这是目前普遍采用的较为先进、安全的技术措施。这种装置能在发生漏电或接地故障时切断电源,或在人体不慎触电时,能在 0.1 s 内切断电源,大大减轻伤害。

(5)悬挂、粘贴警示标志　用电装置、电源开关、电源插座、电源箱等附近应粘贴警示标志。停电维修、检查时,电源开关处应悬挂"维修中,严禁合闸"的警示牌。

(6)其他　如防止静电产生及造成危害、保持环境干燥等。

5. 实验室安全用电注意事项

(1)损坏的开关、插头插座、电线等应尽快修理或更换,不能怕麻烦将就使用。

(2)实验室所有用电设备都必须保持良好接地。

(3)不可乱拆、乱装电气设备,更不可乱接电线。

(4)灯头用的软线不要东拉西扯,灯头距地不要太低,临时拉灯照明时,不要往铁丝上搭。

（5）化学药品库一定要用防爆照明灯，控制开关必须安装在门外。

（6）室内电线太乱或发生问题时，不能私自摆弄，一定要找电气承装部门或电工来改修。

（7）拉铁丝搭设备时，千万不要触碰附近的电线。

（8）屋外电线和进户线要架设牢固，以免被风吹断，发生危险。

（9）外线折断时，不要靠近或用手去拿，应找人看守，立即通知电工修理。

（10）不要用湿手、湿脚碰触电气设备，也不要碰开关插座，以免触电。

（11）大清扫时，不要用湿抹布擦电线、开关和插座等。

（12）移动电气设备时，必须先断开电源，再移动。

（13）不要使用自制的插座板，应使用合格标准的正规商品插座板。

（14）当插座板电线长度不够时，不可将多个插座板串联使用。

（15）不要将插座板放在实验室地面或实验台面上使用，避免液体、有机试剂与之接触，进入内部而引发火灾。

（16）保险盒要完善，保险丝熔断时，必须及时找出原因，换上同等容量的保险丝，不可用铜丝或铁丝代替。

（17）确保电气设备的可靠接地与正确使用。

（18）不要带电维修电气设备。

（19）化学实验室总电源箱应远离药品。

（20）实验室新增大功率用电设备时，要注意实验室设施的设计功率是否满足要求。

（21）计算机、空调、风扇等设备夜间必须关闭，特别是计算机主机与显示器，不能在夜间无人时处于待机或休眠状态。

4.4   触电急救措施

发生触电事故后，应沉着冷静，避免盲干，另外，学习有关处置方法与急救措施非常必要。

4.4.1   触电急救措施介绍

发生触电事故，千万不要惊慌失措，必须用最快的速度使触电者脱离电源。要记住当触电者未脱离电源前本身就是带电体，若贸然接触触电者同样会使抢救者触电。

脱离电源最有效的措施是拉闸或拔出电源插头，如果一时找不到或来不及找，可用绝缘物（如带绝缘柄的工具、木棒、塑料管等）移开或切断电源线（见图4-5）。

1. 触电急救的关键是什么？

一要不使自己触电，二要快。一两秒的迟缓都可能造成无可挽救的后果。

当触电者脱离电源后，如果触电者呼吸、心跳尚存，应尽快送医院抢救；若心跳停止应采用人工心脏挤压法维持血液循环；若呼吸停止应立即做口对口的人工呼吸；若心跳、呼吸全停，则应同时采用上述两个方法，并向医院告急求救。

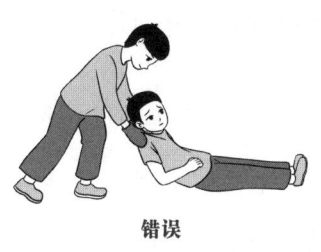
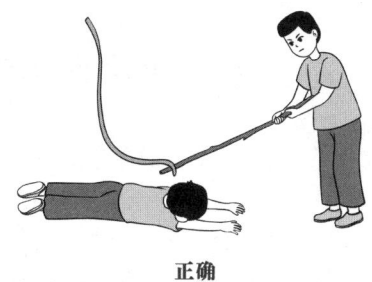

错误 正确

图 4-5 触电急救

2. 有人触电时,用什么方法使他脱离开电线?

首要的就是以最迅速、最安全、最可靠的方法断开触电场所的电源。采取动作的优先次序为"拉、切、挑、拽、垫"。首先尽可能使触电者与电线脱离,或关闭电源开关,确保切断电源的情况下再去救援。若无法立即切断电源,可以用干燥的木棒、竹竿等绝缘物将电线挑开,使触电者脱离电源,或戴绝缘手套将触电者拽出来。实在没有条件,可用绝缘物体将触电者垫起来,形成断路。注意:抢救时最好只用一只手去拉触电者。

4.4.2 心肺复苏术

心肺复苏术简称 CPR,是针对骤停的心脏和呼吸采取的救命技术。目的是使患者恢复自主呼吸和自主血液循环。心肺复苏的操作如下:

(1)评估现场安全,急救者在确认现场安全的情况下轻拍患者的肩膀,并大声呼喊观察患者是否有反应和呼吸。然后一边呼救,一边进行心肺复苏操作。

(2)心肺复苏术的顺序应为 C—A—B。

胸外按压(circulation,C):急救者可采用跪式或踏脚凳等不同体位,将一只手的掌根放在患者胸部的中央,将另一只手的掌根置于第一只手上。按压时双肘须伸直,垂直向下用力按压,成人按压频率为 100～120 次/min,下压深度 5～6 cm,每次按压之后应让胸廓完全回复。按压时间与放松时间各占 50 % 左右,放松时掌根部不能离开胸壁,以免按压点移位。在整个复苏过程中,都应该尽量减少延迟和中断胸外按压,一般按压 30 次,进行 2 次人口呼吸。国际心肺复苏指南更强调持续有效胸外按压,尽量不间断,因为过多中断按压,会使冠脉和脑血流中断,复苏成功率明显降低。

开放气道(airway,A):将一只手置于患者的前额,然后用手掌推动,使其头部后仰;将另一只手的手指置于颏骨附近的下颌下方;提起下颌,使颏骨上抬。

人工呼吸(breathing,B):实施口对口人工呼吸是借助急救者吹气的力量,使气体被动吹入肺泡,通过肺的间歇性膨胀,以达到维持肺泡通气和氧合作用,从而减轻组织缺氧和二氧化碳滞留。人工呼吸应该持续吹气 1 s 以上,保证有足够量的气体进入并使胸廓起伏。

现场 CPR 应坚持不间断地进行,不应轻易放弃抢救。心室颤动如果能立刻给予电除颤,则触电人员复苏成功率较高。目前已出现语音提示指导操作的自动体外除颤器(AED),按照语音提示操作即可。

4.5　实验室常见用电错误及电器的正确使用

用电设备的火灾主要是设备故障或使用不当而引起的,实验室里用电设备火灾主要有以下几种情况:

(1)使用劣质用电设备。一些小厂制造的电加热仪器,质量良莠不齐,因使用了劣质元器件,设计结构有缺陷、焊接工艺差、防护等级低等,不仅故障多,而且极易因自身故障引起火灾。

(2)设备老化、插孔松弛、接地不实、线径偏小等都会造成打火、过载、短路等问题发生。部分仪器由于电子元件失效,致使机器频繁动作引起故障。

(3)仪器摆放的位置不当,如易燃、震动、潮湿、高温、多尘的地方。电气设备放置在潮湿的地方使用,仪器内部的蒸汽、冷凝水可使仪器元件受潮,绝缘腐蚀,绝缘性能降低,引起短路击穿,造成火灾。电气设备放置在不易散热的地方,引起仪器周围热量积聚,温度升高,导致部分电气线路的绝缘老化,引起线路打火、短路,如果周围有可燃性物质,则更加危险。例如,加热灯具离可燃材料太近,可能会引发火灾。

(4)仪器使用不当,如仪器超负荷连续运行或长时间通电,导致设备元件或温控器发生故障,仪器持续不停地工作,致使摩擦受热局部温度升高,或导线中的电流增大,引发仪器内部短路,造成火灾。一些加热设备切断电源后,在一定时间内仍有较高的余热,未妥善保管而引发火灾。

(5)电气路线故障引起火灾。如电源电压过低,造成设备的风扇电动机转速过低而散热不好;电源电压过高,电流增大,也可能使电器失控;或三相运行电动机由于电源缺相,以致电动机烧毁。

为预防用电事故的发生,防患于未然。下面列举了实验室中一些常见的用电错误及电气设备操作中存在的安全隐患:

(1)临时拉线,电线没有保护措施。

实验室需要临时布线时,电线应置于绝缘管中埋在地下或墙体中,也可临时采用防护套或防护板。

(2)同时使用多个用电设备,易超过用电负荷而引起火灾。

当实验室插座板较少,而用电仪器设备较多时,经常有人图省事,在一个插座板上或一个插座(避免使用多转换插头)上同时使用多个用电设备,非常容易造成超负荷用电而引起火灾。如果出现插座板不够用的情况,正确的方式是在实验室用电功率满足要求的前提下,通过正确的临时布线方式解决。插座板不宜水平放置,特别是不可直接放在地面上。

(3)实验室中未正确使用吹风机。

在化学实验室中经常需要使用吹风机,如快速干燥玻璃仪器,磨口玻璃仪器打不开时,用吹风机加热磨口,使其外部膨胀而打开等。但吹风机通过电加热丝加热,有时立即停止通风,会引起吹风机内部过热,容易引起事故。吹风机使用完毕后,应继续吹冷风,使其内部冷却后再关闭电源。

当玻璃仪器内有残留的易燃液体或气体时,容易引燃气体发生烧伤;如果玻璃仪器内的有机易燃液体滴落到吹风机中的电加热丝上,则会引发火灾或烧伤事故。

（4）未正确使用变压器及加热设备。

在化学实验室中经常使用小型变压器,如图4-6所示,若连线比较随意,特别容易发生事故。电气设备应定期检查,使用一段时间后及时进行更换,防止线路老化。

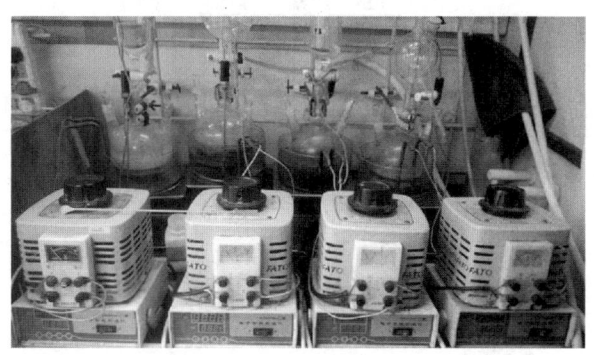

图4-6　实验室使用小型变压器控制加热温度

在使用小型变压器时,应注意以下事项:

① 远离水源,最好不要放在通风橱内水龙头旁。

② 变压器功率要和电器的功率一致或者略大。

③ 变压器电源线上最好装上开关,并接好指示灯,以提醒在使用完毕后切断电源。

④ 不要在变压器旁放置可燃性物质及化学试剂。

⑤ 变压器接线柱接线应用绝缘布防护。

⑥ 关闭时应将变压器旋钮旋至 0 V,然后拔去电源。

⑦ 禁止用湿手接触带电的开关。

⑧ 加热圈加热时必须远离易燃物料。

（5）电动搅拌器引发燃爆事故。

电动搅拌器、电磁搅拌器都是化学实验室中常用的电动搅拌设备。电动搅拌设备的电动机所用的电刷,转动时连续不断产生电火花,当环境中有高浓度有机易燃蒸气或发生易燃气体泄漏时,极易引发燃爆。另外,电动搅拌设备停止搅拌时,一定要将调速旋钮调到零,再关闭开关,防止下次重新打开电源时,搅拌速度太快而突发意外,如溶剂溅出、水银温度计折断或容器破裂等。

（6）电热温控油浴易发生温度失控。

使用电热温控油浴时,温度传感器一定要置于需控温的体系中,防止无限制加热引起的危险。使用时也要随时观察温度,防止加热失控导致事故发生。

（7）避免有机化合物滴落到电热套里引发火灾或爆炸。

电加热套是化学实验室中通常采用的加热设备。烧瓶可直接放置在电加热套内,高效且方便。但使用时一定要注意检查烧瓶是否有裂纹;添加试剂时,要防止试剂滴落到电加热套内。

（8）电烘箱的使用注意事项。

电烘箱的功率较大,使用前注意不要过载! 要检查电路。通电后,要有人看守,防止电

安全事故
案例

加热失控。电烘箱在低层安装有电阻丝,干燥容器时,要防止残留有机溶剂,否则或可引燃发生爆炸事故。使用烘箱时注意底层的温度和上层不一样,要防止温度过高发生意外。

思　考　题

1. 人体触电时的危险程度与哪些因素有关?
2. 用电过程中如何避免事故?
3. 简述防止触电的基本措施。
4. 总结实验室安全用电注意事项。
5. 触电急救的关键是什么?
6. 应采取什么方法使触电者迅速脱离带电电线?
7. 查找实验室常见用电错误及用电安全隐患。
8. 收集实验室电加热、电动搅拌设备的使用手册与注意事项。
9. 试计算所在实验室用电设备总功率。
10. 触电时,人体的电阻越大,则通过人体的电流越小。什么情况下,人体的电阻变小?采取什么措施可降低通过人体的电流?

第 五 章
化学实验室设备操作及安全防护基础知识

教学课件   知识图谱

随着近年来我国社会经济的快速发展与科学技术的日新月异,高等学校的办学规模与办学条件都得到了极大提升,无论是实验教学,还是科学研究,也无论是本科教育,还是研究生教育,其研究内容都越来越广泛与深入,涉及的仪器设备越来越多、越来越先进。在教学与科学研究工作中,如果仪器设备使用不当,不但会造成贵重精密仪器设备损坏,影响教学与科学研究工作的顺利进行,严重的还会造成人身伤害。因此,学习化学实验室常用设备操作及安全防护知识十分必要。

5.1 化学实验室设备类别及危险点

化学实验室涉及的设备种类繁多,原理与作用各异。在使用过程中所带来的危险性也各不相同。依据化学实验室涉及的设备的用途、作用,可以将其分为如表 5-1 所示的类别。

表 5-1 化学实验室设备类别及危险点

设备类别	事故及危险点	实验室常见设备
加热与灼烧装置及高温设备	由用电而引起的触电、着火、爆炸、烧伤、烫伤	加热套、加热油浴、加热水浴、煤气灯、酒精灯、高温电炉、电热烘箱
低温与超低温装置及设备	冻伤	冰箱、冰柜、CO_2 钢瓶(干冰)、液氮罐
玻璃材质化学反应装置	由玻璃破碎造成的扎伤、割伤等,以及反应过程引起的着火及爆炸	各种玻璃仪器及由其组合而成的各种反应装置

续表

设备类别	事故及危险点	实验室常见设备
高压反应装置及高压气体钢瓶	由高压气体、液体的冲击所造成的伤害,以及中毒、火灾、爆炸等	反应釜、高压气体钢瓶
机械设备	机械伤害事故,由用电而引起的触电事故、着火等	机械真空泵、空气压缩机、电动搅拌器、高速离心机
分析仪器	触电事故、着火及爆炸等,以及由光辐射、高能辐射、X射线等造成的伤害等	气相色谱仪、高效液相色谱仪、原子吸收光谱分析仪、核磁共振仪、X射线衍射仪

有关仪器设备及其安全操作、注意事项将在下面分类介绍。

电气设备的专业性较强,对人体的危害主要为触电,有关内容已在第四章化学实验室安全用电基础知识中介绍,此处不再叙述。

5.2　加热与灼烧装置及高温设备

加热与温度控制是化学实验中不可缺少的重要操作过程,对于不同实验与过程,加热有多种方式与不同要求,特别是当加热涉及化学品及化学反应过程时,加热操作更是带来一定的危险性,因此,必须按照实验要求选择适当的加热方式,同时加热操作必须严格遵守操作规程,防止事故的发生。

5.2.1　加热与灼烧方式

加热过程按**加热温度高低**可分为中低温与高温,其中高温一般是指800 ℃以上的温度,一般火焰无法达到该温度。化学实验室中通常使用煤气喷灯、高温电炉等提供高温条件。加热过程按**用途**又可分为加热、干燥和灼烧。加热有溶液加热、蒸馏过程加热等;在这里干燥是指通过加热,使固体物质失去水分或溶剂的过程;灼烧是在高温状态下,使固体物质碳化,这是重量分析常见的操作。此外,熔融与烧结也是化学分析中样品高温处理常用的方法。熔融是将样品与某些固体试剂混合,加热到试剂熔点以上的温度,样品被分解成易于在下一步浸取成分的过程。烧结则是将样品与一定的固体试剂混合,在其熔点以下的某个温度区间加热,使样品与试剂发生反应从而分解的过程。

按加热操作过程,加热可分为直接加热与间接加热。**直接加热**是指热源直接接触被加热物体或容器,通过火焰或高温辐射传递热量,这种加热方式升温快,但温度分布可能不均匀,易造成局部过热。例如,通过酒精灯、煤气灯、喷灯等的明火直接加热试管、坩埚等容器,或者通过电炉、电热板等的电阻丝辐射热量固体灼烧等均属于直接加热。**间接加热**是指通过中间介质传递热量,避免热源直接接触被加热物体,此加热方式的温度控制更均匀,可避免局部高温适合于精密实验。常采用的介质通常有水(水浴)、油(油浴)及沙子(沙浴)。

1. 水浴

在加热温度不超过 100 ℃ 时,通常采用水浴加热。实验室采用的水浴加热装置有两种,一种是用煤气灯加热水浴锅,操作时要严格防止玻璃容器接触水浴底部;另一种为商品化的电加热水浴设备,操作时要严格防止玻璃容器直接接触水浴的加热器件。无论使用哪种水浴装置,加热时都要注意水量,防止烧干而发生意外。

虚拟实验
水浴加热

2. 油浴

油浴加热温度一般在 100~250 ℃。油浴操作方法与水浴操作方法基本相同,不过使用油浴尤其要谨慎操作,防止油外溢或油浴升温过高,引起着火。油浴的热介质有甘油(140~150 ℃)、植物油(220 ℃、加抗氧化剂)、石蜡油(200 ℃)、硅油(250 ℃),目前多使用高温导热油(硅油)。

油浴加热时切忌有水或试剂滴入,以免热油飞溅伤害人体,放置时间较长的油浴应及时更换。

3. 沙浴

沙浴是使用细沙作为热介质的热浴方法。沙浴温度可达 350 ℃ 及以上。沙浴操作方法与水浴和油浴的操作方法基本相同,但由于沙的传热性比水、油的差,故需要将加热的容器半埋在沙中,其四周沙层宜厚,底部沙层宜薄。

5.2.2　高温设备使用注意事项

加热过程是实验过程中最易引发事故的环节,必须给予特别重视。加热可引发化学反应速率加快,容易造成热量聚集、温度失控、飞温等现象,继而引发燃烧、爆炸事故。选择正确适宜的加热方式是防止事故发生的前提。使用明火时,要注意观察周围环境,认真查看是否有易燃试剂存放。加热过程要严防无人值守。

实验室中常用的高温设备包括马弗炉、管式电炉、电烘箱等。

高温设备使用时一般应注意的事项:

(1)注意防护高温对人体的热辐射。

(2)应在通风良好、远离易燃物且配有防火设备的室内使用高温设备。

(3)为应对火灾风险,应配备适宜的灭火设备,如干粉、泡沫或二氧化碳灭火器等。

(4)放置高温设备的实验台应选择阻燃、耐高温的材质(如陶瓷、防火板等),若材质的耐热性不足,需在设备底部与台面之间保留 1 cm 以上的间隙,以防台面炭化或着火。

(5)根据高温操作的不同,选用合适的容器材料和耐火材料,同时考虑所要求的操作气氛及所接触的物质性质。

(6)高温实验禁止接触水。水接触高温物体时,瞬间汽化爆炸,导致设备损坏及人员伤亡;高温物质落入水中时,会产生爆炸性蒸汽,造成飞溅物伤害。

5.2.3   实验室常用加热设备与使用注意事项

1. 酒精灯及使用注意事项

虚拟实验
酒精灯及
加热

虚拟实验
酒精灯使用
注意事项

虚拟实验
煤气灯介绍

酒精灯是以酒精为燃料的加热工具。酒精灯的加热温度为 400~500 ℃,适用于温度不需太高的实验,特别是在没有煤气设备时经常使用。酒精灯由灯体、棉灯绳(棉灯芯)、瓷灯芯、灯帽和酒精五大部分所组成。

使用注意事项:

(1)不能在燃烧时添加酒精,酒精量不超其容积的 2/3,也不能少于 1/4。

(2)熄灭时用灯帽盖灭,灯要斜着盖住,否则有危险。

(3)不用时盖好灯帽,以免酒精挥发。

(4)不能用燃烧的酒精灯去点燃另一盏酒精灯,防止酒精溢出,发生火灾。

(5)使用过程必须有人值守。

2. 煤气灯及使用注意事项

煤气灯是我国北方高校实验室中常见的加热用具。煤气灯由连有煤气入口管的灯座、煤气控制螺栓、下部有小孔的金属管等组成。旋转螺栓可调节进入灯座内的煤气量;旋转金属管可调节进入灯座的空气量,以达到控制火焰温度的作用。煤气灯的加热温度可达 1000 ℃ 左右。

煤气灯点燃时,应先关闭煤气灯的空气和煤气入口,然后将燃着的火柴移近灯口,再慢慢打开煤气开关,即可点燃,通过调节空气和煤气的进入量,使二者的比例合适,形成分层的正常火焰。煤气灯火焰分为三层,内层的温度最低(约 300 ℃),此外煤气和空气混合但并未燃烧,称为焰心。中层温度较高(约 500 ℃),此处煤气燃烧不完全,分解为含碳的产物,这部分火焰具有还原性,称为还原焰。外层火焰温度最高(约 900 ℃),此处煤气完全燃烧,并由于含有过量的空气,称为氧化焰,物体应放在这里加热。当空气和煤气的比例失调时,会导致三种不正常火焰。第一种不正常火焰呈黄色,并有火星或产生黑烟,说明煤气燃烧不完全,此种情况下应调大空气进入量直至得到正常火焰。第二种不正常火焰为临空火焰,即火焰在灯管上空燃烧。产生的原因是煤气和空气的进入量过大,使气流冲出管外才燃烧。发生这种情况时,必须立即关闭煤气开关,重新调节、点燃,以得到正常火焰。第三种不正常火焰为侵入火焰,这是由煤气量过小或空气量过大引起的,点燃煤气灯时,若空气口开得太大,就会产生这种情况。其现象是看到煤气灯管口火焰消失,或者变为一条细长的绿色火焰,并能听到特殊的嘶嘶声,嗅到煤气的臭味(民用煤气中掺有特殊臭味的硫醇)。由于侵入火焰在灯管内燃烧,灯管往往被烧得灼热。遇到这种情况应立即关闭煤气龙头,待灯管冷却后再关闭煤气灯的煤气和空气入口,重新点燃使用,此刻切忌用手去调节灯管,以免烫伤!

使用注意事项:

(1)在使用煤气灯过程中,有时煤气量会因某些原因而突然减少,从而产生侵入火焰,这种现象称为"回火"。遇到这种情况,应将煤气关闭,经调节后再点燃。

(2)点燃时,一定是"火等气",不能"气等火"。

(3)侵入火焰很容易将灯管烧热,不小心就会烫伤。一定要等待灯管冷却后再进行调节。

（4）煤气灯使用完毕，应先关闭煤气龙头，使火焰熄灭，再将针形阀和灯管旋紧。煤气中含有大量 CO，应注意切勿让煤气逸散到室内，以免发生中毒或引起火灾。

（5）使用过程必须有人值守。

3. 普通调温电加热套

普通调温电加热套是化学实验室中常用的一种电加热产品，可以通过电子调压实现恒温加热，具有性能稳定、使用灵活、可靠性高、维护简便等优点。

电加热套是由玻璃纤维包裹着电热丝织成帽状的加热器，由于不存在明火，因此加热和蒸馏易燃有机物时不易引起着火，且热效率高。加热温度用电子调压控制，最高温度可达 400 ℃ 左右，是有机化学实验中一种简便、安全的加热装置。电加热套的容积一般与烧瓶的容积相匹配，从 50 mL 起，各种规格均有。电加热套主要用作回流加热的热源，用它进行蒸馏或减压蒸馏时，随着蒸馏的进行，瓶内物质逐渐减少，这时使用电加热套加热，就会使瓶壁过热，造成蒸馏物被烤焦的现象。若选用大一号的电加热套，在蒸馏过程中，不断降低升降台的高度，就会减少烤焦现象。

图 5-1 普通调温电加热套

使用时，插上电源，绿灯表示电源通电，红灯表示加热。按顺时针方向调整旋钮，温度将由低到高改变。当旋钮调到某一刻度时，套内达到基本恒定温度，但其标识的温度并不准确，需要使用温度计辅助测量。初次加温可将温度适当调高或调至最高，当升至所需温度或溶液沸腾时，再将旋钮调低进行保温加热。为延长使用寿命，短时间不用时，可将旋钮调至零，即停止加温。长时间不用时，要关闭电源，拔下电源线插头。普通调温电加热套如图 5-1 所示，不同型号的电加热套外形略有不同。

使用注意事项：

（1）仪器应有良好的接地，避免漏电风险。

（2）关闭时，应将调温旋钮旋到零。

（3）电加热套的容积要与烧瓶的容积相匹配。

（4）避免易燃液体漏入加热套内发生火灾。

（5）液体溢入套内时，应迅速关闭电源，将电加热套放在通风处，待干燥后方可使用，以免漏电或电器短路而发生危险。

（6）长期不用时，应将电加热套放在干燥无腐蚀气体处保存。

（7）不要用空加热套取暖或干烧。

（8）环境湿度相对过大时，可能会有感应电透过保温层传至外壳，请务必接地线，并注意通风。

4. 红外干燥箱使用介绍

红外干燥箱采用高效、节能的远红外加热元件（红外线灯泡），可快速干燥样品，具有快速、方便、无污染等优点。功率：500W（250W×2）；干燥室尺寸：360 mm×260 mm×200 mm。

使用注意事项：

（1）红外干燥箱放置处要有一定的空间,四面离墙体要有一定距离。

（2）烘干物品的排列不能太密。

（3）禁止烘焙易燃、易爆物品及有挥发性和腐蚀性的物品。

（4）烘焙完毕后先切断电源,然后方可打开工作室门,切记不能直接用手接触烘干的物品,要用专用的工具或戴隔热手套取烘干的物品,以免烫伤。

（5）使用远红外干燥箱时,温度不能超过远红外干燥箱的最高使用温度,一般远红外干燥箱的使用温度在 250 ℃ 以下。

（6）烘干物品时,顶部的排气口一定要开启,可根据要求调节大小。

（7）注意不要碰撞红外灯泡及防止液体飞溅到灯泡上。

5. 电热烘箱及使用注意事项

虚拟实验
电热烘箱
及操作

　　电热烘箱是实验室中常用的加热干燥设备。使用电热烘箱干燥玻璃仪器时应先将其沥干,无水滴下时才能放入烘箱,升温加热,并将温度控制在 100~120 ℃。实验室中的电热烘箱是公用仪器,往烘箱里摆放玻璃仪器时应自上而下依次放入,以免残留的水滴流下使下层已烘热的玻璃仪器炸裂。取出烘干后的仪器时,应用干布衬手或戴棉手套,防止烫伤。干燥的仪器刚取出后不能碰水,以防炸裂。

使用注意事项：

（1）不能将两种不同样品同时放入一个电热烘箱内干燥,以免样品的交叉污染。

（2）需干燥的样品必须用玻璃盖或有小孔的铝箔覆盖。

（3）不可烘干有腐蚀性、加热时分解的物品,以及含有挥发性易燃溶剂的物品。

（4）刚用酒精、丙酮淋洗过的玻璃仪器切勿放入烘箱内,以免发生爆炸。

（5）使用真空烘箱时加热应缓慢。加热后的真空烘箱应冷却到室温后再解除真空。解除真空应缓慢进行,防止样品飞溅。

（6）电热烘箱下层温度较高,使用时应注意下层过热现象。

（7）电热烘箱上面不要放置抹布、书本等物品。电热烘箱附近不可放置易燃物品及试剂。

（8）电热烘箱加热时,实验室必须有人值班,要随时观察温度,防止温度突然失控,引发火灾。

6. 高温电炉及使用注意事项

虚拟实验
高温电炉
及操作

　　高温电炉（也称电炉、电阻炉、马弗炉等）是一种通用的实验室高温加热设备。依据外观形状可分为箱式炉、管式炉、坩埚炉等,通常以箱式炉较为常见。高温电炉常用于样品的高温灰化、熔融处理,也用于测定样品中的水分、灰分、挥发组分及元素分析等。

高温电炉的使用温度较高,使用时应注意安全,防止灼伤。

使用注意事项：

（1）高温电炉使用时应放在平坦的地上或水泥台上。避免放置在木质台子及桌子上。

（2）加热升温时,应注意观察温度,避免温度失控,超出额定范围。

（3）不要长时间停留在高温炉管区。

（4）工作时，应注意高温，避免烫伤。

（5）操作时，应戴隔高温手套。

（6）注意环境通风，工作时戴好口罩，以免吸入高温电炉挥发出的有害气体。

（7）一旦发现有故障或异常情况，关闭电源，不要自行维修，确保安全。

（8）炉膛内不宜放入含有酸性或碱性物质的化学品，以及具有强氧化性的样品，更不许在炉内灼烧有爆炸危险的物品。

（9）将金属及其他矿物放入高温炉内加热时，必须置于耐高温的瓷坩埚或瓷皿中，防止与炉膛粘连在一起。

（10）取、放瓷坩埚时应使用坩埚钳，取出的热坩埚必须放置在耐火泥板或石棉板上。

（11）工作结束的时候关闭电源。

动画
高温电炉
使用注意
事项

5.3 低温的获得与使用安全

实验室中获得低温的方式主要有采用冷冻机和使用适当的冷冻剂两种。在化学实验室中使用冷冻剂获取低温的方法较为简便而经常被使用。按使用的冷冻剂不同，低温获取方式可分为三种，即分别以冰、干冰及液氮为冷冻剂，所获取的低温范围也各不相同。冰或将冰与氯化钠、氯化钙等混合构成的冷冻剂，大约可以冷却到-20 ℃的低温，且没有大的危险性。但是，若采用干冰或液氮为冷冻剂，可达到很低的低温，则具有相当大的危险性，此时必须十分小心操作。

5.3.1 冰盐冷冻剂

如果要在低于室温的条件下进行反应或实验操作，采用冰水混合物为介质来降低温度是实验室最常用、最方便的冷却方式，但单纯使用冰水混合物仅能获得0 ℃左右的温度。如果需要将系统的温度降到0 ℃以下，则可以采用冰加无机盐形成混合物的方式获得。将碎冰与不同比例、不同无机盐混合，可达到不同的低温，如表5-2所示。使用时，将无机盐研细，在容器内与碎冰混合均匀即可。在实验室中，较常用的是将碎冰与氯化钠混合，实际能达到-18～-5 ℃的低温。使用冰盐混合物冷却剂获取低温比较方便、安全。

表 5-2 常用冰盐混合物冷却剂

无机盐	100 份碎冰中加入盐的份数（按质量）	混合物能达到的最低温度/℃
NH_4Cl	25	-15
$NaNO_3$	50	-18
$NaCl$	33	-21
$CaCl_2 \cdot 6H_2O$	100	-29
$CaCl_2 \cdot 6H_2O$	143	-55

5.3.2　干冰冷冻剂与使用安全

当实验需要更低的低温时,则需要使用干冰为冷冻剂。

干冰为固态的二氧化碳,可在常温和约 6 MPa 下,把二氧化碳冷却成无色的液体,再迅速蒸发而得到固体状态的干冰。干冰极易挥发,升华为无毒、无味的气体,体积膨胀至固态的 600~800 倍,因此干冰不能储存于完全密封的容器中。同时,干冰与液体混装很容易爆炸。

由于固态二氧化碳(干冰)的导热能力很差,需将其与丙酮、乙醇等液体混合以获取低温。固态二氧化碳加乙醇可达到 -72 ℃ 的低温;固态二氧化碳加乙醚、氯仿或丙酮可达到约 -77 ℃ 的低温。

使用干冰冷冻剂时应注意的事项:

(1)干冰与某些物质混合,即可得到 -80 ~ -60 ℃ 的低温。但是,与其混合的大多数物质为丙酮、乙醇之类的有机溶剂,因而要求有防火的安全措施。

(2)使用时,若不小心手触碰到了用干冰冷冻剂冷却的容器,往往皮肤会被粘冻于容器上而不能脱落,致使冻伤。

(3)使用干冰的实验室应注意通风。长时间过量吸入二氧化碳会引起昏迷、呕吐、呼吸停止、窒息等症状。

干冰的获取:在实验室,通常利用二氧化碳钢瓶使其放出液体可得干冰。将二氧化碳钢瓶平放,抬高钢瓶底部,使液体集中在钢瓶出口。在钢瓶出口处安装上一端可用螺帽拧紧阀门,另一端扎紧的棉套筒。打开钢瓶阀,二氧化碳液体流出,瞬间汽化,吸收大量的热量,液体二氧化碳迅速形成雪状固体。将其放到广口玻璃保温瓶中保存即可。获取干冰时一定要在外部空旷处进行,钢瓶阀门不能朝向人。

5.3.3　液氮冷冻剂与使用安全

动画
液氮使用
注意事项

常压下液氮温度为 -196 ℃,1 m³ 的液氮可汽化为约 694 m³(21 ℃、1 atm)的气态氮。以液氮为冷冻介质可以获得比干冰更低的低温,故在化学实验室中做超低温实验时经常用到液氮。另外大型分析仪器,如超导核磁共振波谱分析仪也需要使用液氮、液氦,并需要定期补加。

液氮具有非常低的温度,稍有不慎将引起严重的冻伤。如在常温下将柔软的物体在液氮中浸泡一下,就会立刻变得脆如玻璃。

在工业中,液态氮由空气分馏而得。将空气净化后,在加压、冷却的环境下液化,由于空气中各组分沸点不同而将其分离。实验室中所用液氮通常由专业生产厂家提供。在液氮运送、转移时,通常被灌装在金属杜瓦罐中(液氮罐)。使用时,可直接将液氮从液氮罐倒入开口容器中。

液氮虽然无毒,但液氮汽化时产生大量氮气,如果实验室通风不良,极可能造成氮气中毒或窒息事故。

使用液氮时一般应注意的事项:

(1)使用液氮及处理使用液氮的装置时,操作必须熟练,一般要由两人以上进行实验。

初次使用时,必须在有经验人员的指导下一起操作。

（2）一定要穿防护衣,戴防护面具或防护眼镜,并戴皮手套等防护用具,以免液化气体直接接触皮肤、眼睛或手脚等部位。

（3）检查所用实验用品,避免接触液氮,在超低温下破裂而发生危险。

（4）盛放液氮的容器要放在没有阳光照射、通风良好的地点,防止碰撞及倾倒。

（5）处理液氮容器时,要轻快稳重。

（6）液氮不能放入密闭容器中。装液氮的容器必须开设排气口,用玻璃棉等作塞子,以防着火和爆炸。

（7）首次储存液氮的容器,特别是真空玻璃瓶,极易破裂。因此,不要把脸靠近容器的正上方。

（8）如果液氮沾到皮肤上,要立刻用水洗去;若沾到衣服上,要马上脱去衣服。

（9）严重冻伤时,要请专业医生治疗。

（10）使用液氮的实验室,要保持通风良好。如果发生实验人员窒息事故,要立刻将其转移到空气新鲜的地方进行人工呼吸,并迅速就医。

5.4　玻璃材质化学反应装置与使用安全

在化学实验室,经常要使用玻璃仪器组装成各种化学反应装置,如果使用或操作不当将产生伤害危险,如玻璃爆裂、破碎所造成的扎伤、割伤等,以及反应过程引起的着火及爆炸。因此,操作时必须谨慎。

5.4.1　化学实验玻璃器具类别及作用

（1）**玻璃管**　各种规格的玻璃管,用于制作滴管、毛细管、弯头、连接管等。将玻璃管用力穿过塞子时,易发生玻璃管断裂而刺伤手的事故。

（2）**容器类**　烧杯、圆底烧瓶、锥形瓶等。这类玻璃器皿主要用来盛放、加热液体,使用过程中应防止爆裂。

（3）**玻璃瓶**　试剂瓶(广口瓶、细口瓶)、滴管滴瓶等。用于盛放各种试剂,注意碱性试剂不能用玻璃磨口塞,需要用橡胶塞。

（4）**量筒类**　各种规格的量杯、量筒等。用于量取溶液,但不要用来量取热溶液。

（5）**容量器皿**　容量瓶、移液管、滴定管等。滴定分析专用的精密容量器皿。

（6）**其他**　冷凝管、吸滤瓶等。

5.4.2　玻璃器具使用时的注意事项

（1）玻璃器具在使用前要仔细检查,避免使用有裂痕的仪器。特别用于减压、加压或加热操作的场合,更要在使用前认真检查。

（2）烧杯、烧瓶、试管等玻璃仪器,因其壁薄,机械强度很低,用于加热时,必须小心操作。

（3）吸滤瓶及量杯等厚壁容器,不能直接加热干燥,因为该类器具加热极易破裂。

（4）分析实验用的容量器皿（滴定管、容量瓶、移液管等）不能加热干燥，以免影响精度。

（5）把玻璃管或温度计插入橡胶塞或软木塞时，常常会断裂而使人受伤。为此，操作时应戴防护手套，先将玻璃管的两端用火烧光滑，也可在玻璃管上沾些水或涂上甘油等作润滑剂。然后，左手拿着塞子，右手拿着玻璃管，边旋转边慢慢地把玻璃管插入塞子中。此时，右手拇指与左手拇指之间的距离不要超过 5 cm，并以毛巾包裹防护。橡胶塞等钻孔时，打出的孔要略小于管径，如果管子难穿过，可用圆锉把孔锉一下，适当扩大孔径。

（6）对黏结在一起的玻璃仪器，不要试图用力拉开，以免伤手。可采取以下几种方法尝试打开：将磨口竖立，往缝隙间滴几滴甘油；用热风吹后，使外部膨胀；放在水中煮。

（7）干燥、加工玻璃时，应特别注意容器内是否有可燃性气体，避免加热引起爆炸事故。为此，操作前必须将容器中的可燃性气体排出干净。另外，避免触碰刚加热过的玻璃，否则会被烧伤。

（8）打开封闭管或紧密塞着的容器时，要缓慢操作，开口不要朝向他人及本人。因其有内压，往往发生喷液或爆炸事故，要注意防范。

（9）使用玻璃仪器进行非常压（高于大气压或低于大气压）操作时，应在保护挡板后进行操作。

（10）破碎玻璃应放入专门的垃圾桶，并在放入垃圾桶前，用水冲洗干净。

5.4.3 常用反应装置及使用注意事项

1. 加热回流装置

很多有机化学反应需要在反应体系的溶剂或液体反应物的沸点附近进行，这时就要用回流反应装置。回流加热前应先放入沸石，根据瓶内液体的沸腾温度，可选用水浴、油浴、电加热套或石棉网直接加热等方式。在条件允许的情况下，一般不采用隔石棉网，而是直接用明火加热。回流的速率应控制在上升的蒸气高度在球形冷凝管中不超过两个球为宜。

回流操作常见事故原因及注意事项：

（1）冷却水未开或夏季冷却水温度高，冷却效果不好而使蒸气逸出，发生事故。

（2）未加沸石，发生暴沸及冲料事故。

（3）接口密封不严，蒸气泄漏，明火加热时引燃。

（4）容器装料过多，导致发生冲料事故。

（5）温度突然失控，蒸气大量逸出，发生事故。

（6）加热方式不当，引发着火。

2. 蒸馏装置

蒸馏装置在化学实验室中常用于有机合成及液体混合物的分离。蒸馏是分离两种以上沸点相差较大的液体或除去有机溶剂的常用方法，使用不当特别容易发生问题，故操作时必须给予特别关注。

蒸馏操作的注意事项：

（1）操作前，操作者必须了解所蒸馏物质的潜在危害性，并制定预防意外的预案。

（2）蒸馏用的玻璃器皿的接口和磨口要涂润滑脂，整个反应装置要用夹子紧固，同时要避免应力的产生,整套装置安装完成后要做到横平竖直,位于一个平面内。

（3）常压蒸馏不允许在封闭系统中进行。减压蒸馏结束时,必须先降温,再解除真空,平衡系统压力后再关闭泵。

（4）蒸馏操作时,必须有人照看,操作者不得擅自离开实验操作台。

（5）薄壁、平底、多颈的烧瓶不得用于真空蒸馏。

（6）带真空保温夹套的蒸馏柱应用防护包裹。

（7）蒸馏操作时,应将防火毯放置在附近,便于突发着火时快速取用,防患于未然。

（8）加热升温时,应特别注意升温速率变化,防止飞温引起溶液喷出,引发人员烫伤及火灾。

3. 旋转蒸发仪

旋转蒸发仪是实验室中经常见到的仪器,主要用于溶剂的蒸发、浓缩。操作过程需要加热及抽真空。若操作不当,易引起仪器损坏、人员受伤及安全事故。

旋转蒸发仪是由电动机带动可旋转的蒸发器(圆底烧瓶)、冷凝器和接收器组成,可在常压或减压下操作,可一次进料,也可分批加入待蒸发料液。由于蒸发器的不断旋转,可免加沸石而不会暴沸。蒸发器旋转时,会使料液的蒸发面大大增加,加快了蒸发速率。因此,它是浓缩溶液、回收溶剂的理想装置。

旋转蒸发仪主要用于在减压条件下连续蒸馏大量易挥发性溶剂,尤其适用于对萃取液的浓缩和色谱分离时接收液的蒸馏,也可以分离和纯化反应产物。旋转蒸发仪的蒸馏烧瓶通常是一个带有标准磨口接口的梨形或圆底烧瓶,通过一回流蛇形冷凝管与减压泵相连,回流冷凝管另一端开口与带有磨口的接收烧瓶相连,用于接收被蒸发的有机溶剂。在冷凝管与减压泵之间有一个三通旋塞,当体系与大气相通时,可以将蒸馏烧瓶、接收烧瓶取下,转移溶剂。当体系与减压泵相通时,体系应处于减压状态。使用时,应先减压,再开动电动机转动蒸馏烧瓶,结束时,应先停机,再通大气,以防蒸馏烧瓶在转动中脱落。作为蒸馏的热源常配有相应的加热控制装置。

使用旋转蒸发仪应注意下列事项:

（1）旋转蒸发仪适用的压力一般为 1.333~3.999 kPa。

（2）旋转蒸发仪各个连接部分都应用专用夹子固定。

（3）旋转蒸发仪烧瓶中的溶剂体积不能超过容量的一半。

（4）旋转蒸发仪必须以适当的速度旋转。

（5）关闭旋转蒸发仪时应先将旋速调至零。

（6）使用旋转蒸发仪时必须有人看守,以防所旋蒸的物料暴沸冲料。

（7）防止蒸馏瓶滑落在水浴锅中,导致物料散在水中。

4. 气体吸收装置

化学实验经常遇到气体的生成。对于毒性较大的气体,实验过程中除做好个人防护外,也要做好气体吸收,这是防止污染环境、预防中毒事故发生的有效措施。

实验室常用的气体吸收装置如图 5-2 所示,可用于吸收反应过程中生成的有刺激性和水溶性的气体,如 HCl、SO_2 等。图 5-2(a)和(b)所示装置可用于少量气体的吸收。图 5-2

（a）所示装置中的玻璃漏斗应略微倾斜使漏斗口一半在水中，另一半在水面上。这样，既能防止气体逸出，亦可防止水被倒吸至反应瓶中。若反应过程中有大量气体生成或气体逸出很快，可使用图5-2（c）所示的装置，水自上端流入（可利用冷凝管流出的水）抽滤瓶中，在恒定的平面上溢出。粗的玻璃管恰好伸入水面，被水封住，以防止气体逸入大气中。图中的粗玻管也可用Y形管代替。

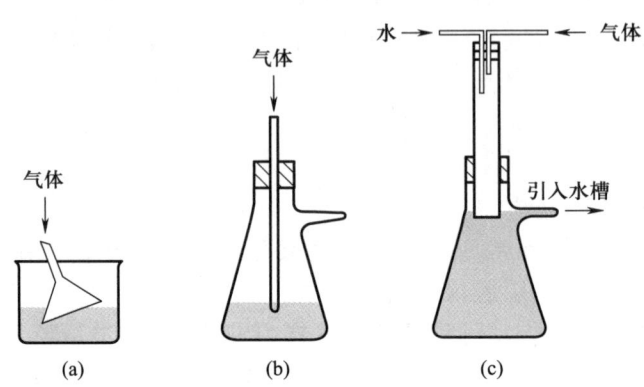

图 5-2   实验室常用的气体吸收装置

将有毒有害气体直接通入溶解有相应化学试剂的溶液中，使之完全反应生成无毒或低毒物质，是避免事故发生的有效措施。

5.5   高压反应器与气体钢瓶的使用安全

化学实验室通常涉及各种高压反应器、反应罐、反应釜及气体钢瓶等，相比于常规容器，这些压力容器具有较大的危险性。由于压力容器的内部压力高，使用条件苛刻，且有些工作与存储介质的毒性或腐蚀性较大，如果使用不当，将会造成严重危害和较严重的人员伤害事故。因此，必须学习掌握相关操作与安全知识，严格避免事故的发生。

高压反应器与气体钢瓶都属于压力容器，但压力容器包括的范围较大，考虑到化学实验室实际情况，此处主要介绍涉及高压反应器与气体钢瓶相关的安全知识。

5.5.1   高压反应器及使用安全

高压反应器是一种压力容器。压力容器是指盛装气体或液体，承载一定压力的密闭设备。压力容器多种多样，按其所承受的压力大小可分为低压（$0.1\ \text{MPa} \leqslant p < 1.6\ \text{MPa}$）、中压（$1.6\ \text{MPa} \leqslant p < 10\ \text{MPa}$）、高压（$10\ \text{MPa} \leqslant p < 100\ \text{MPa}$）、超高压（$p \geqslant 100\ \text{MPa}$）。在选用压力容器时，必须选择经过国家有关部门批准的设计、生产单位的正规、合格产品。

1. 高压装置使用时的有关注意事项

（1）充分明确实验目的，熟悉实验操作的条件，选用适合于实验目的及操作条件要求的装置、器械种类及设备材料。

（2）购买或加工制作上述器械、设备时，要选择质量合格的产品，并要标明使用的压力、温度及使用化学药品的性状等各种条件。

（3）一定要安装安全器械，设置安全设施。当实验特别危险时，要采用遥测、遥控仪器进行操作。同时，要经常定期检查安全器械。

（4）要预先采取措施，即使由于停电等原因而使器械失去功能时，亦不致发生事故。

（5）高压装置使用的压力，要在其试验压力的 2/3 压力下使用（但试压时，要在其使用压力的 1.5 倍压力下进行耐压试验）。

（6）应在有防护措施的专门实验室使用（如有防护板、防护墙等）。

（7）要确认高压装置在超过其常用压力下使用也不漏气，而且倘若出现漏气状况，应能防止其滞留不散，要注意室内通风。

（8）实验室内的电气设备，要根据使用气体性质，选用合适的防爆型设备。

（9）实验室内仪器、装置的布局，要预先科学规划，确保事故发生时能有效控制危害范围，最大限度地降低潜在危害。

（10）在实验室的门外及其周围，要设置标志，以便非实验人员清楚地知道实验内容及使用的气体等情况。

（11）由于高压实验危险性大，必须在熟悉各种装置、器械的构造及其使用方法的基础上，谨慎地进行操作。如果有不明确的地方，可参阅有关专著或向专家请教。

2. 实验室用的小型高压釜

在实验室进行高压实验时，使用较多的是小型高压釜。高压釜除高压容器主体外，通常与压力计、高压阀、安全阀、电热器及搅拌器等附属器械构成一个整体。

使用高压釜时的一般注意事项：

（1）高压釜要在指定的地点使用，并按照使用说明进行操作。

（2）查明刻于主体容器上的试验压力、使用压力及最高使用温度等条件，要在其容许的条件范围内使用。

（3）压力计所使用的压力最好在其标明压力的 1/2 以内，并经常把压力计与标准压力计进行比较，加以校正。

（4）氧气专用压力表必须独立配置，严禁与其他介质压力测量装置交叉使用。

（5）安全阀及其他的安全装置要使用经过定期检查符合规定要求的产品。

（6）操作时必须注意温度计要准确地插到反应溶液中。

（7）放入高压釜的原料，不可以超过其有效容积的 1/3。

（8）高压釜内部及衬垫部位要保持清洁。

（9）法兰盖装配过程中，必须采用对角线对称紧固顺序，按分级扭矩要求对螺栓组实施均衡施力。

（10）测量仪多数情况下在其玻璃面的前后两侧碎裂。因此，操作时不要站在这些有危险的地方。

3. 事故案例

有人使用高压釜进行合成实验。高压釜使用时，每次应投入少量原料使其进行反应，有实验人员自认为效率太低,于是自行增加了原料投入量,使之占容器有效容积的80%左右,结果发生爆炸。爆炸使得高压釜的螺栓扭曲,盖子变形,并导致其中的物料喷出而引起着火,加热器也被炸飞。

5.5.2 气体钢瓶及使用安全

气体钢瓶(简称气瓶)是一种特殊的压力容器,使用单位应按照《特种设备安全法》的要求履行使用登记、建立制度、建立档案、进行维护保养和定期检查、提出定期检验要求、发现问题及时处理等安全使用责任。气瓶的使用单位还应该指定专门的气瓶安全管理人,并对其他使用人员进行必要的安全教育和技能培训。《气瓶安全监察规定》管理的气瓶为正常环境温度(−40~60 ℃)下使用的、公称工作压力大于或等于0.2 MPa(表压),且压力与容积的乘积大于或等于1.0 MPa·L的盛装气体、液化气体和标准沸点等于或低于60 ℃的液体的气瓶。化学实验室常见的气瓶有氧气瓶、氢气瓶、氮气瓶、氦气瓶、二氧化碳气瓶等。气瓶的结构如图5-3所示。

教学视频
气体钢瓶的
安全使用

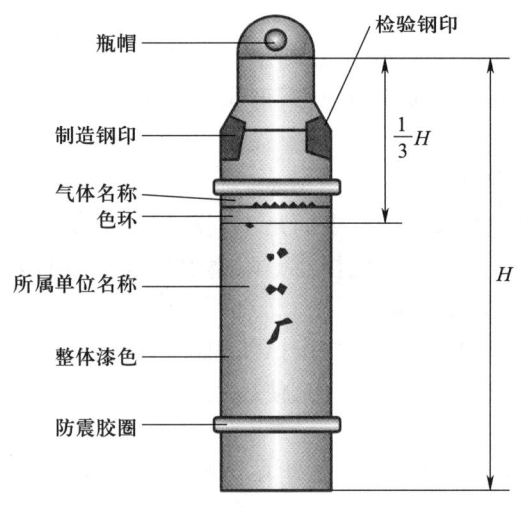

图 5-3 气瓶的结构示意图

在化学实验室,通常有两种类型的气体钢瓶。第一种是永久性气体钢瓶,是指在常温下瓶内充装的气体(临界温度<−10 ℃)为永久性气体,如氧气、氢气、氮气等。这类气瓶内充装的是压缩气体,内部压力高。第二种是液化气体钢瓶,此类气瓶内充装气体的临界温度≥−10 ℃,在常温常压下,有的是气态,有的是气液两相共存状态,但在充装时,均加压或低温液化处理后才灌入瓶中。这类气体有乙烯、二氧化碳、氨气、氯气等。

1. 气瓶的钢印标记与颜色标记

(1) **气瓶的钢印标记**   为保证安全,在使用气瓶前,必须检查标记在气瓶肩部的钢印,此钢印是识别气瓶质量和能否安全使用的依据。无钢印及过期的气瓶不能使用。气瓶钢印标记有两种,一是制造钢印标记,即气瓶的原始标记,是由生产厂家冲打在气瓶肩部的永久性标志,内容如图5-4所示。二是检验钢印标记,即气瓶检验单位对气瓶进行定期检验后,冲打在气瓶肩部的另一种永久性标志,内容如图5-5所示。特别需要关注的是下次检验日期,以防超期使用。

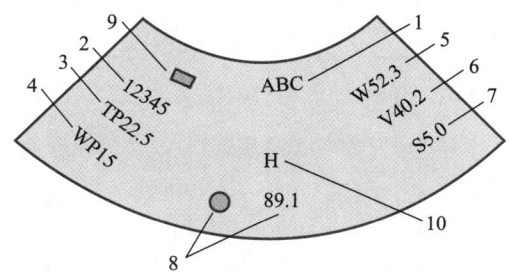

1—气瓶制造单位代号;2—气瓶编号;3—水压试验压力,MPa;4—公称工作压力,MPa;
5—实际质量,kg;6—实际容积,L;7—瓶体设计壁厚,mm;8—制造单位检验标记和制造年月;
9—监督检验标记;10—寒冷地区用气瓶标记

图5-4 气瓶制造钢印标记示意图

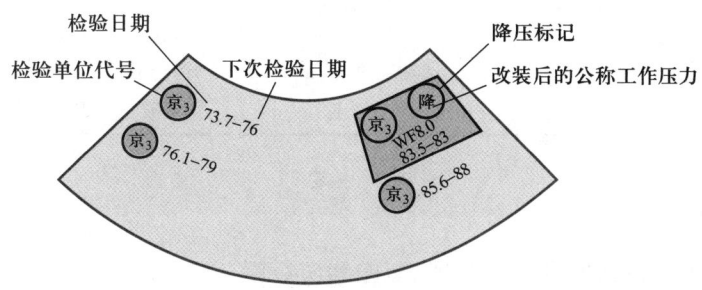

图5-5 气瓶检验钢印标记示意图

（2）**气瓶的颜色标记** 气瓶的颜色标记是指气瓶外表面的瓶色、字样、字色和色环。气瓶的颜色标记是由国家统一制定、颁布的国家标准,如《气瓶颜色标志》(GB/T 7144—2016)。其作用主要有两个,一是可以通过特征颜色来快速识别瓶内气体的种类;二是防止锈蚀。另外,气瓶的颜色还能有效防止不同性质气瓶混放。

气瓶外观颜色的统一,不但使人们能够在气瓶的字体模糊后,根据气瓶颜色识别气体类型,还能够在有危险的情况下,快速方便地识别瓶内盛装的气体,避免危险的发生。所以,气瓶的颜色标记具有安全标志特性。实验人员应熟悉一些常见气瓶的颜色,如氧气瓶为淡(酞)蓝色、氢气瓶为淡绿色、氮气瓶则为黑色。

我国常见气瓶颜色标记见表5-3。

表5-3 我国常见气瓶的颜色标记

充装气体名称	化学式(或符号)	瓶体颜色	字样	字色
氢气	H_2	淡绿	氢	大红
氧气	O_2	淡(酞)蓝	氧	黑

续表

充装气体名称	化学式(或符号)	瓶体颜色	字样	字色
氮气	N_2	黑	氮	淡黄
空气	Air	黑	空气	白
氨	NH_3	淡黄	液氨	黑
氯	Cl_2	深绿	液氯	白
硫化氢	H_2S	白	液化硫化氢	大红
氯化氢	HCl	银灰	液化氯化氢	黑
天然气(液体)	LNG	棕	液化天然气	白
二氧化碳	CO_2	铝白	液化二氧化碳	黑
甲烷	CH_4	棕	甲烷	白
氦	He	银灰	氦	深绿
氖	Ne	银灰	氖	深绿
氩	Ar	银灰	氩	深绿
乙烯	C_2H_4	棕	液化乙烯	黄

2. 气瓶的安全附件

气瓶的安全附件包括安全泄压装置、瓶帽和防震圈。

(1) **安全泄压装置**　气瓶的安全泄压装置主要作用是防止气瓶在遇到火灾等特殊高温时,瓶内介质受热膨胀而导致气瓶超压爆炸。其类型有爆破片、易熔塞及爆破片-易熔塞复合装置。爆破片一般用于高压气瓶,装配在瓶阀上。易熔塞主要用于低压液化气瓶上。它由钢制基体及其中心孔中浇铸的易熔合金塞构成。目前使用的易熔塞装置的动作温度有100 ℃和70 ℃两种。爆破片-易熔塞复合装置主要用于对密封性能要求特别严格的气瓶。这种装置由爆破片与易熔塞串联而成,易熔塞装设在爆破片排放的一侧。

(2) **瓶帽**　瓶帽的作用是保护气瓶阀,避免气瓶在搬运或使用过程中由于碰撞而损坏。

(3) **防震圈**　防震圈是为了防止气瓶瓶体受撞击而设计的一种橡胶材质的保护装置,通常紧套在瓶的上部和下部。

3. 气瓶减压阀

实验室使用的永久性气瓶内充装的是压缩气体,压力较高,除非特殊需要,使用时不能直接连接管子释放气体,必须通过减压阀使瓶内高压气体的压力降至实验所需要的低压范围后,再经过专用阀门调节压力与流速。

(1) **氧气减压阀**　氧气减压阀的高压腔与气瓶连接,低压腔为气体出口,并通往使用系统。高压表的示值为气瓶内储存气体的压力,低压表的出口压力可由调节螺杆控制。氧气减压阀的外观与结构原理如图 5-6 所示。

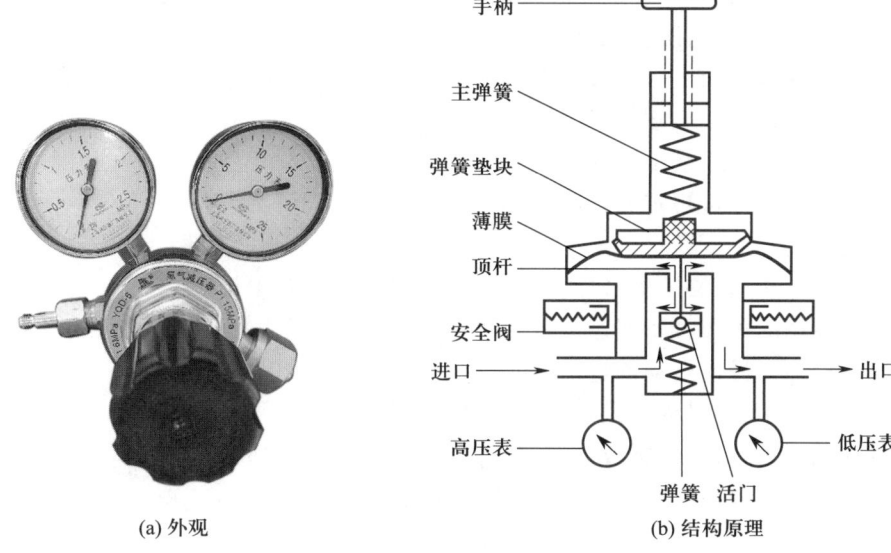

(a) 外观   (b) 结构原理

图 5-6 氧气减压阀的外观与结构原理示意图

以氧气瓶为例介绍气瓶的使用方法:使用氧气瓶时,在安装好减压阀及连接系统后,要先打开气瓶总阀并开到最大位置,然后顺时针缓慢转动低压表压力调节螺杆,使其压缩主弹簧并传动薄膜、弹簧垫块和顶杆而将活门打开,这样进口的高压气体由高压室经节流减压后进入低压室,并经出口通往工作系统。

减压阀设有安全阀,当减压阀的气体压力超出一定许可值时,安全阀会自动打开放气。

减压阀与氧气瓶的连接螺栓由黄铜制造。使用时,减压阀与氧气瓶的连接处要完全吻合、扭紧,依靠减压阀连接螺栓的凸柱头与气瓶总阀嘴的凹面严密接触密封。减压阀及连接处严禁接触油脂,以防燃烧。

当由气瓶中放出氧气时,打开气瓶总阀,无漏气时,可观察到减压阀上的高压表所指示的瓶中压力。当减压阀出口与系统连接好以后,拧紧调节螺杆,控制氧气流出量。使用完毕后,一定要先关闭气瓶总阀,再将减压阀余气放出,然后拧松调节螺杆。

(2)**氢气减压阀**　氢气属于可燃性气体,危险性较大。氢气减压阀为氢气瓶专用设备,不能将氢气减压阀与氧气减压阀混用。为防止混用,与氧气减压阀的设计不同,氢气(可燃性气体)减压阀采用反向螺纹。使用时要特别注意。

4. 气瓶的搬运与存放

长期以来,我国高校实验室由于条件限制及习惯固化,在气瓶的存放与使用过程中,有许多不规范之处,存在着较大的安全隐患。近年来,随着经济发展与安全观念的建立,这种现象已经有很大改变,使用者应该掌握气瓶的使用规范和操作要求。

气瓶存放要求:

(1)有条件的单位,长期使用气瓶时,气瓶应存放在专门设计的气瓶间或指定房间。

(2)当需要将气瓶放在实验室内时,应放入配置有自动检测与报警装置的气瓶柜内。

(3)条件不具备时,应在实验室特定区域设置专用固定架或用固定带将气瓶直立固定。

虚拟实验
高压气瓶
的搬运

（4）气瓶存放处应远离火源和热源,避免阳光直射,防止受热膨胀而引起爆炸。

（5）室内要保持通风,防止气体泄漏进而聚集而发生事故。

（6）性质相互抵触的气瓶应分开存放,如氢气瓶不得与氧气、压缩空气、氧化剂及其他助燃性气瓶混合放置。

（7）气瓶不得撞击或横卧滚动。

（8）气瓶存放处应按规定悬挂相应标志。

气瓶搬运要求:

（1）在搬运气瓶前,必须给气瓶配上安全帽,气瓶阀门必须旋紧。

（2）使用专用的气瓶推车搬运。近距离移动时,可一只手托住瓶帽,使瓶身倾斜,另一只手转动瓶身沿地面慢慢转动前进。

（3）搬运过程中,不可横卧滚动、用脚蹬踢。

（4）装卸及搬运时,严禁扔、滑、摔等现象发生,严格避免撞击。

（5）严禁直接捆绑吊运气瓶,必须放入坚固的吊笼内吊运。

5. 气瓶的安全使用要求

虚拟实验
氢气瓶的
安全使用

高压气瓶使用原则:

（1）高压气瓶必须分类、分处、分区保管,直立放置,固定稳妥。气瓶立放时应有防倾倒措施,严禁敲打、碰撞。气瓶存储应放置整齐,佩戴好瓶帽。空瓶、实瓶分开放置,并有明显标志。

（2）高压气瓶上选用的减压阀要分类专用。可燃性气瓶（如 H_2、C_2H_2 气瓶）的连接螺丝为反丝;不燃性或助燃性气瓶（如 N_2、O_2 气瓶）采用正丝。各种减压阀不可混用。安装时螺扣要旋紧,防止泄漏。开、关减压阀和气瓶总阀时,动作必须缓慢。使用时应先开气瓶总阀,后开减压阀。用气完毕,要先关闭气瓶总阀,放尽余气后,再关闭减压阀。

（3）使用高压气瓶时,操作人员应站在气瓶出气口侧面的位置。操作时严禁敲打撞击,并经常检查有无漏气,注意压力表读数。

（4）氧气瓶或氢气瓶等,应配备专用工具,并严禁与油脂接触。操作人员不能穿戴沾有各种油脂或易感应产生静电的服装、手套操作,以免引起燃烧或爆炸。还应避免将带有油脂的抹布挂在气瓶上或擦拭气瓶,特别是瓶嘴。

（5）可燃性气体和助燃气体气瓶,与明火的距离应大于 10 m（确难达到时,可采取隔离等措施）。

（6）用后的气瓶,应按规定留 0.05 MPa 以上的残余压力。可燃性气体应剩余 0.2~0.3 MPa（2~3 kg·cm^{-2} 表压）,H_2 气瓶应保留 2 MPa 残余压力,以防重新充气时发生危险,切记不可用完用尽。

（7）各种气瓶必须定期进行技术检查。充装一般气体的气瓶三年检验一次,充装腐蚀性气体的气瓶两年检验一次,充装惰性气体的气瓶五年检验一次;如在使用中发现有严重腐蚀或严重损伤的,应提前进行检查。

（8）使用时要注意检查气瓶及连接气路的气密性,确保气瓶不泄漏。各种气体的气压表不得混用,以防爆炸。

（9）使用完毕应释放减压阀内气体的压力,再关闭阀门,主阀应拧紧不得泄漏。养成离开作业现场时检查气瓶的习惯。

（10）绝不可使油脂或其他易燃性有机物沾在气瓶上（特别是气门嘴和减压阀）。也不得用棉、麻等物品堵住，以防燃烧引起事故。

（11）瓶体有缺陷、安全附件不全或已损坏的气瓶，即不能保证安全使用的气瓶，切不可再送去充装气体，应送至有关单位检查，待合格后方可以使用。

（12）使用前应进行安全状况检查，确保减压阀、瓶阀、压力表等完好无泄漏，使用后必须关瓶阀。

气瓶检漏方法：

（1）**感官法**　即采用"耳听鼻嗅"的方法。如听到气瓶有"嘶嘶"声，或者嗅到有强烈刺激性臭味或异味，即可定为漏气。这种方法比较简便，但有局限性，对剧毒气体和某些易燃气体检漏不适用。

（2）**涂抹法**　此法是将肥皂水抹在气瓶检漏处，若有气泡产生，则能判定为漏气。此法使用较为普遍，具有准确性高、判断直观、经济实用、易操作等特点，但要注意的是，对氧气瓶检漏时严禁使用含油脂的肥皂水，以防肥皂水中的油脂与氧接触发生剧烈氧化反应，发生危险。

（3）**气球膨胀法**　此法是将软胶管套在气瓶的出气嘴上，另一端连有气球，如气球膨胀，则说明有漏气现象。此法适用于剧毒气体或易燃易爆气体的检漏。

（4）**化学法**　将事先准备好的某些化学药品与检漏点处的气体接触，如发生化学反应，并出现某种外观特征，则判定为漏气。如检查氨气瓶可用被水湿润后的红色石蕊试纸接近气瓶漏气点，若试纸由红色变成蓝色，则说明漏气。此法仅用于某些剧毒气体检漏。

6. 各类气瓶简介

（1）**氧气瓶**　氧气为助燃气体，只要接触油脂类物质，就会氧化发热，甚至有燃烧、爆炸的危险。因此必须十分注意，不要把氧气装入盛过油脂类物质的容器里，或把它置于这类容器的附近。减压阀要用氧气专用的装置。压力计则要使用表明"禁油"的氧气专用压力计。操作者的手和使用工具，以及减压阀处不得有油污；管路及连接部位，不可使用可燃性的衬垫。在器械、器具及管道中，常常积有油类成分，若不及时清理，接触氧气时极易发生危险。此外，将氧气排放到大气中时，要明确在其附近不会引起火灾等危险后，才可排放。保存时，要与氢气等可燃性气体的气瓶和其他可燃物质隔开。

（2）**氯气瓶**　氯气具有强氧化性质，是一种高度危害的物质，即使空气中氯气浓度很低，也会刺激眼、鼻、咽喉等器官而造成人体伤害，使用人员必须接受安全培训后才能使用氯气瓶。使用氯气时必须在通风良好的地点或通风橱内进行，配备应急处置器材和人员防护用具。使用氯气时应设置尾气处理装置，利用机械通风设施降低氯气污染程度，严禁将油脂、棉纱等易燃物和易与氯气发生反应的物品放在气瓶附近。氯气瓶与反应器之间应设置逆止阀和足够容积的缓冲罐，防止物料倒灌，并定期检查以防失效。使用时应配有专用气瓶开启扳手，不得挪作他用。开启或关闭瓶阀时要缓慢操作，不能用力过猛或强力关闭。气瓶出口端应设置针型阀调节氯流量，不允许使用瓶阀直接调节。充有氯气的气瓶存放不得超过三个月。氯气瓶禁止露天存放，也不准使用易燃、可燃材料搭设的棚架存放，必须存放在专用库房内，不得与氧气瓶、氢气瓶、氨气瓶、乙炔气瓶同车运送或混合存放。氯气瓶存放处要通风良好,并避免阳光直射。在氯气瓶的使用场所应设置洗眼器、淋洗器等安全卫生防护设施,应设置明显的安全警示标志和安全告知牌,配备过滤式防毒面具、正压式空气呼吸器、隔离式防护服、橡胶手套、胶靴和化学安全防护眼镜。

（3）**氢气瓶**　氢气的爆炸范围很宽,氢气在空气中的含量在 4.0%～75.6%(体积分数)时,遇火即会爆炸。若急速从气瓶放出氢气,即便没有火源存在,摩擦生热也会导致氢气着火。储存和使用氢气瓶的场所应通风良好,不得靠近火源、热源及在太阳下暴晒。不得与强酸、强碱及氧化剂等化学品存放在同一库房内。使用氢气时应注意通风,用导管把使用的尾气排至室外,避免氢气在屋顶集聚。氢气瓶与易燃易爆、可燃物质及氧化性气体气瓶的间距不应小于 8 m,与明火或普通电气设备的间距不应小于 10 m,与其他可燃性气体储存地点的间距不应小于 20 m。使用氢气瓶时应采取措施将其固定,防止倾倒。气瓶、管路、阀门和接头应固定,用肥皂水检查管线是否漏气。使用氢气设备完毕后,最好用氮气等不活泼气体置换排出设备中的氢气。

（4）**乙炔气瓶**　乙炔是非常危险的易燃易爆气体,燃烧温度很高,还会发生分解爆炸,在空气中爆炸极限为 2.5%～80.5%(体积分数)。乙炔气瓶是一种特殊的气体钢瓶,乙炔溶解在丙酮中。使用时,溶解在丙酮中的乙炔变为气体分离出来,而丙酮仍留在瓶内。使用乙炔气瓶时,要把储存乙炔的容器置于通风良好的地方,配有防止倾倒的措施。在使用和储存过程中,乙炔气瓶一定要竖立放置,防止丙酮流出。乙炔气瓶瓶阀出口处必须配置专用的减压器和回火防止器,减压器工作压力不得超过 0.15 MPa,气体流量不得超过 0.05 m³·h⁻¹。乙炔在使用和储运中要避免与铜接触,以免发生爆炸。

（5）**氨气瓶**　氨气为易燃气体,容易挥发且具有腐蚀性,对皮肤和眼睛具有强烈的腐蚀作用,若不慎接触会产生严重疼痛性灼伤。氨能被水充分吸收,故可在允许洒水的地方使用储存。但是氨气在潮湿环境中对铜有腐蚀作用,应避免使用铜制的管线。使用氨气的场所应配备洗眼器、淋洗器等安全卫生防护设施,使用场所应设置明显的安全警示标志和安全告知牌,配备过滤式防毒面具(配氨气专用滤毒罐)、正压式空气呼吸器、隔离式防护服、橡胶手套、胶靴和化学安全防护眼镜。

5.6　实验室常见机械设备与安全操作

化学实验室常见的机械设备主要有机械真空泵、高速离心机、电动搅拌器、空气压缩机等。

5.6.1　机械真空泵与负压操作

实验室经常要进行负压操作,即在低于大气压力下的操作,如减压过滤和减压蒸馏,系统负压通常是利用真空泵工作来获得的。化学实验室中常用的真空泵有循环水泵和机械真空泵(油泵)两种。若不要求很低的真空,则可用水泵。如果水泵的构造好且水压又高,抽空效率可达 1.067～3.333 kPa。水泵所能抽到的最低压力理论上相当于当时水温下的水蒸气压力。

用水泵抽气时,应在水泵前装上安全瓶。停止抽气前,应先拔出橡胶管,再关闭水泵。由于水泵由电动机带动,又在水环境中使用,使用时应注意漏电及触电。

若要获得更高的真空度,需要使用机械真空泵,好的机械真空泵能获得 133.3 Pa (1 mmHg)以下的真空度。机械真空泵的好坏取决于其机械结构和油的质量,使用机械真空泵时必须小心保护。如果蒸馏挥发性较大的有机溶剂时,有机溶剂会被油吸收从而增加蒸气压,降低抽空效能;如果是酸性气体,则会腐蚀机械真空泵;如果是水蒸气,则会使油成乳浊液而抽坏机械真空泵。因此,使用机械真空泵时必须注意以下几点:

(1)在蒸馏系统和机械真空泵之间,必须装有吸收装置。蒸馏前必须使用水泵彻底抽去系统中有机溶剂的蒸气。

(2)若能用水泵抽气,则尽量用水泵,若蒸馏物质中含有挥发性物质,可先用水泵减压抽降,然后改用机械真空泵。

(3)减压系统必须保持密不透气,所有橡胶塞的大小和孔道要合适,橡胶管要用真空专用橡胶管。磨口玻璃涂上真空油脂。

实验室真空装置(减压蒸馏过程使用)包括机械真空泵、缓冲瓶 1(带放空阀,防止泵油倒吸)、片状石蜡吸收塔(吸收有机物)、固体氢氧化钠颗粒吸收塔(吸收微量水)、固体无水氯化钙颗粒吸收塔(吸收水分)、缓冲瓶 2(带水银真空计,防止反应液倒吸)、冷阱(冷却有机蒸气),如图 5-7 所示。

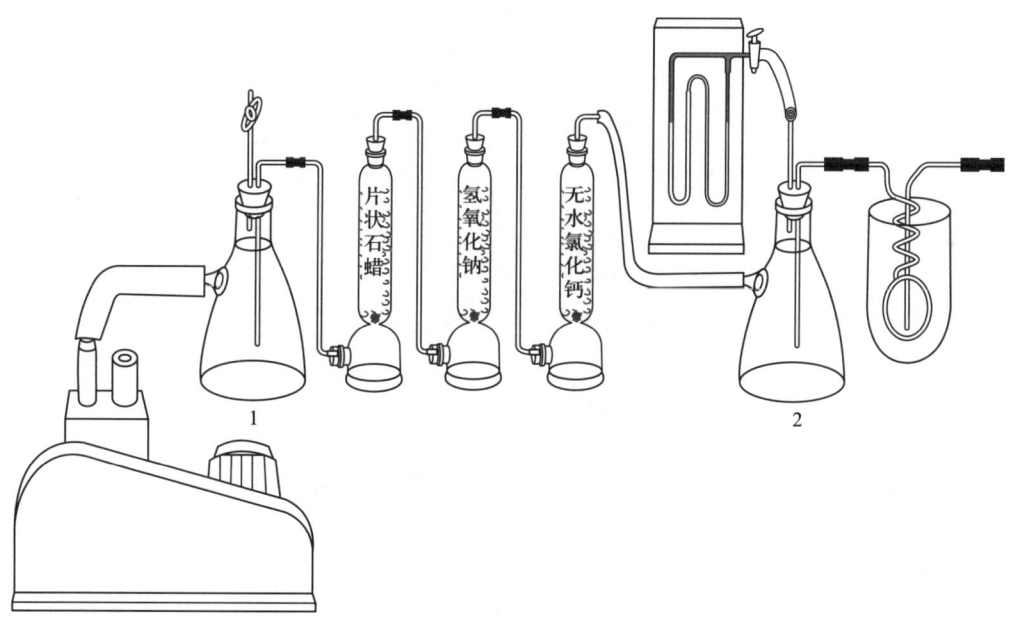

虚拟实验
减压蒸馏
装置

图 5-7 实验室真空装置

抽真空步骤及注意事项:

(1)检查连接是否正确,牢固。

(2)检查系统密封情况。

(3)缓冲瓶 1 的放空阀处于放空状态(通大气)。

(4)缓冲瓶 2 的真空计处于关闭状态。

（5）可根据需要在冷阱中放入制冷剂。

（6）打开真空泵电源,观察真空泵是否正常运转。

（7）待真空泵运转平稳后,缓慢关闭放空阀,系统开始处于抽真空状态。

（8）倾听是否有漏气声响。

（9）慢慢打开水银真空计,观察两边汞柱高度差,真空度越高,两边汞柱高度差越小。

（10）关闭操作相反。

实验室所用的机械真空泵多为旋片式真空泵（简称旋片泵）,是一种油封式机械真空泵,如图 5-8 所示。其工作压力范围为 $0.133 \sim 1.01 \times 10^5$ Pa,属于低真空泵。它可以单独使用,也可以作为其他高真空泵或超高真空泵的前级泵。

旋片泵可以抽除密封容器中的干燥气体,若附有气镇装置,还可以抽除一定量的可凝性气体。但它不适用于抽除含氧量过高的、对金属有腐蚀性的、与泵油起化学反应的及含有颗粒尘埃的气体。

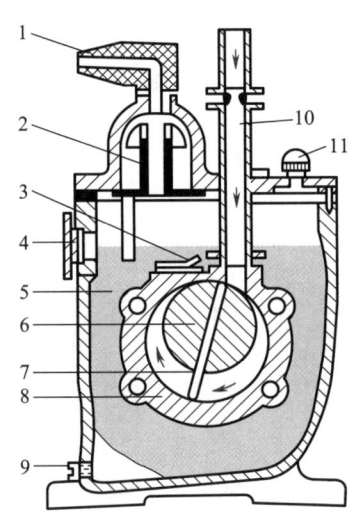

1—排气口;2—油分离器;3—排气阀门;4—标;5—原油;
6—转子;7—旋片;8—定子;9—油塞;
10—进气口;11—加油口

图 5-8   旋片式真空泵的工作原理和结构示意图

旋片式真空泵使用注意事项:

（1）使用旋片式真空泵前,按油标指示刻度加入真空泵油。旋转三通阀,使泵的吸气管与大气相通,与被抽空容器隔绝,打开排气口。

（2）用手转动皮带轮,检查运转情况,无异常情况后,再接通电源,注意转动方向。

（3）泵运转正常后,缓慢旋转三通阀,使泵的吸气管与被抽空容器相通而与大气隔绝。

（4）停止使用泵时,欲保持真空系统有一定的真空度,应旋转三通阀,使真空系统封闭,泵的吸气管与大气相通。切断电源,停止运转。关闭排气口,盖严泵盖。

（5）真空泵不应用来抽除含氧量过高的、有爆炸性的及对金属有腐蚀性的气体。另外,也不宜吸入能与泵油发生反应的气体和含有大量水蒸气的气体等。

（6）使用一段时间后，皮带变得松弛，要进行电动机位置的调整。注意补充泵油，发现泵油内混有杂质或水时，要更换新油，清洗泵体，不可用乙酸乙酯、丙酮等挥发性的液体清洗泵体。

（7）注意防止触电，加强转动皮带轮的安全防护。

5.6.2　高速离心机与离心分离

离心分离是化学实验室常用的一种分离方法。离心分离是指借助离心力使密度不同的物质分离，常用于液-固悬浮液的快速分离，目前实验室多采用小型高速离心机。高速离心机是一种高速运行的机械设备，使用不当将产生伤害。

虚拟实验
离心机与
离心分离

高速离心机使用注意事项：

（1）操作前阅读操作手册。

（2）选择合适的转子。

（3）检查转子和腔体是否干净。

（4）选择合适的离心管，防止离心过程中离心管破裂。

（5）平衡离心管，对称摆放离心管。

（6）在转子转轴上安装转子，确保转子的正确安装。

（7）旋紧转子盖，没有旋紧的转子盖可能会损伤转子、离心机盖和腔体。

（8）确保离心机盖盖好。运转过程中不允许打开盖子。

（9）正确设置离心时间、转速等参数，不要超过转子所允许的最高转速。

（10）按开始键，当速度达到设置转速时开始计时，如有不正常噪声或抖动应立即停止运转并检查。

5.6.3　电动搅拌器与搅拌操作

电动搅拌器与电磁搅拌器是实验室中较多使用的设备，常用其实现溶解混合、多相传质、传热反应等。

电磁搅拌器适用于搅拌或加热与搅拌同时进行，用于黏稠度不是很大的液体或固液混合物的搅拌。电磁搅拌器利用了磁场和漩涡的原理。液体倒入容器中，搅拌子（外部覆盖塑料的铁丝）放入液体中，当底座产生磁场后，带动搅拌子成圆周循环运动从而达到搅拌液体的目的。配合温度控制装置，可以根据具体的实验要求，控制并维持溶液温度。一般的电磁搅拌器都有控制搅拌子转速的旋钮及可控制温度的加热装置。

电动搅拌器采用电动机驱动，其功率要比电磁搅拌器的功率大，搅拌能力强，多用在有机实验中。电动搅拌器在低速运行时转矩输出大，连续使用性能好，一般适用于油水溶液或固液反应中，不适用于过黏的胶状溶液。电动搅拌器若超负荷使用，极易发热而烧毁。使用时必须接上地线。平时应注意保持清洁、干燥、防潮防腐蚀，轴承应经常加油使其保持润滑。使用过程中，电刷会被磨损，需要在使用一段时间后检查更换。

电动搅拌器使用注意事项：

（1）使用时一定要接地线。

（2）开始通电搅拌前，一定要用手试转动一下，查看转动是否灵活。

（3）工作时若发现搅拌棒不同心、搅拌不稳的现象,应关闭电源,调整支架与夹子,使搅拌棒同心。

（4）开始搅拌时,转速一定归零,慢慢增加转速。

（5）停止搅拌时,转速一定归零,防止通电时,突然快速转动而使容器破裂。

（6）搅拌过程必须有人值守,防止转速突然失控,打碎容器,或搅拌阻力过大,烧坏电动机。

电动搅拌器在搅拌过程中的突然失控,会使玻璃反应容器破裂,极易导致事故发生,因此实验时,必须高度重视。

5.6.4　机械设备使用时的注意事项

（1）操作机械设备时,要用标准的工具。

（2）对机械设备的传动部分（如旋转轴、齿轮、皮带轮、传动带等）,要安装保护罩,以防运转时,衣服或手指卷入。对于机械设备,要注意即使切断了电源开关,仍需经过一定时间,才能停止转动。

（3）当起动机器时,要严格实行检查、发信号、起动三个步骤。而停机时,也要实行发信号、停止、检查三个步骤。

（4）对机械设备进行检查、维修、给油或清扫等作业时,要把起动装置锁上或挂上标志牌。同时,还要熟悉安全装置的操作方法并正确使用。

（5）停电时,一定要切断电源开关,并拉开离合器等装置,以防再次送电时发生事故。

（6）指示机械的构造或运转等情况,要用木棒之类的工具指明,绝不可使用手指。

（7）工作服必须合身,使其既不会被机械卷入,又能轻便灵活地进行操作。

5.6.5　空气压缩机

空气压缩机也是实验室常见设备,可用于为化学实验或分析仪器提供压缩空气。气相色谱分析室及原子吸收光谱分析室等都使用该设备。该设备功率较大,使用时应注意用电安全。

5.7　分析仪器的使用安全

随着社会经济与科学技术的发展,高校在教学与科研工作中使用的分析仪器设备越来越多,学生独立操作分析仪器的机会也越来越多。学生能够正确操作仪器的能力也成为创新人才培养的标志之一。分析仪器具有种类和型号繁多、精密贵重、操作复杂等特点,同时存在使用易燃易爆气体和溶剂等危险因素,另外其对安全要求各不相同。分析仪器的使用安全威胁包括两个方面:一方面对分析仪器的使用不当,造成经济上的巨大损失,严重影响教学和科研工作的进行,另一方面是发生触电、燃烧及爆炸等事故,对学生自身安全构成严重威胁。因此,实验者有必要了解有关分析仪器及其安全使用的基本知识。本书仅对使用广泛的分析仪器的使用安全进行简单介绍。

5.7.1　色谱类分析仪器及使用安全

色谱类分析仪器在化学实验室中应用较多,主要包括气相色谱仪、高效液相色谱仪、凝胶色谱仪、超临界流体色谱仪及高效毛细管电泳仪等。

1. 气相色谱仪及其注意事项

气相色谱仪是用于多组分复杂混合物的快速分离分析的仪器,在化学实验室中应用广泛。

气相色谱使用气体作为载气,涉及各种气瓶,这通常需要设置专用气瓶间存放。气瓶气量要充足,可保证连续使用要求。当气瓶压力低于 1.5 MPa 时应停止使用,不允许完全用空气瓶,出现无压力状态。使用氢气作载气时,氢气瓶或氢气发生器不允许与氧气瓶或空气压缩机混放。气瓶间内的气瓶与仪器间应采用不锈钢管线连接,应经常检查外部气体管路,防止漏气。气相色谱仪使用期间需要高温加热,应随时注意观察仪器柱温、汽化温度及检测温度,避免出现温度失控现象,损坏色谱柱及仪器。载气排放口应连接到室外,保持室内通风良好。使用热导检测器时,避免没开载气、管路堵塞、管路连接处漏气、毛细管柱断裂造成的无气体流过检测器,烧坏电阻丝的情况。经常检查、更换进样口的硅橡胶密封垫,防止载气泄漏,以及仪器内部连接处漏气和毛细管色谱柱断裂造成的漏气。使用氢火焰检测器时,应注意防止熄火造成气体泄漏到室内。避免样品及溶剂在室内挥发,进样器润冲时多余的溶剂与样品必须用滤纸吸收,再另行处置。仪器使用结束时,应先关闭各电子部件,再关机,继续保持通气至温度正常后关闭气源。严格避免先关闭载气、后停机的情况。进样口处温度较高,进样时避免接触造成烫伤。

气相色谱仪操作注意事项:

(1) 实验前熟悉操作手册,严格按操作规程操作。

(2) 仪器要保持良好接地,避免触电。

(3) 经常检查气瓶间,保证气瓶符合安全要求,气瓶气量充足。气瓶压力低于 1.5MPa 时停止使用。

(4) 保证气瓶与仪器之间的连接气路无漏气。观察仪器内部有无漏气现象,定期检查气路。

(5) 通电前检查仪器是否处于关机状态,各分部件是否关闭。

(6) 气相色谱仪开机前应先通气。

(7) 气相色谱仪载气排放口应接到室外通风处,避免泄漏到室内。

(8) 随时注意观察柱温、汽化温度,避免出现温度失控,损坏柱子及仪器。

(9) 使用热导检测器时,避免没开载气、管路堵塞、管路连接处漏气、毛细管柱断裂造成的无气体流过检测器,烧坏电阻丝的情况。

(10) 经常检查、更换进样口的硅橡胶密封垫,防止载气泄漏。

(11) 使用氢火焰检测器时,应注意防止熄火造成气体泄漏到室内。

(12) 仪器使用结束时,应先关闭各电子部件,再关机,继续通气至温度正常后关闭气源。

2. 高效液相色谱仪及其注意事项

高效液相色谱仪是用于高沸点、热不稳定复杂混合物的快速分离分析仪器,在化学实验室有着广泛应用。与气相色谱仪不同,高效液相色谱仪使用液体溶剂为流动相。现代高效液相色谱仪为了获得高柱效而使用粒度很小的固定相($<10~\mu m$),液体流动相高速通过分离柱时,将产生很高的压力,因此,高压、高速是高效液相色谱的特点之一。高效液相色谱仪使用高压泵输送液体,分离柱压力可高达 $15\sim60$ MPa。

高效液相色谱仪使用过程中应注意以下问题:

(1)实验前熟悉操作手册,严格按操作规程操作。

(2)仪器要保持良好接地,避免触电。

(3)观察高压泵压力变化,工作期间,压力应保持稳定。避免压力超出安全范围,压力太高,管路可能有堵的地方,压力上不去则可能有泄漏。

(4)检查仪器是否有漏液。不可在高压状态下维护维修仪器。

(5)高压泵正常工作时,平均每 $20\sim30$ 天应向注油孔加润滑油 $2\sim3$ 滴。

(6)流动相里面如果有盐或酸类,做完实验后要先用 95% 二次蒸馏水与 5% 甲醇洗色谱柱 40 min 左右,然后用纯甲醇洗 30 min 左右才可以关机。

(7)关机时先关闭泵、检测器,再关闭色谱工作站,最后关闭仪器电源。

(8)使用甲醇、乙腈等有机溶剂时,以及淋洗液抽滤、超声脱气等操作时,要注意防火、室内通风及电器火花。

(9)注意有机溶剂在室内的挥发,有关溶剂的操作应在通风橱中进行。

5.7.2 光谱类分析仪器及使用安全

光谱类分析仪器涉及较多类型,如紫外-可见分光光度仪、红外光谱分析仪、原子吸收光谱分析仪、原子发射光谱分析仪等。此处仅介绍在教学实验中应用较多的原子吸收光谱分析仪。

原子吸收光谱法(AAS)是利用气态原子可以吸收一定波长的光辐射,使原子中外层的电子从基态跃迁到激发态的现象而建立的一种分析方法。原子吸收光谱法现已成为无机元素定量分析应用中最广泛的分析方法之一,主要适用于样品中微量及痕量组分分析。原子吸收光谱仪由光源、原子化系统、分光系统、检测系统等组成。光源的功能是发射被测元素的特征共振辐射,目前多使用空心阴极灯作为理想的锐线光源,应用较广。仪器的原子化方法主要有火焰原子化法和石墨炉电热原子化法。

在火焰原子化法中,常使用空气-乙炔火焰,温度可达 2300 ℃。石墨炉电热原子化法则是用大电流通过石墨管,产生高达 3000 ℃ 的高温,使样品蒸发和原子化。原子吸收光谱分析仪使用危险性较大的乙炔气体,因此在实验过程中,必须注意防止乙炔气体泄漏及高温安全。

原子吸收光谱分析仪安全使用注意事项:

(1)实验前熟悉操作手册,详细了解和熟练掌握仪器各部件的功能与作用,严格按操作规程操作。

(2)仪器要保持良好接地,避免触电。

（3）在使用火焰原子化法测定时，要特别注意防止回火，注意点火和熄灭时的操作顺序。点火时一定要先打开助燃气，再打开燃气；熄火时必须先关闭燃气，待火熄灭后再关助燃气。

（4）新安装的仪器和长时间未用的仪器，在点火之前，务必检查雾化室的废液管是否有水封。

（5）使用石墨炉电热原子化法测定时，要注意通入惰性气体保护。要特别注意先接通冷却水，确认冷却水正常后再开始工作。

（6）工作中如遇突然停电，应迅速熄灭火焰。用石墨炉时，应迅速关闭石墨炉电源。然后将仪器的各部分设置为停机状态，待恢复供电后再重新启动。

（7）工作中如遇突然停水，应迅速切断主电源，以免烧坏石墨炉。

（8）进行火焰法测定时，万一发生回火，千万不要慌张，首先要迅速关闭燃气和助燃气，切断仪器的电源。如果回火引燃了供气管道和其他易燃物品，应立即用二氧化碳灭火器灭火。发生回火后，一定要查明原因，排除引起回火的故障。在未查明回火原因之前，不要轻易再次点火。在重新点火之前，切记检查水封是否有效，雾化室防爆膜是否完好。

5.7.3　其他分析仪器及使用安全

除以上介绍的分析仪器外，还有其他类别众多的分析仪器，此处仅介绍应用相对较广、有一定特点的分析仪器。

1. 电化学工作站及其使用安全

电化学工作站是电化学测量系统的简称，是电化学研究和教学常用的测量设备。电化学工作站内含快速数字信号发生器、高速数据采集系统、电位电流信号滤波器、多级信号增益、IR 降补偿电路，以及恒电位仪和恒电流仪。电化学工作站可直接用于超微电极上的稳态电流测量，可进行循环伏安法、交流阻抗法、交流伏安法测量等，应用广泛。

电化学工作站使用注意事项：
（1）实验前熟悉操作手册，严格按操作规程操作。
（2）仪器确保接地，防止触电。
（3）开机时，先开计算机，再开启电化学仪主机电源，不可反复开关。
（4）准确连接工作/辅助/参比电极，再双击打开电化学工作软件。
（5）仪器的专用电缆中的工作电极夹与其余两个（辅助电极夹、参比电极夹）不能短接，也不要把电极连接线弄湿。平时仪器不用时，可以用模拟电解池来连接。
（6）关机时按照关软件、关计算机、关电化学仪主机的顺序进行。

2. X 射线衍射分析仪及其使用安全

X 射线衍射分析仪（XRD）是利用 X 射线衍射原理研究物质内部微观结构的一种大型分析仪器。通过对材料进行 X 射线衍射，分析其衍射图谱，获得材料的成分、材料内部原子或分子的结构或形态等信息。该仪器目前在高校实验教学中的应用越来越广泛。

由于 X 射线衍射分析仪使用 X 射线，尽管已经具有很好的防护措施，但不当操作仍具有一定的危险性，故实验时必须特别注意。

虚拟实验
X 射线衍
射分析仪

安全使用注意事项：

（1）实验前熟悉操作手册，严格按操作规程操作。

（2）按规定悬挂危险源标记。

（3）保持 X 射线衍射分析仪工作仓内温度为 22～25 ℃范围内，冷却循环水装置设定冷却循环水温在（20±2）℃范围内。

（4）打开 X 射线前需要检查循环水是否正常工作。在仪器开机状态时，关闭循环水电源，如果仪器报警则说明循环水能正常工作。

（5）测量过程中，切勿随意打开防护罩门！操作人员谨防 X 射线直射人体。

（6）若 XRD 射线源处红色警灯亮则不能打开防护罩。

（7）XRD 在工作过程中禁止任何人员进入仪器背面区域，防止 X 射线对人体造成伤害。

（8）如果仪器出现可自行解决的问题或需要日常维护，首先应切断所有电源才可进行。

（9）如果发现循环水外漏，首先切断电源再检查各个接口，严禁带电操作！关机之前须检查外循环水是否关闭。

5.8　实验室安全防护设备与用具

所有的实验室人员必须非常清楚地了解安全设备所在的位置，包括安全防护设备的布局、急救箱、所有逃生路线、灭火器材、紧急洗眼装置、紧急喷淋器、溅出化学品处理设备等。

5.8.1　通风橱

1. 通风橱介绍

通风橱是化学实验室最常见的安全防护装置，如图 5-9 所示。其作用是保护实验室人员远离有毒有害气体。传统通风橱多为木制品，现代多为表面酸洗磷化喷塑，台面为实心理化板，耐酸碱、耐高温，但温度太高的物体也不能直接接触台面。

图 5-9　化学实验室通风橱

通风橱的前方中间为可上下移动的透明门(多为玻璃),开启高度一般为 100~500 mm。里面为实验进行的工作台面,有水管、下水道、电源、真空泵、气路管线等实验需要的连接,上有带保护罩的照明灯。空气由柜内前上方的排风扇抽走或经管道引到别处(称为全通风)。有的通风橱在排气量过小及前方玻璃门开启过大的时候会发出警报,提醒操作者注意。内部的排风扇速度和照明灯都有开关可调。使用的时候人站或坐于橱前,将玻璃门尽量放低,手通过门下伸进柜内进行实验。由于排风扇抽气,在正常情况下有害气体不会大量溢出。

2. 通风橱使用时应注意

(1) 保持通风橱整洁。
(2) 通风橱门要轻拉轻抬,并在操作完毕后及时拉下。
(3) 配置风阀的通风橱,应先开风阀,再开风机。
(4) 在做实验时,应将通风橱的门拉下,并留 5 cm 左右的进风口。
(5) 使用完毕,关闭电源。
(6) 化学药品和实验仪器不能在出口处摆放。
(7) 在做实验时不能关闭通风。
(8) 做实验时,不能将头伸进通风橱内,避免中毒。

5.8.2 个人安全防护用具简介

1. 防护眼镜

规范的化学实验室,必须配备足够的防护眼镜,如图 5-10 所示,保证做实验的学生每人一副。在进行化学实验时,实验人员必须正确佩戴防护眼镜,防止反应液体飞溅伤及眼睛。有突发事故时,正确佩戴防护眼镜可大大降低伤害概率。

防护眼镜为公共用品,使用者应爱护。放置时请将眼镜的凸面朝上,避免磨花镜片。避免用力过度造成镜框或镜片的损伤。镜片沾灰尘或污物时,干擦容易磨花镜片,建议清水冲洗后用纸巾吸干水分,再用专用眼镜布擦干。镜片很脏时建议用低浓度的中性洗剂清洗,然后用清水冲洗擦干。

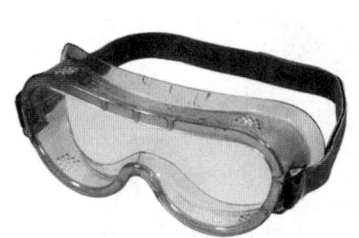

图 5-10 防护眼镜与标识

2. 紧急喷淋器和洗眼器

紧急喷淋器和洗眼器是在有毒有害危险作业环境下使用的应急救援设施,如图 5-11

所示。但是这些设备只能对眼睛和身体进行初步的处理,不能代替医学治疗,情况严重者,必须尽快进行进一步的医学治疗。

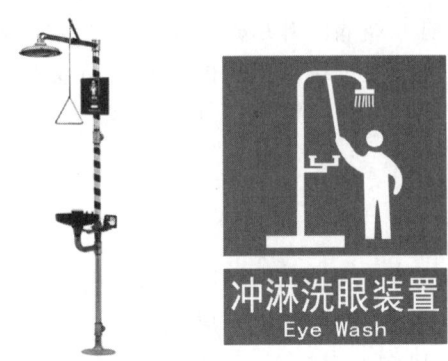

图 5-11   紧急喷淋器和洗眼器与标识

目前国内高校化学实验室已经普遍安装有紧急喷淋器和洗眼器,为防止发生意外伤害事故,可通过快速喷淋、冲洗,把伤害程度减轻到最低限度。紧急喷淋器和洗眼器使用方便,向下拉动开关,即有水喷出。

通常在实验台旁的水池边都安装有洗眼器,方便快速冲洗。洗眼器通常由洗眼喷头、洗眼喷头防尘罩(用于保护洗眼喷头的防尘装置)、开关阀、底座等构成。

紧急喷淋器和洗眼器使用注意事项:

(1)定期检查,水压充足,能保持需要时有水喷出。

(2)设置在宽敞处,方便快速到达。

(3)紧急喷淋器下方不能放置物品,避免阻挡使用。

3. 防毒面具

防毒面具如图 5-12 所示,属于个人特种劳动保护用品,戴在头上,保护人的呼吸器官、眼睛和面部,防止毒气、粉尘、细菌、有毒有害气体或蒸气等有毒物质伤害。

图 5-12   防毒面具

防毒面具从造型上可以分为全面具和半面具,全面具又分为正压式和负压式。

防毒面具由面罩、导气管和滤毒罐组成,面罩可直接与滤毒罐或滤毒盒连接使用,称为直连式;或者用导气管与滤毒罐和滤毒盒连接使用,称为导管式。防毒面具可以根据防护要求分别选用各种型号的滤毒罐,应用在各种有毒、有害的作业环境。

防毒面具使用注意事项:

(1) 应该正确地选择防毒面具,选对型号,确认毒气类型。应该特别地留意防护面具的滤毒罐所规定的范围及时间。在氧气浓度低于 19% 时,禁止使用负压式防毒面具。

(2) 在使用防毒面具之前,应该对其进行认真的检查,查看各部位是否完整,有无异常情况发生,其连接部分是否接好,仔细查看整个面具的气密性是否良好。

(3) 对于在工作中要使用到防毒面具的人员,要进行专门的培训,以便能够正确地使用防毒面具。在有毒的环境中要迅速戴好防毒面具。

(4) 当防毒面具出现使用故障时,应该马上离开有毒的区域。

(5) 在每次使用前必须进行气密性实验,并检查各配件是否有老化痕迹,各关键配件是否完整;每次使用完毕后及时清洁保养;记录累计使用时长;及时更换滤毒盒、滤棉。

4. 急救药箱

急救药箱已经成为化学实验室标准配置,以便在出现人身意外伤害事故时,能够快速进行简单的应急处置,减轻伤害。急救药箱内常备药品与医疗器具有消毒酒精、消毒棉球、医用胶带、医用纱布、医用绷带、镊子、创可贴、烫伤膏、碘酒、饱和碳酸钠溶液、饱和硼酸钠溶液、催吐剂等。

急救药箱应存放在实验室容易看到、方便取用的干净之处;应经常检查,保证药品有效、充足;药箱不可上锁,以便能在突发事故时快速取用。

5.8.3　实验室人身安全防护

1. 眼睛及脸部的防护

在化学实验室,由于经常接触到化学品,因此必须佩戴专用的防护眼镜,即安全防护眼镜,防止飞溅、烟雾等意外发生而伤及眼睛。

(1) 眼睛及脸部是实验室中最易被事故所伤害的部位,因而对它们的保护尤为重要。实验室内,实验人员戴安全防护眼镜是很好的防护方法。

(2) 当化学物质溅入眼睛后,应立即用清水彻底冲洗。冲洗时,应将眼皮撑开,小心地用自来水冲洗数分钟,再用蒸馏水冲洗,然后去医务室进行治疗。

(3) 面部防护用具用于保护脸部和喉部。为了防止可能的爆炸及实验产生的有害气体造成伤害,可佩戴有机玻璃防护面具或呼吸系统防护用具。

2. 手的防护

手是与物体接触最多的部位,也是较容易受到各种伤害之处,所以对手进行保护十分必要。手套的种类较多,需要根据工作需要,选择适宜的手套。由于手套需要频繁穿戴,往往使人产生怕麻烦的心理,一时图方便而忽略手的防护,事故也往往在此时发生。

(1) 在实验室中为了防止手受到伤害,可根据需要选戴适宜的手套。

（2）一般操作时，多选择操作方便、灵活的薄乳胶手套。

（3）当接触腐蚀性物质时，可选戴耐腐蚀的橡胶手套，穿戴前注意检查手套是否老化或有小的裂口及破损之处，防止带来更大伤害。

（4）涉及高温、低温操作时，务必佩戴厚的棉手套，预防烫伤、冻伤。

（5）处理边缘尖锐的物体（如碎玻璃、木材、金属碎片）时，须选择戴皮革手套。

（6）手套必须爱护使用，以确保无破损。

3. 身体的防护

在化学实验室，身体的防护分为一般防护与特别防护。一般防护通常为穿实验服，特别防护则应根据需要穿戴专门的防护实验服及鞋子。

（1）进入实验室的人员不得穿凉鞋、拖鞋，严禁化学实验室工作人员穿高跟鞋进入实验室，应穿平底、防滑、合成皮或皮质的满口鞋。

（2）所有人员进入实验室都必须穿实验服，其目的是防止身体的皮肤和衣着受到化学药品的污染。

（3）实验服一般不耐化学药品的腐蚀，故当其受到严重腐蚀后，实验服必须换下更新。

（4）为了防止实验服上附着的化学药品的扩散，实验服不得穿到其他公共场所，如食堂、会议室、寝室等。

（5）特殊场合应穿戴专门的防护实验服及鞋子。

（6）实验服应每周清洗一次。

5.8.4　化学实验室应急应变指南

1. 衣服着火

（1）背部着火时，可就地翻滚熄灭火苗，或者就近使用紧急喷淋器，切忌向外跑。

（2）附近其他人员使用灭火毯包裹身体灭火。

（3）如有必要，采取医学处理。

（4）向教师和安全部门报告事故。

2. 化学品溅到身体

（1）用紧急喷淋器或水龙头将身体溅到的部位在快速流动的水下冲洗至少 5 min。

（2）立即除去被溅到的衣物。

（3）确认化学品没有进入鞋内。

（4）如有必要，采取医学处理。

（5）向教师和安全部门报告事故。

3. 轻微割破和刺伤

（1）使用肥皂和水冲洗伤口几分钟并挤出血液。

（2）如有必要，采取医学处理。

（3）向教师和安全部门报告事故。

4. 轻微烧伤应急处理方法

一旦被火焰、蒸气、红热的玻璃、铁器等烫伤,立即将伤处用大量水冲淋或浸泡,以迅速降温,避免深度烧伤。若起水泡不宜挑破,用纱布包扎后送医院治疗。对于轻微烫伤,可在伤处涂些鱼肝油、烫伤油膏或万花油后包扎。

五字要诀:冲(水冲)、脱(脱衣)、泡(冷水)、包(净布)、送(医)。

5. 灭火与逃生

实验过程发生意外或失误造成起火燃烧时,切记保持冷静,不要惊慌失措,保持着火现场在可控范围内,以免使小错变成大错,小灾变成大灾。

小火的应对措施:

(1)通知实验室人员,呼叫周围容易帮助灭火的人员。

(2)正确使用灭火器材。灭火器应对准火焰的底部。

(3)随时保持逃生途径的通畅。

(4)用湿毛巾捂鼻,避免受到烟熏。

当火灾达到不可控的局面时,要以人为本,及时逃生。

安全事故
案例

思　考　题

1. 为了延长酒精灯加热时间,可否将酒精灯中的酒精加满?

2. 煤气灯发生侵入火焰时,如何处置? 此时应注意发生什么伤害?

3. 一同学看到别的同学在用煤气灯加工玻璃管,走过来拿起旁边的玻璃管时,常可能发生什么情况?

4. 用有机溶剂重结晶后,将过滤后得到的滤饼放入电热干燥箱中干燥,会导致什么后果?

5. 用坩埚盛放样品送入高温电炉中灼烧后,如何取出? 是否可直接将坩埚放在实验台上?

6. 使用电动搅拌器搅拌,安装完毕,开始搅拌前,为什么都要用手转动一下?

7. 某学生准备离心分离时,为什么要对离心机进行平衡,如何平衡?

8. 气相色谱使用氢气作为载气,氢气通过热导检测器时,为什么不发生爆炸?

9. 减压蒸馏结束时,为什么要先平衡压力,再停止真空泵?

10. 为什么不可以将气瓶完全用干净后再重新灌装?

11. 氢气瓶、氧气瓶与氮气瓶的气瓶与字体分别采用什么颜色?

12. 使用 X 射线衍射仪时,为什么要特别关注冷却循环水是否正常工作?

13. 在夏季,处置液氮时,要特别做好哪些个人防护?

14. 冬季使用干冰、液氮等时,除注意防止冻伤外,还应特别注意什么?

15. 为什么实验室进行回流操作时,通常在旁边放一块石棉布?

16. 在实验室发现旁边有人衣服着火时,应如何帮助其灭火?

17. 实验室配置的医药箱应包含哪些医用品? 为防止医用品丢失,可否将医药箱锁上?

18. 在什么情况下禁止使用负压式防毒面具?

第六章
化学实验室废弃物的安全处理与管控

教学课件　　　　　　　　知识图谱

化学实验室在运行过程中不可避免地会产生一些废弃物,尽管这些废弃物的总体数量比较少,但是实验室排放的物质成分复杂,具有不确定性及动态性等特点,其环境危害性不容低估。一些废弃物具有易燃、易爆、腐蚀、有毒等危险特性,如果处置与管理不当,不但产生污染,而且将对人身安全与健康造成伤害。《国家危险废物名录(2025年版)》中规定,"生产、研究、开发、教学、环境检测(监测)活动中,化学和生物实验室(不包含感染性医学实验室及医疗机构化验室)产生的含氰、氟、重金属无机废液及无机废液处理产生的残渣、残液,含矿物油、有机溶剂、甲醛有机废液,废酸、废碱,具有危险特性的残留样品,以及沾染上述物质的一次性实验用品(不包括按实验室管理要求进行清洗后的废弃的烧杯、量器、漏斗等实验室用品)、包装物(不包括按实验室管理要求进行清洗后的试剂包装物、容器)、过滤吸附介质等"均属于危险废弃物,类别为"HW49 其他废物",代码 900-047-49。2005 年 7 月,中华人民共和国生态环境部联合下发《关于加强高等学校实验室排污管理的通知》(教技〔2005〕3 号),要求高校实验室按照国家、地方环境保护法规和制度,加强实验过程中的废气、废液、固体废弃物、噪声、辐射等污染防治工作。"教技司〔2015〕265 号"和"教高厅〔2017(2 号)〕"文件要求高等学校实验废弃物按照危险废弃物进行分类管理,以及通过有资质的企业处置。因此,每名实验者应该学习并掌握实验室废弃物管理规定及相关专业知识,妥善保管和处置好这类物质。

6.1　化学废弃物的危害及处理原则

化学废弃物是指在生产、科研和教学活动中产生的,已失去使用价值的气态、固态、半固态及盛装在容器内的液态化学废弃物,主要包括实验过程中产生的三废(废气、废液、废固)物质、实验用剧毒物品及麻醉品、药品的残留物、放射性废弃物和实验动物组织等。废气通常在实验过程中产生,并通过通风系统而被排放。液体废弃物主要包括无机废液混合物和有机废液混合物。固体废弃物主要包括合成产物、分析样品等。另外,由于保存量过大,过期及失效的化学试剂和放大实验所生成的产物等,也成为化学废弃物的重要来源。

6.1.1 化学废弃物进入环境的途径及危害

1. 化学废弃物进入环境的途径

化学废弃物进入环境的途径主要有三种:

(1) **事故排放** 在实验、存放、运送等过程中,由于着火、爆炸、碰撞泄漏等突发性事故,造成有害化学品进入环境。

(2) **在实验过程中的废弃物排放** 多数实验在通风橱中进行,部分所产生的废气没有进行处理而直接随着通风系统排放到大气中。洗涤容器、清洁地面也使得一些化学品通过污水排放系统进入环境。

(3) **人类活动中废弃物的排放** 如汽车尾气、燃料燃烧废气、废弃塑料制品、使用的农药杀虫剂、家庭装修、织物印染物等直接排放或作为废弃物进入环境。

化学污染物引发的环境退化已演变为全球性的生态治理难题,如工业废气引发的城市雾霾严重影响了空气质量;未经处理的工业废水破坏了水域生态平衡;重金属污染导致耕地功能退化等。

2. 化学废弃物对环境的污染与危害

(1) **对大气的污染及危害** 对于化学废弃物对大气的污染影响,人们有着切身的体会。随着近年来政府采取的一些积极有效的措施,大气环境质量有了明显改观,蓝天天数明显增多。化学品废弃物对大气的污染主要有以下几个方面:

① 破坏臭氧层。研究结果表明,含氯化学物质,特别是氟氯烃进入大气会破坏平流层的臭氧,另外,N_2O、CH_4 等对臭氧层也有破坏作用。臭氧可以减少太阳紫外线对地球表面的辐射,臭氧层被破坏会导致人类皮肤癌发病率大幅增加。我国政府目前已制定并实施了 32 项有关保护臭氧层的政策法规,国家已立法对消耗臭氧层物质实施生产和进口配额。

② 导致温室效应。大气层中的某些微量组分能使太阳的短波辐射透过大气层加热地面,而地面增温后所放出的热辐射,又被这些组分吸收,使大气增温,这种现象称为温室效应。这些能使地球大气增温的微量组分,称为温室气体。主要的气体有 CO_2、CH_4、N_2O、氟氯烃等,其中 CO_2 是造成全球变暖的主要因素。温室效应产生的影响主要是使全球变暖和海平面上升。过去一百年,全球海平面平均每年上升 1.5~2 mm,累计总升幅为 12~20 cm;我国沿海海平面平均每年上升约 1.4 mm,但近 40 年上升速率显著加快。

③ 导致酸雨。由于硫氧化物(如 SO_2)和氮氧化物的大量排放,在空气中遇水蒸气形成酸雨,对动植物和人类均会造成严重影响。

④ 形成光化学烟雾。大气中未燃烧的煤尘、SO_2 与空气中的水蒸气混合并发生化学反应所形成的烟雾,称为"伦敦型烟雾",也称硫酸烟雾。

(2) **对土壤的危害** 全世界每年都会有大量未经妥善处理的化学废弃物进入土壤,可导致土壤酸化、碱化和板结。另外,有害废液中的有害成分被土壤吸附,导致土壤成分和结构的改变及生长植物的污染。这种情况在矿区及重金属冶炼厂区附近尤为严重。德国曾发生某冶金厂附近的土壤被有色金属冶炼矿渣污染事件,该片土壤生长的植物体内含锌量为一般植物的 20~80 倍,铅含量为一般植物的 80~260 倍。值得注意的是,一旦发生这类污染,对土壤的危害是长期存在的,要想消除污染非常困难。

（3）**对水体的危害** 化学废弃物对水体的危害可分成两类,一是无毒的废弃物所造成的危害,如含有一般无机盐、氮、磷的废液进入水体,形成富营养化状态,可造成水中浮游藻类的大量繁殖、水体透明度下降、溶解氧含量降低,继而威胁鱼类生存,使得水质发臭、海水出现赤潮等。二是有毒的废弃物所造成的危害,如重金属、农药、酚类、砷类化合物等,可在水中生物体内富集,直接造成损害、死亡,严重破坏生态环境。

1986 年瑞士一家化工厂发生爆炸,近 30 t 硫化物、磷化物及含汞化工产品随灭火剂和水流入莱茵河,在 150 km 范围内,约 60 万条鱼被毒死,甚至使得 500 km 范围内的两岸附近水井中的水无法饮用。更严重的是,有毒物质沉积在河底使莱茵河"死亡"20 年。2000 年,罗马尼亚一家金矿的废水沉淀池因暴雨发生漫坝事故,十几万升含有大量氰化物的废水被冲泄流入多瑙河,严重破坏了多瑙河流域的生态环境,并由此引发国际诉讼。

6.1.2   化学废弃物对人体的危害

化学废弃物对人体的危害可分为直接危害与间接危害。**直接危害**是指由于人们无意或不当接触化学废弃物所造成的伤害,这与化学品造成的伤害相同。有时化学废弃物的组成更为复杂,预防与治疗更为麻烦,难度也更大。**间接危害**是指环境中的化学废弃物,通过受污染的动植物而进入人类的食物链,在短期或长期被食用过程中进入人体累积所造成的危害。如食用被重金属污染的土壤上收获的大米、小麦等,重金属超标的贝类、鱼类水产品、海产品等,以及农药杀虫剂污染的水果蔬菜等。由此所导致的伤害治疗是一个长期痛苦的过程,需要引起足够的重视。

6.1.3   化学废弃物的处理原则

（1）遵守化学废弃物回收制度,实验室必须设置有回收设备,粘贴明显的标记。

（2）不能或不便处理的废液应详细记录、统一回收、集中处置。

（3）含毒废气一定要经过吸收处理;酸性或碱性气体需要中和吸收处理,避免直接排放。

（4）化学废弃物不可直接倒入下水道,或用水稀释后倒入下水道,更不可偷偷排入河流。

（5）特殊、高危、剧毒化学废弃物一定要进行无害化处理。

（6）废液或固体废弃物不可随意丢弃、掩埋。

（7）洒落的化学品一定要回收,不可混入生活垃圾。

（8）避免购入大量试剂,造成过期、失效。

（9）危险化学废弃物的包装及容器必须经过妥善处置。玻璃瓶不可随意丢弃或者打碎后丢弃。

6.1.4   环境保护法律和法规

从 20 世纪 70 年代起,我国开始加强环境立法,除在宪法中列入保护环境和自然资源的条款外,近年来国家相继颁布了一系列环境保护法律、法规和规章,初步形成了具有中国特色的环境保护法律体系。

《中华人民共和国环境保护法》是我国生态环境保护的基础性法律,明确了政府、企业和公众的环保责任。我国积极参与全球环境治理,已加入《保护臭氧层维也纳公约》《巴塞尔公约》等 60 余项国际公约,通过法规衔接推动国内外环境协同治理。

6.1.5 实验室废弃物管理规定及相关技术措施

随着人们安全意识的增强,对环境保护重要性认识的提高,以及高等学校实验室条件的不断改进,目前高等学校普遍制定了各种"实验室废弃物管理规定""化学实验室废弃物回收制度""危险化学废弃物管理制度"。这成为我国特色的环境保护法律体系的一部分,必须严格遵照执行。

当前,各高校化学实验室已全面构建实验室-院系-校级三级分类回收体系。**实验室内**配置标准化废液回收点及酸碱/有机等专业化分类回收装置;**院系层面**配备安全型化学废弃物智能暂存柜,实现分类暂存与数据追溯;**校级设置**具有危废预处理功能的综合回收中心,形成覆盖全品类、贯通全流程的规范化管理闭环。

通过安装密闭式废液回收装置,配备气体监测功能的智能暂存系统等技术措施,实验室实现危废分类贮存与有害气体实时控制,优化实验教学环境,并提供本质安全保障。

6.2　化学实验室废弃物分类与处置

6.2.1 化学实验室废弃物特性

化学实验室废弃物具有下列特性:

(1) **微量性**　单次产生量少(通常<200 mL),需持续收集且处置成本高。

(2) **多样性**　种类繁多,涵盖有机溶剂、重金属、病原体等危险物质,变异系数达 65%~80%。

(3) **前沿性**　含纳米材料、同位素标记物等物质,需要铅屏蔽容器等储存。

(4) **形态复杂性**　存在气态、液态、固态三种物态并存的现象。

(5) **多重危害性**　不同物质具有不同的危害性,如氰化物、苯系物等具有毒性;强酸、强碱具有腐蚀性;闪点低于 23 ℃ 的物质具有易燃易爆性;含病原体的物质具有生物感染性。

6.2.2 化学实验室固体废弃物及其无害化处置

1. 化学实验室固体废弃物的类别

化学实验室固体废弃物具有量少、种类多、多变等特性。按安全特性划分,化学实验室固体废弃物主要包括以下几类:

(1) **一般性固体废弃物**　主要包括废纸、塑料、玻璃、金属和布料。这类废弃物属于生活类固体废弃物,可分类回收,但由于这类物质曾经在化学实验室存留过,要特别注意不被化学物质污染。

(2) **化学品固体废弃物**　化学品固体废弃物种类相对多样化,主要包括:

① 过期的化学药品。长期存放的化学药品,其性质、组成等都可能发生变化,需要定期清理。

② 无标签的化学药品。有些化学试剂由于保存不当等,造成外包装物上的标签脱落、模糊、被腐蚀等,如果出现这种情况时,要果断进行报废处理。

③ 来源不明的化学药品。长时间遗留、遗忘的化学药品。

④ 剩余的实验检测样品等。

⑤ 不需要的合成实验产物。

⑥ 特殊的化学品固体废弃物,如苦味酸、高氯酸钾、金属粉末、氧化剂(高锰酸钾)等。

上述固体废弃物,无论是否有毒,都需要专业处置,不可认为无毒或低毒而随意丢弃。

(3)**实验过程中产生的化学固体残余**　过滤分离后的滤渣,如脱色用的活性炭、硅藻土、分子筛、色谱用硅胶等;化学污染物,如滤纸、滤布、药品包装纸等。

(4)**化学实验室特征的固体废弃物**　打碎的温度计、废弃的玻璃仪器、空试剂瓶(如玻璃瓶、塑料瓶)等。

(5)**与生物化学有关的固体废弃物**　废检体、废标本、器官或组织、废血液或血液制品等。

2. 固体废弃物的无害化处理

分类回收是化学实验室固体废弃物无害化处理的前提。固体废弃物的无害化处理主要有:

(1)**化学处理**　采用化学方法破坏固体废弃物中的有害成分而使其无害化,或将其转变成为适于进一步处理、处置的形态。

(2)**生物处理**　利用微生物分解固体废弃物中可降解的有机物,从而达到无害化或综合利用。

(3)**物理处理**　通过浓缩或相变化改变固体废弃物的结构,使之成为便于运输、储存、利用或处置的形态。

(4)**固化处理**　采用固化基材将废弃物固定或包覆起来以降低其对环境的危害,从而能较安全地运输和处置的一种处理过程。

(5)**热处理**　通过高温破坏和改变固体废弃物组成和结构,达到减容、无害化或综合利用的目的。热处理方法包括焚化、热解、湿式氧化及焙烧、烧结等。

固体废弃物多集中回收后由专业厂家处理,应尽量避免在实验室自行处理而发生意外事故。

6.2.3　化学实验室废液及其无害化处置

1. 化学实验室废液特性与分类

(1)**化学实验室废液特性**　化学实验室废液的特性包括量少、种类繁多、废水排出形态复杂、排出的废水量变化大且具有不定时性。

(2)**液体废弃物分类**　依性质可分为化学性实验废液、生化性实验废液、物理性实验废液(过热、过冷废液)、放射性实验废液。其中,化学性实验废液又可分为有机废液(包括油脂类、含卤素有机溶剂、不含卤素有机溶剂、含甲醛有机溶剂等)和无机废液(包括酸碱废液、含水银废弃物、含重金属离子废液、含氟或氰废液等)。

(3)液体废弃物回收储存 目前高等学校化学实验室已经普遍建立了废液分类回收系统。将废液分类储存起来,由专业厂家集中进行无害化处理。但回收、储存过程处置不当,也会造成危害。如发生泄露、混合不相容的废弃物而导致剧烈反应、火灾与爆炸等。

废弃物混合前需要做废液相容性试验,凡是会产生热、起火、产生有毒或易燃气体、发生爆炸或剧烈反应及不能确定是否有危害性的废弃物均不能混合填装。

实验废液
相容性表

回收容器不可装满,只能按照容器容积的70%~80%盛装。每次装入新的废弃物前都应该检查容器内的液面高度。回收容器应带有防漏托盘和带盖漏斗,以防止溢出和泄漏。回收容器每装入一种新的废弃物,都应该立即在"化学废弃物日志"中标明。收集的废弃物应及时送至化学废弃物集中回收点。挥发性有机废液应使用金属废液罐。

液体废弃物储存原则:

① 遇水反应性类须单独储存。

② 空气反应性类须单独储存。

③ 氧化剂类须单独储存。

④ 氧化剂与还原剂须分开储存。

⑤ 酸液与碱液须分开储存。

⑥ 氰系类与酸液须分开储存。

⑦ 含硫类与酸液须分开储存。

⑧ 碳氢类溶剂与卤素类溶剂须分开储存。

2. 化学实验室废液无害化处理的主要方法

尽管目前高等学校已经普遍实行化学废液分类回收制度,但是熟悉、了解有关实验室化学废液无害化处理的主要方法,不仅可以尽量避免危险化学废弃物对人的危害和对环境的污染,还可以有效节约储存、运送与处理费用。特别是对于一些高毒、高危险性废液,必须及时安全处理以免发生意外。

(1)化学实验室废液无害化处理的主要方法 根据化学废液产生的主要类型,对其无害化处理时,主要采取以下几种方法:

① 中和法。这是对于一般低浓度无机废酸、废碱在实验室经常采用的方法。操作时注意混合发热、产生气体及溶液飞溅伤人。

② 沉淀法。根据废液的性质,加入合适的沉淀剂,控制适当条件,将废液中有毒、有害组分生成无害沉淀,分离后再另行处置。该方法在处理有害重金属离子时较为常用。

③ 氧化法。该方法是在废液中加入或通入氧化剂,使有毒、有害物质发生氧化反应,分解后转化为无毒或低毒物质,如含氰废液的处理等。

④ 还原法。利用重金属多价态的特点,在废液中加入还原剂,使重金属离子转化为易于分离除去物质的一种方法。常用的还原剂为铁屑、铜屑、硫酸亚铁、亚硫酸氢钠等。

⑤ 蒸馏法。该法主要用于有机溶剂的回收再利用。

以上方法简便、有效,可以在实验室采用。另外,焚烧法处理有机废液在工业上简便、有效,但不适合实验室采用。

（2）常见危险化学废液实验室无害化处理

① 含氰废液无害化处理。通常氰化物具有强毒性，在处理及实验操作时必须特别注意。处理氰化物废液的方法较多。少量的含氰废液可先加氢氧化钠调节 pH>10,再加入几克高锰酸钾使 CN^- 氧化分解。较大量的含氰废液常用碱性氯化法处理，其处理流程可分为两个阶段，首先用次氯酸钠将氰化物 CN^- 氧化成毒性较低的氰酸盐 CNO^-,此阶段的 pH 维持在 9.5~10.5,以缩短反应时间。然后将氰酸盐氧化成 CO_2 及 N_2。

在处理过程中，反应的 pH 是关键因素，必须保证反应在碱性（pH = 9.5~10.5）条件下进行，避免放出剧毒氰化氢。

② 含砷废液无害化处理。在含砷废液中加入生石灰或氢氧化钙，调节并控制 pH 在 8 左右，即可生成砷酸钙和亚砷酸钙沉淀，分离沉淀后集中处理。

③ 含铅废液无害化处理。加入氢氧化钙，调节 pH 至 10,使 Pb^{2+} 生成氢氧化铅沉淀，加入硫酸亚铁作为共沉淀剂，调节 pH 至 7~8,过滤分离沉淀。

④ 含汞废液无害化处理。含汞废液先用 NaOH 将 pH 调至 8~10,加入过量的硫化铁，使其生成硫化汞沉淀，再加入一定量的硫酸亚铁作絮凝剂，将在水中难以沉淀的硫化汞微粒吸附而共同沉淀，然后静置，沉淀分离后集中处理。

⑤ 含铬废液无害化处理。通常在酸性条件下加入硫酸亚铁，使高毒性的 Cr(Ⅵ) 还原为低毒性的 Cr(Ⅲ)。再向废液中加入废碱液或石灰，调节 pH 至 7~9,使其生成低毒的氢氧化铬沉淀，沉淀分离后集中处理。

6.2.4　实验室特殊废弃物的回收储存与注意事项

特殊废弃物即反应活性较高的化学品，主要包括反应活性较高的、易与水反应的、易爆的化学品，或浓缩的强氧化剂、还原剂。特殊废弃物不允许与其他化学废料混合。

对于特殊废弃物的回收储存，应尽可能将化学品存放在原容器中，若原容器不足，则可把其装在能与之兼容的坚固容器中。每个容器（内装按规定收集的废弃物）都必须附带一个"特殊废弃物复核身份证明表"。学校拒绝收集任何没有完整填写此表的盛有特殊废弃物的容器。填写时一定要使用永久性黑色墨水。

当不正确储存或超过储存期限时，许多普通的化学品也可能变得易爆或对冲击敏感。这些材料一般不能与其他化学废弃物一起收集，而且当不正确搬运这些材料时，它们易变得不稳定。在这种情况下，其将对实验室安全构成相当大的威胁。

化学实验室常见特殊废弃物主要包括以下几种。

1. 可过氧化的化学品

当多种化学品暴露在空气中时，它们能够形成具有强爆炸性的过氧化物。过氧化物对热、摩擦、撞击和光均相当敏感，属于实验室内最危险的化学品之一。

这种情况在乙醚中普遍存在，也发生在许多其他有机化合物及部分碱性和氨基化合物中。许多重大的实验室爆炸事故是由搬运老化过期的乙醚导致的。因此，务必十分小心，以防在这些化学品中形成过氧化物。

要注意及时报废处理已开瓶的可过氧化的化学品。有严重危害的可过氧化的化学品宜在三个月内报废处理，如二异丙醚等。高危害的可过氧化的化学品须在六个月内报废处理，包括异丙基苯、二乙醚、二氧杂环乙烷、四氢呋喃、乙烯醚等。

对于可过氧化的化学品,使用者须注意生产商提供的生产日期和推荐的有效期限。过氧化的化学品形成的一个明显标志就是液体中的结晶现象。然而,在没有明显结晶的情况下,这些过氧化的化学品也具有较大危害性。在容器瓶盖和螺纹处也可能形成过氧化物结晶体。这些物质应尽可能通过化学废弃物管理部门进行统一处置。

2. 苦味酸和其他多硝基化合物

苦味酸普遍用于化学实验室中,是一种相对安全的化合物。为了使其保持稳定,通常所售的苦味酸中添加了 10% 的水。当苦味酸失水干透或形成某些金属盐时,它会变得易爆。为了安全地储存苦味酸,应采取下列步骤:

(1)不得将苦味酸储存在带金属盖的容器中或与任何金属接触。

(2)经常检查苦味酸,以确保它保持湿润,并根据需要补加水;储存在阴凉处;不得将苦味酸放置在干燥器中。

(3)不要试图打开旧的或干的盛装苦味酸的瓶子。应将其送至化学废弃物管理部门。

若报废其他多硝基化合物,需了解有关搬运和储存这种化合物的详细信息,联系专业公司处置,切记不要自行处理。

3. 叠氮化钠

叠氮化钠为白色六方系晶体,无味、无臭,纯品无吸湿性、无可燃性,但有爆炸性。当受到污染或不正确使用时,可形成极易爆炸的叠氮重金属。如果通过下水道处置叠氮化钠溶液,则可在管道内形成叠氮铅或铜。因此,不得将叠氮化钠迅速加热或储存在有金属化合物的容器内。

叠氮化钠能和大多数的碱土金属、一价或多价重金属的盐类或氢氧化物反应,而生成叠氮化物。特别是与黄铜(铜锌合金)、青铜(铜锡合金)等反应,能生成极易爆炸的重金属叠氮化物。与活性有机卤化物反应,则生成不稳定的有机叠氮化物。

叠氮化钠加热至 40 ℃ 分解为氮气和金属钠,并放出大量热。例如,130.2 g 的叠氮化钠,可以产生 3 mol 的氮气,相当于 0 ℃、101.325 kPa 下 67.2 L 体积的氮气。

叠氮化钠与酸反应产生叠氮酸(HN_3),反应化学式如下:

$$2NaN_3 + H_2SO_4 \longrightarrow Na_2SO_4 + 2HN_3$$

叠氮酸为低沸点(37 ℃)溶液,可以与水以任意比例混溶,逐渐增大叠氮酸浓度,会产生难闻的臭气味,其毒性及爆炸性很强。

表 6-1 列出了化学实验室常见危险废弃物的处置方法。

表 6-1 化学实验室常见危险废弃物的处置方法

危险废弃物种类	处置方法
碱金属氢化物、氨化物和钠屑	将其悬浮在干燥的四氢呋喃中,搅拌下慢慢加入乙醇或异丙醇至不再放出氢气,澄清为止,再慢慢倒入落地通风柜内相应的废液桶中。黏附在瓶内壁上的少量 NaH 等用无水乙醇或异丙醇荡洗干净后才算解除危险

危险废弃物种类	处置方法
硼氢化钠(钾)	用甲醇溶解后,以水充分稀释,再加酸并放置。此时有剧毒、易自燃、易灼伤皮肤的硼烷产生,故所有操作必须在通风橱内进行,其废液用碱中和后倒入落地通风柜内相应的废液桶中
酰氯、酸酐、三氯氧磷、五氯化磷、氯化亚砜、硫酰氯、五氧化二磷	在搅拌下加到大量冰水中(不能加反了),再用碱中和,倒入落地通风柜内相应的废液桶中
催化剂(Ni、Cu、Fe、Pd/C、贵金属等)或沾有这些催化剂的滤纸、塞内塑料垫等	这些催化剂干燥时常易燃,和空气或有机物的气体摩擦也容易燃烧,抽滤时也不能完全抽干,用橡胶管吸取高压釜内有雷尼镍的反应液时,注意不能抽空,以免吸附在管内壁上的雷尼镍和空气摩擦引起燃烧。用过的催化剂绝不能丢入垃圾桶中,应密封在容器中,用水或有机溶剂盖住,贴好标签统一处理回收
氯气、液溴、二氧化硫	用 NaOH 溶液吸收,中和后倒入落地通风柜内相应的废液桶中
氯磺酸、浓硫酸、浓盐酸、发烟硫酸	在搅拌下,滴加到大量水或冰水中,用碱中和后倒入落地通风柜内相应的废液桶
硫酸二甲酯	在搅拌下滴加到稀 NaOH 或氨水中,中和后倒入落地通风柜内相应的废液桶中
硫化氢、硫醇、硫酚、HCl、HBr、HCN、PH₃、硫化物或氰化物溶液	用 NaClO 氧化。1 mol 硫醇约需 2 L NaClO 溶液;1 mol 氰化物约需 0.4 L NaClO 溶液,用亚硝酸盐试纸试验,证实 NaClO 已过量时(pH>7),处理后倒入落地通风柜内相应的废液桶中
重金属及其盐类	利用碳酸盐、氢氧化物、硫化物等与其形成难溶的沉淀,封装后深埋
氢化铝锂	将其悬浮在干燥的四氢呋喃中,小心滴加乙酸乙酯,如反应剧烈,应适当冷却,再加水至氢气不再释放为止,废液用稀 HCl 中和后倒入落地通风柜内相应的废液桶中
汞	对洒落的汞珠,可用硬纸片(或胶带、注射器等)吸附,装入密封容器;对废汞盐溶液,可制成 HgS 沉淀,过滤后,集中深埋
有机锂化物	将其溶于四氢呋喃中,慢慢加入乙醇至不再有氢气放出,然后加水稀释,最后加稀 HCl 溶液至溶液变清,倒入落地通风柜内相应的废液桶中
过氧化物溶液和过氧酸溶液,光气(或在有机溶剂中的溶液,卤代烃溶剂除外)	在酸性水溶液中,用 Fe(Ⅱ)盐或二硫化物将其还原,中和后倒入落地通风柜内相应的废液桶中
钾	少量金属钾可逐粒加入干燥的叔丁醇中,再缓慢加入无甲醇的乙醇,搅拌促进其溶解,最后用稀酸中和后倒入专用废液桶中
钠	少量金属钠可分次加入无水乙醇或异丙醇中,将其溶解至澄清,用稀 HCl 溶液中和后倒入专用废液桶中
叠氮化钠	有剧毒,废液可用次氯酸盐溶液处理,反应生成无害的 NaCl、NaOH 和 N₂。

6.2.5 化学实验室涉及的生物性(生化性)废弃物回收与处置

随着学科交叉融合,化学实验室涉及的生物及生物化学实验日益增多,所产生的生物性废弃物也越来越多,有必要介绍、学习相关知识。

1. 生物性废弃物分类

（1）**感染性废弃物**　携带病原微生物,具有引发感染性疾病传播危险的废弃物,包括病原体的培养基、标本和菌种、毒种保存液;各种废弃的血液、血清样品;使用后的一次性医疗用品及一次性医疗器械。

（2）**病理性废弃物**　测试及实验动物的组织,如病理切片后废弃的人体组织、病理切片等。

（3）**损伤性废弃物**　能够刺伤或割伤人体的废弃医用锐器,如医用针头、缝合针、解剖刀、手术刀、载玻片、玻璃试管、玻璃安瓿瓶等。

（4）**药物性废弃物**　过期、淘汰、变质或被污染的废弃药品,包括抗生素、非处方类药品;细胞毒性药物和遗传毒性药物;致癌性药物,如环孢霉素、环磷酰胺;可疑致癌性药物,如丝裂霉素、苯巴比妥等;废弃的疫苗、血液制品等。

2. 生物性废弃物管理规定

（1）遵循国家《医疗废物管理条例》（2011 年修订）。

（2）感染性废弃物、病理性废弃物、损伤性废弃物、药物性废弃物及化学性废弃物不能混合收集。少量的药物性废弃物可以混入感染性废弃物,但应当在标签上注明。

（3）根据生物废弃物的类别,将生物废弃物分置于符合《医疗废物专用包装物、容器的标准和警示标识的规定》的包装物或容器内。

（4）在盛装生物性废弃物前,应当对废弃物包装物或容器进行认真检查,确保无破损、渗漏和其他缺陷。

采用化学消毒处理技术的地区,医疗废弃物的包装袋应当符合以下要求:

（1）包装袋分为黄色和红色两种,黄色袋用于盛装感染性废弃物（如废弃的病原体培养基、标本等）、病理性废弃物（如手术切除的人体组织、器官等）,适用于化学消毒处理;红色袋用于盛装放射性废弃物、高危化学性废弃物,不适用于化学消毒处理,收集时红色袋应单独收集。

（2）包装袋上应有医疗废弃物的中文标识,标识内容应包括医疗废弃物产生单位、产生日期、废弃物类别、警示标识等。

（3）包装袋在正常使用时应能够防止破损,并不与盛装设备材质发生化学反应。

3. 生物性废弃物储存和处理

（1）**感染性废弃物**

① 先用高温高压灭菌法处理,分类表示并注明单位及姓名后,采用一次性塑料袋或纸箱（用于干性废弃物）密封收集保存。

② 放置于收集位置储存,不可混杂生活垃圾。

③ 损伤性废弃物装入利器盒。

④ 委托合格的废弃物清除处理单位定期清运、处理。

（2）**生理性废弃物** 集中回收后，由合格的废弃物清除处理单位焚烧处理。通常需要立即处理，如果无法立即处理需要保存：

① 于常温下储存者，以 1 日为限。

② 于 5 ℃以下冷藏者，以 3 日为限。

③ −18 ℃以下冷冻储存，以 30 日为限，应标示感染性废弃物标志、储存时间、温度及质量。

（3）**损伤性废弃物** 处理方式：损伤性废弃物装入利器盒，其他装入环保袋送至指定场所。玻璃类药品空瓶由指定回收单位回收。

（4）**药物性废弃物** 少量药物性废弃物可以按照感染性废弃物处理。大量由合格废弃物回收清除部门定期清运处理。化学性废弃物按照化学废弃物处理。

6.3 减少实验室废弃物的途径

6.3.1 改进实验方法

1. 选择合适的教学实验

教学实验不同于科研实验，学生人数多，实验总学时数多，尽管每个实验涉及的试剂量及废弃物排放量不大，但总量不可小觑。因此，开展实验教学研究，采用先进实验教学技术、选择合适的教学实验项目、改进现有实验方法对于提升教学质量、减少"三废"排放、改善实验环境、保护健康与环境有着重要意义。

2. 选择绿色化学实验

绿色化学是在 20 世纪 90 年代由于人们认识到传统化学的不足而产生的一门新兴学科。它是运用化学原理和方法来减少或消除工业生产过程中使用或产生的对生态环境有害的原料、催化剂、溶剂、试剂、副产物等的一门科学，从源头上阻止了化学物质对环境的污染，是化学未来发展的方向。

绿色化学涉及有机合成、催化、生物化学、分析化学等学科。人们已经依据绿色化学的理念，设计了一系列绿色化学实验。随着绿色化学实验不断引入教学，传统化学实验面貌将大大改变，实验室废弃物的产生与排放将极大降低。相关内容可查阅参考书籍。

3. 采用微量及半微量实验

采用微量及半微量实验，减少实验药品用量，自然也减少了化学废弃物排放量，这已成为教学实验发展的新方向。在目前高等学校的教学实验中，微量及半微量实验多有引入，也有专门的教材出版，可查阅参考相关书籍。

6.3.2 对废弃物进行前处理

对废弃物进行前处理,使其成为一般废弃物,可以大大降低在储存、运送及处理时的危害性。对废弃物进行前处理可以依据一般废弃物的处理规范进行。

对废弃物进行前处理时,要遵循安全原则,处理前要充分了解废弃物的来源及详细成分,仔细阅读各成分的安全资料,尤其注意是否有挥发性的成分及易爆的性质,并向学校主管单位及专业人员充分咨询,选择最安全、对环境污染最小的处理方法。

6.3.3 从源头减少废弃物

废弃物不论如何处置都无法完全消失,最好的策略还是从一开始就不要产生废弃物或尽可能降低其产生量。从源头减少废弃物可以采取以下措施。

1. 改变实验室使用的毒性化学物质

实验室管理人员在购置化学药品时,通常较少考虑化学药品使用后对环境的污染性,尤其是所使用化学药品的毒性是否对环境有害。实验室所排放的废弃物数量虽然相对较少,但所排放废弃物的毒性对环境所造成的危害,则是不可忽视的。所以,要尽量避免实验室使用毒性较大的化学物质,通常可采取下列措施:

(1)以生物可分解性有机溶液代替苯或甲苯为主的溶液。

(2)以可分解清洁剂及其他硫酸除污剂替代重铬酸钾-硫酸除污溶液或其他含铬酸除污剂。

(3)回收有毒、有害的有机溶剂。

2. 修正实验方法

使用分析仪器替代传统的化学分析方法;尽量使用微量分析技术,如氮的测定使用微量凯式定氮法;使用微量的分析仪器,如利用化学需氧量分析仪减少硫酸-重铬酸盐-银的废弃物。

3. 交换再利用化学药品

某一实验室不需要的化学药品或废液对于其他实验室也许并非完全无用,在有效的信息交换及便捷的信息查询下,交换再利用是可行的处理方法。

4. 不可购置过量的化学药品

实验室管理者必须在购置化学药品前对化学药品用量进行严格计算与控制,以免造成化学药品的浪费,并增加实验室产生的废弃物量。

5. 建立完备的化学药品登记制度

制度性登记化学药品种类及存量,以避免化学药品的重复购置。

6.3.4　应用虚拟仿真实验

虚拟实验通过数字化模拟替代真实化学试剂的使用,从根源上消除化学废弃物(如有毒气体、腐蚀性液体)的产生;同时规避高危实验(如易燃易爆反应)可能引发的污染性事故,是一种可供选择的安全、高效、灵活的实验模式。

6.4　化学废弃物回收装置及相关技术措施

化学实验室废弃物分类回收制度的建立与实施,不但使实验室管理更加科学,也极大地改善了实验环境,促进安全与环境保护意识。保持实验室及实验过程无刺激性气味、废弃物分类回收已经成为化学实验室评估是否达标的一项重要标准。

6.4.1　化学实验室废弃物回收点及装置

受经济条件的限制,传统实验室废弃物回收多采取单一的敞口陶瓷罐,造成空气污染、健康危害,并形成安全隐患。目前所建立的实验室废弃物回收系统,多在实验室指定区域,采用专门设计的、不同材质的、可满足不同类别废弃物分别存放要求的多个回收桶、架子及相关部件组成。

目前所使用的废液回收桶材质主要有金属材质和塑料材质两种。金属材质废液回收桶用于挥发性有机溶剂的回收,能承受一定的压力。塑料材质废液回收桶通常有多种颜色,使用时桶上应标记废液类别,如废酸、废碱等。废液回收桶通常使用带有盖子的漏斗,既方便废液倒入,又可防止气味扩散。塑料废液回收桶带有防漏托盘与防倾倒附件,安全性较高。图 6-1 给出了几种常见的废液回收桶。

|(a) 金属废液罐 | (b) 带有防漏托盘、带盖漏斗的
塑料废液回收桶 | (c) 带有防倒装置的塑料
废液回收桶|

图 6-1　几种常见的废液回收桶

在废液回收区域,应悬挂指定的废液回收标志,且应标志明显、易于识别、通行方便、没有阻挡、方便操作。

有的实验室将多个废液桶组合成一套回收系统,保持封闭并与实验室通风系统连接,可进一步降低气味扩散,效果较好。同时,每个废液桶的正面都必须清晰标记废液类别,并悬挂各自的"废弃物日志"记录本,要严格记录,便于核查。

实验室废弃物日志记录示例如下:

【示例一】

日期 2024.4.2

酯化反应中乙醇和乙酸混合,最后反应物大约是 100 mL。

原料:乙醇、乙酸

废弃物:乙酸乙酯

容积:100 mL

废弃物类型:非卤代物有机溶液

负责人:＊＊＊

【示例二】

日期 2024.6.2

氯化钠和硝酸银溶液各 50 mL 混合,反应形成的氯化银沉淀。

原料:氯化钠,硝酸银

废弃物:氯化银沉淀

容积:100 mL

废弃物类型:碱金属和金属废弃物

负责人:＊＊＊

6.4.2　危险化学废弃物安全暂存柜

各实验室收集的废弃物要及时送到危险化学废弃物安全暂存柜统一存储。

危险化学废弃物安全暂存柜是近年来出现的,专门为化学废弃物设计的,移动式的存储、中转装置,如图 6-2 所示,可灵活设置在化学实验室附近的空地上,占地面积较小。

图 6-2　危险化学废弃物安全暂存柜外观图

危险化学废弃物安全暂存柜通常包括箱体、内部储存装置、检测设备、消防设备、安全净化装置、安全降温系统等。柜体部分设安全防火门,柜体内部配有化学品储存柜、废液回收桶、储物架。柜体底部设漏液回收槽。柜体内部配专业检测仪器,能对可燃气体实现 24 小时检测。柜体上方安装有排风装置,柜体外部设有喷洒降温装置,有的内部安装有防爆空调,可全方位控制箱体温度,其内部结构可参见图 6-3。

图 6-3　危险化学废弃物安全暂存柜内部图

危险化学废弃物暂存柜内壁、内部存储系统及底板全部采用重防腐蚀涂料涂装,确保系统在恶劣环境下减缓腐蚀,防止危险化学废弃物泄漏。

系统通常配置个人防护系统,在外部配备个人防护柜、内置正压式空气呼吸器及个人防护衣、防护鞋和手套等,可在突发情况下取用。在室外还配置了喷淋净化装置,以便工作人员在处置废弃物过程中接触危害物时能及时清洗净化,确保个人安全。

危险化学废弃物暂存柜配备了观察窗,用于工作人员在进入柜体前观察内部状况,确保作业安全。配置了温度控制系统,由温度检测装置、防爆空调、顶部喷淋系统组成,一旦温度超过设定温度防爆空调自动运行。同时,万一出现异常高温或火灾,还可以自动或人工启动外置顶部喷淋降温。此外还安装了可燃气体检测报警系统,一旦相关指标超标,安装在外部的报警系统就会发出声光报警。同时抽风机自动调整为强力抽风模式,确保内部空气符合安全需要,并将有毒有害废气进行可靠净化处理后排出。

6.4.3　化学废弃物回收站

有的学校设有位于专门固定地点的化学废弃物回收站,集中储存全校的废弃物。化学废弃物回收站要远离人员聚集区域,尽可能靠近废液产生量大的化学实验室,设施完善,标识明显,但应远离教学中心。也有的学校没有专门的化学废弃物回收站,可通过危险化学废弃物安全暂存柜直接转运。

安全事故
案例

　　化学废弃物回收站储存的化学废弃物必须有明确的分区。收存的废液要及时转运,不可储存量过大。

思 考 题

1. 化学废弃物进入环境的途径有哪些?
2. 化学废弃物对环境的危害有哪些?
3. 化学废弃物对人体的危害有哪些?
4. 不直接接触化学废弃物是否就可以不受其危害?
5. "伦敦型烟雾"与"洛杉矶型烟雾"有什么不同?
6. 实验室化学废液无害化处理的主要方法有哪些?
7. 为什么实验室化学废液要分类回收?
8. 含氰废液如何进行无害化处理?
9. 含砷废液如何进行无害化处理?
10. 长久放置的苦味酸为什么会变得易爆?
11. 举例说明哪些废弃物混合可导致爆炸发生。
12. 减少实验室废弃物的途径有哪些?
13. 查找或设计一个绿色化学实验。
14. 塑料废液回收桶为什么要带有防漏托盘?

第七章
化学实验室注意事项、事故处置与典型案例分析

知识图谱

在化学实验室中,灾害均是由事故而引起的,而事故则是由不安全行为及不安全环境造成的。而不安全行为及不安全环境都源于不良管理,根本上是管理不善、不重视安全、无安全政策等。也就是说,归根结底是人的自身问题。因此,树立良好的安全意识、科学规范管理及按规操作是杜绝安全隐患、保护人身安全的关键。

7.1 化学实验室安全应注意的基本事项

7.1.1 化学实验室的一般安全注意事项

(1) 进入实验室时,应熟悉实验室周围环境和各种安全设施的分布、安全出口的位置和逃生通道的走向。

(2) 熟悉实验室内部环境及水、电、气及电源开关位置。

(3) 熟悉各种消防设备(如灭火器、消防毯、消防沙等)的摆放位置及使用方法。

(4) 熟悉各种防护用品(如紧急喷淋器、洗眼器、防护眼镜、防毒面具、急救药箱等)的摆放位置及使用方法。

(5) 爱护所有设施,避免损坏,保持环境卫生。

7.1.2 实验室工作时应注意的基本事项

1. 实验前必须做好周密的准备

实验前,不仅要对所用的实验装置及药品等进行认真的检查,还必须按照实验的要求做好充分的准备工作。为了避免在着火时衣物被点燃,衣着必须尽量合适,使之既不露出皮肤,又能灵活地进行操作。同时不得佩戴隐形眼镜、饰品、手链等,女生应将头发扎起。实验时须戴防护眼镜,必要时还应戴手套或防护面具。

2. 要听从老师的指导,不可蛮干

一定要遵照老师的指导进行实验,绝不可随意蛮干。

采用不合适的操作方法或使用不安全的装置进行实验,是发生实验事故的根源。因此,实验时千万不可蛮干。

3. 熟悉本实验室的化学品安全说明书(MSDS)

详细了解实验中涉及的各种化学品的特性,做到心中有数,有措施、有预案。

4. 必须提前估计到实验的危险性

实验事故虽不可预测,但其危险性的大小是可以估计到的。对不大了解的实验,必须推测其危险程度而制订相应的预防措施。如下面这类实验,必须十分注意,充分做好防范。

(1) 不了解的反应及操作。

(2) 存在多种危险性的实验(如发生火灾、产生毒气等)。

(3) 在严酷的反应条件(如高温、高压等)下进行的实验。

5. 充分做好发生事故时的预防措施

必须充分做好发生事故时的预防措施并加以检查之后,才能开始实验。

实验前,要先清楚了解需要关闭的主要龙头、电气开关、灭火器或急救用的喷水器的位置及操作方法,以及清理好万一发生事故时退避的道路,明确急救方法和联络信号等事项,才能开始进行实验。

6. 不可忽视实验结束后的处理事宜

实验后的处理工作,亦属实验过程的组成部分,特别不可忽略对回收溶剂和废液、废弃物等的处理,以及按正确顺序关闭电气设备,如搅拌器转速必须旋到最小;使用气瓶时,关闭总阀。物品、试剂不可遗漏在装置中。

7.1.3 化学品安全说明书

化学实验室必须配备化学品安全说明书(material safety data Sheet, MSDS),这是化学实验室管理规范化、国际化的重要标志。MSDS 是包括多方面信息的一份综合性的、指导性文件。

MSDS 有固定的格式要求。化学实验室所涉及的每种化学试剂都必须制定一份相应的 MSDS。

1. 化学品安全说明书

化学品安全说明书在国际上也称化学品安全信息卡,是化学品生产商和经销商按法律要求必须提供的化学品理化特性(如 pH、闪点、易燃度、反应活性等)、毒性、环境危害及对使用者健康(如致癌、致畸等)可能产生危害的一份综合性文件。它包括危险化学品的燃、爆性能,毒性和环境危害,以及安全使用、泄漏应急救护处置、主要理化参数、法律法规等方面信息。

2. MSDS 的作用

（1）提供有关化学品的危害信息，保护化学品使用者。例如，实验人员在使用具有挥发性的有毒化学品时，依据 MSDS 提供的信息，佩戴合适的防毒面具和防护手套。

（2）确保安全操作，为制订危险化学品安全操作规程提供技术信息。

（3）提供有助于紧急救助和事故应急处理的技术信息。

（4）指导化学品的安全生产、安全流通和安全使用。

（5）是化学品登记管理的重要基础和信息来源。

3. MSDS 的内容

（1）什么物质，什么危害

① 化学品及企业标识。

② 成分/组成信息。

③ 危险性概述。

（2）发生危险，应该怎么做

① 急救措施。

② 消防措施。

③ 泄漏应急处理。

（3）如何预防和控制危险发生

① 操作处置与储存。

② 接触控制/个体防护。

③ 理化特性。

④ 稳定性和反应性。

（4）其他一些信息

① 毒理学资料。

② 生态学资料。

③ 废弃处置。

④ 运输信息。

⑤ 法规信息。

⑥ 其他信息。

7.2 化学实验的基本安全操作

第一次走进化学实验室时，很多人可能充满好奇心，也会心存敬畏。但经过一段时间后，有些人可能变得不以为然，而安全事故往往就由此慢慢萌发。因此，在化学实验室中，不但要一直保持探索与创新的初心，还要时刻牢记心存敬畏。进行化学实验最基本的原则就是将一切化学品及实验操作过程皆视为是具有潜在危害的，但通过学习及掌握相关的基本安全操作，则可以将潜在的危害关闭在安全的笼子里。

7.2.1 使用化学试剂时的安全注意事项

（1）使用危险化学品时应佩戴防护眼镜、防护手套及实验服。

（2）确认标签清晰，并核对名称、分子式及试剂等级等信息，严格防止误用。

（3）不可将打开的试剂瓶盖随意摆放。应将瓶盖倒置放在干净、不易拿错的地方，并在取完试剂后立刻盖上瓶盖。

虚拟实验
苯酚的取用

（4）拿起试剂瓶时，应注意手心对着标签。这样既避免试剂顺着瓶口流淌到标签上，同时也防止下次取用时，手接触到流淌出的试剂。

（5）开启低沸点液体试剂或其他危险试剂的瓶盖时，切勿使瓶口正对他人或自己，尤其是头面部。

（6）对于苯酚等高熔点的试剂，在冬季容易固化，经常倾倒不出来。取试剂时不能用火、吹风机等烘烤试剂瓶。可松开瓶盖，在水浴上熔化后倒出。

（7）操作危险化学品时，一定要两人同时在场，以便在突发情况发生时相互照应。

（8）不要直接去闻试剂瓶瓶口的气味，正确的做法是摆动手掌将少许气味引向鼻子。

（9）认为是无毒的试剂也不要用嘴品尝。

（10）配制试剂的试剂瓶必须立即贴好完整的标签。标签应用碳素墨水书写。

（11）在试剂瓶多次使用过程中，避免重叠粘贴多层不同标签，以防标签脱落混淆。

虚拟实验
浓硫酸的
稀释操作

（12）从试剂瓶中取出的多余试剂或未用完的试剂，不能倒回原来的试剂瓶中，这对于分析化学实验尤为重要。

（13）碱性试剂不要保存在玻璃磨口瓶中，磨口容易黏住使得打开困难。要使用橡胶塞塞住瓶口，或将滤纸夹在瓶口处。

（14）切不可使用饮料瓶及食品包装盛放试剂、样品，防止不了解情况的人员误服。

（15）实验台上同时摆放多套滴瓶时，要拿到自己跟前使用，以防止多人同时取用时发生"张冠李戴"的现象。

（16）往试管及玻璃瓶中放金属颗粒试剂时，应倾斜瓶口，慢慢滚入，避免打碎管底。

（17）实验室的试剂瓶摆放高度不要超过 1.5 m。

（18）液体试剂要放在底层，固体试剂放在上层。

7.2.2 使用汞时的安全操作

汞是一种重要的化学试剂，在许多方面具有不可替代的作用，但汞具有较大毒性，易挥发，使用不当，将造成严重毒害。所以为防止中毒，必须了解汞的特性，在涉及汞的储存与操作中严格遵守以下规定：

（1）**储存容器** 汞要保存在厚壁的玻璃容器或瓷质容器中。汞的密度较大，用烧杯临时盛放时，不可多装，以防破裂，并要将其放置在搪瓷托盘内。

（2）**防止挥发** 汞暴露在空气中时，可直接蒸发而使空气中的汞含量超标，引起中毒。故存放汞的容器内应用水覆盖，室内保持良好通风。

（3）**操作防护** 所有涉及汞的装置下面都应摆放盛有水的搪瓷托盘。有关涉及汞的操作也要在搪瓷托盘内进行。手上有伤口时，切勿接触汞。

（4）**定期检查**　长期在有汞的环境中工作时，要定期检查身体。要定期检查实验室空气中汞含量是否超标。

实验室中汞洒落时的处理：当实验过程有汞意外洒落，或水银温度计破碎导致汞洒落时，要及时进行正确的处理。如果汞掉落在台面或地面上，应先用吸管尽可能将看到的汞滴收集起来。然后用硫黄粉覆盖在汞洒落的地方，并摩擦使之生成硫化汞，也可以用锌粉覆盖形成汞齐。之后，彻底回收覆盖的硫黄粉或锌粉。擦过、接触过汞或汞齐的滤纸须放入有水的容器内，水面上覆盖硫黄粉。

7.2.3　使用金属钠时的安全操作

虚拟实验
金属钠的
取用

金属钠的化学性质活泼，在氧、氯、氟、溴蒸气中会燃烧、爆炸。与水反应，会放出氢气而引起着火、燃烧或爆炸。但金属钠用途广泛，如应用广泛的抗爆剂——四乙基铅，四乙基铅通常是将氯乙烷跟金属钠和铅的合金（钠铅齐）反应而制成的。另外，在进行无水无氧反应时，经常使用金属钠来干燥乙醚、脂肪烃和芳烃等溶剂。使用时，通常将金属钠用刀切成薄片，大量使用时最好用金属钠压丝机直接将其压到溶剂中。金属钠的安全操作注意事项如下：

（1）**避免接触**　在使用金属钠时，避免其与氧化剂、酸类、卤素等接触，尤其要注意避免与水接触。

（2）**储存方法**　金属钠置于煤油中密封保存，其碎屑不可随意丢弃，也要储存于煤油中。

（3）**废料处理**　当多余的金属钠废料、钠表面的氧化层需要处理时，可把它放入乙醇中使之反应消耗掉（金属钠与乙醇反应进行缓慢）。操作时要注意通风，防止产生的氢气着火，并要避免反应产生的热量聚集。

虚拟实验
钠渣的处置

（4）**氧化层处理**　金属钠存放久了，在表面形成氧化层，使用时通常用刀切去。长时间积累的金属钠皮或小块表面被氧化的金属钠，可用以下方法处理：将金属钠皮放入圆底烧瓶中，瓶内放入溶剂（液体石蜡或甲苯），加热回流，使金属钠完全熔融。待金属钠完全熔融后，停止加热。将圆底烧瓶中熔融的金属钠趁热倒入蒸发皿，使之自然冷却。待金属钠凝固后，倾去溶剂，用切钠刀将固化的金属钠切成合适大小的块状，放入盛有煤油或液体石蜡的瓶中保存。

（5）**着火处理**　金属钠着火时，要用消防沙覆盖灭火，不能用水、二氧化碳灭火器灭火。

7.2.4　灼烧与坩埚的安全操作

灼烧是实验室中用来除去固体中易挥发组分的一种纯化过程。样品放在坩埚中，用煤气灯或高温电炉实现高温灼烧过程，但若操作不当，不但会使坩埚损坏，还会带来着火、烫伤等危险。

灼烧通常使用瓷坩埚或铂坩埚，使用时的注意事项如下：

（1）灼烧属于高温操作，需要穿戴防护用品，要遵守操作规程，防止高温烧伤与烫伤。

（2）铂坩埚允许加热到 $1000 \sim 1200$ ℃。由于铂易和碳形成碳化铂而使铂变脆，所以严禁在还原火焰上加热，只能在氧化火焰上加热，或在高温电炉内加热。在灼烧带有沉淀的滤纸或含有较多有机物的样品时,必须先在通风的情况下将滤纸灰化,或将有机物烧掉,再灼烧。不可将烧红的铂坩埚放入冷水中。

(3)由于铂的硫化物、磷化物是很脆的,所以铂坩埚不能用于加热或熔融硫代硫酸钠及含磷和硫的物质。

(4)碱金属的氧化物、氢氧化物、硝酸盐、亚硝酸盐、碳酸盐、氯化物、氰化物及氧化钡等在高温下都能侵蚀铂坩埚,所以不能用铂坩埚来加热或熔融上述物质。

(5)铂在受热时,特别在红热状态下,易与其他金属生成脆性合金,故在红热状态下,不允许和其他金属接触。当用坩埚钳从高温电炉中取出红热的铂坩埚时,一定要检查坩埚钳的前端是否包裹有铂片。

(6)卤素对铂有严重的侵蚀作用,不能用铂坩埚加热或灼烧含有卤素或能分解出卤素的物质,如王水、溴水、三氯化铁、盐酸与氧化物(如过氧化氢、氯酸盐、高锰酸盐、铬酸盐、硝酸盐等)的混合物。卤化物与氧化剂的混合物均不能用铂坩埚加热与灼烧。

(7)对成分未知的样品,不能用铂坩埚加热与灼烧。

(8)瓷坩埚是以氧化铝和二氧化硅为原料烧制的,可加热到 1200 ℃ 及以上,其抗腐蚀性优于玻璃。瓷坩埚忌用氢氟酸处理,也不能用于分解或熔融碱金属碳酸盐、氢氧化钠、过氧化钠及焦磷酸盐等。

(9)取放坩埚要使用坩埚钳,取出的高温坩埚应放在石棉板或石棉网上,不可与冷物体接触,以免炸裂。不要用手触碰,以免烫伤。更不要立即放在台面上,以免引起燃烧或烙坏台面。

7.2.5 萃取与分液漏斗的安全操作

萃取与洗涤是利用物质在不同溶剂中的溶解度不同来进行分离的操作。通常使用分液漏斗来进行液体的萃取与洗涤操作。分液漏斗的操作不当会带来一定的危险或导致操作失败。特别是使用低沸点易燃溶剂作为萃取剂时,操作不当,易引发火灾。使用时的注意事项如下:

(1)必须事先检查分液漏斗的盖子和旋塞是否严密且旋转灵活,防止分液漏斗在使用过程中漏液而造成损失。

(2)漏斗内加入的液体总量不能超过其容积的 3/4,而且不宜装碱性液体。

(3)放出下层溶液时,左手虎口顶住漏斗球,用拇指食指转动旋塞控制液体流速,此时玻璃塞上的小槽要与漏斗口侧面小孔对齐相通,才能使溶液顺利流出。

(4)洗涤振荡前,应注意将塞子的小槽与漏斗口侧面小孔错位,封闭塞紧盖子。此后一般是先把分液漏斗下口向斜上方倾斜,使漏斗上口略朝下,如图 7-1 所示。右手捏住漏斗上口颈部,并用食指根部压紧盖子,以免盖子松动,液体流出。左手握住旋塞。握持旋塞的方式既要能防止振荡时旋塞转动或脱落,又要便于灵活地旋开旋塞。

(5)开始洗涤振荡时,双手应同时慢慢旋转漏斗,使液体在漏斗内旋转,为防止气体大量聚集,应及时放气。

(6)振荡后,让漏斗仍保持原倾斜状态。此时,左手手指旋开旋塞,放出蒸气或产生的气体,使漏斗液面上部内外压力平衡。注意放气时不要使溶剂喷出,且管口不得对准人。若漏斗内装有易挥发的溶剂,如乙醚、丙酮、苯等,或用碳酸钠溶液中和酸液,振荡后,应注意及时旋开旋塞,放出气体。这时,放气操作是实验成功的关键。若产生的气体较多,要缓慢振

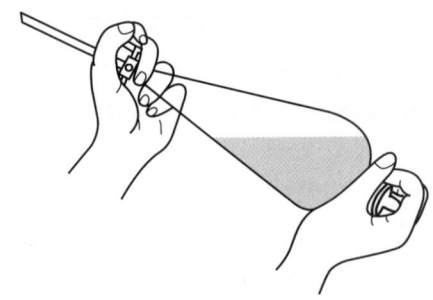

图 7-1 分液漏斗的使用

荡并多次放气,特别是夏季更应如此。否则,非常容易发生漏斗内部气压不断增大,造成漏斗塞子被冲开,溶液喷出的情况。易燃溶剂的喷出还有可能导致其他安全事故的发生。

（7）振荡结束后,可将分液漏斗放置在架子上的铁环中静置,使乳状混合液清晰地分为两层。分液时,下层液体从漏斗的下端流出,上层液体则要从漏斗上口倾倒出来。从下面放出液体时,应注意将塞子的小槽与漏斗口侧面小孔对齐。否则,随着溶液流出,漏斗里面形成负压而使溶液不能流出。

（8）当不能确定哪层溶液为需要的溶液时,不要过早丢弃你认为的"废液"。

（9）采用易燃溶剂为萃取液时,注意附近不能有火源或热源。

7.2.6 玻璃仪器洗涤与铬酸洗液的安全操作

玻璃仪器需要保持洁净,通常使用去污粉和毛刷来清洗。但如果在反应中生成了焦油状物质和碳化残渣,则很难清洗,这时需要使用到铬酸洗液。

铬酸洗液是饱和重铬酸钾的浓硫酸溶液,具有极强的酸性、腐蚀性和毒性,使用过程中要特别小心,戴好橡胶手套,避免人员受伤。铬酸洗液的安全操作及注意事项如下:

（1）在使用铬酸洗液前,应尽量将待洗容器内的水或溶剂倒出。

（2）确认铬酸洗液没有失效。正常有效的铬酸洗液呈红棕色,经长期使用后变绿色即为失效。

（3）将适量的铬酸洗液倒入容器,不要超过其容积的 1/4。缓慢旋转,使铬酸洗液完全浸泡污垢并与之反应。

（4）使用后的铬酸洗液如果仍呈深红色,可倒回原瓶,并尽可能将洗液倒干净。如若洗液明显变绿色,应按废液回收。

（5）用少量自来水冲洗容器,因含有少量铬酸,此时的洗涤水必须回收。

7.2.7 玻璃管（棒）切割及安全操作

在化学实验中,经常要用到需要自己加工的玻璃搅拌棒、玻璃管、自制滴管、毛细管等,在操作过程中,容易发生烧伤、烫伤、刺伤及割伤等事故。此处仅介绍玻璃管（棒）的切割操作及安全注意事项。

（1）**玻璃管（棒）切割** 检查玻璃管（棒）,保证其干净,准备好锉刀（或小砂轮片）。将玻璃管（棒）平放在台子边缘处,用锉刀的锋棱压在玻璃管（棒）需要截断处,然后用力把锉刀向前或向后拉,同时把玻璃管(棒)略微朝相反的方向转动,在玻璃管(棒)上刻出一道与玻璃管(棒)相垂直的锉痕,注意不要用锉刀来回反复锉动。再在锉痕上沾点水,使其更易断开。双手握管(棒),两个拇指尖靠在一起抵住锉痕背面,用向两端的较大拉力和少许的弯折力(见图7-2),就可使玻璃管(棒)从锉痕处断开。正常断裂时,断口处应整齐。

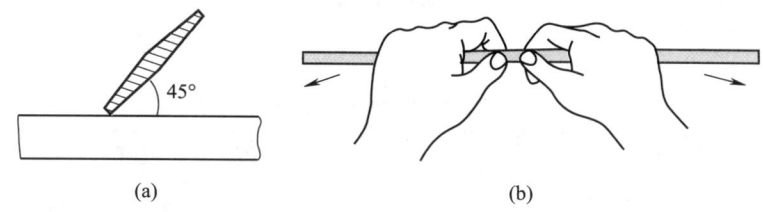

图 7-2　玻璃管(棒)的截断

（2）**玻璃管(棒)圆口**　玻璃管(棒)的断口很锋利,容易割破皮肤及胶管等,故必须将断口在火焰上烧熔使之变光滑,这一操作称为圆口。方法是将断口放在氧化焰的边缘,不断缓慢转动玻璃管(棒),烧到管口微红即可,不可烧得太久,否则管口会收缩变小。

（3）**冷却**　烧后的玻璃管(棒)要放在石棉网上冷却,注意避免接触发生烫伤。

7.3　实验室发生安全事故的原因及分析

实验室事故的发生,表面看似偶发事件,但人为的责任事故居多。因此,分析、查找实验室发生安全事故的原因,制定相关守则,是保证实验室安全的必要措施。

7.3.1　实验室发生安全事故的原因分析

1. 事故发生的外在因素

（1）**专业知识与经验的不足**　对专业知识、安全知识缺乏深入了解。技术不熟练,缺乏专业培训。如化学实验室缺失 MSDS,或对其不熟悉;遇到突发事件,没有预案,在初期应对不力,处置失当,导致事件变得更为严重。

（2）**安全意识缺乏**　设计危险工作时不遵守规章制度,粗心大意导致意外发生。

（3）**过度疲劳**　连续长时间加班,夜间休息不好、失眠等,导致上班时有倦怠感,注意力不集中。

（4）**对工作不适应**　心有余而力不足,遇到事情惊慌失措。

（5）**烦恼**　将个人或家庭烦恼、变故带进工作,导致工作心不在焉。

（6）**不适当环境或设备引起的行为**　受经济与技术的原因,安全防护设施投入不足。

2. 事故的主要起因(四个缺失)

（1）缺乏及不正确的安全观念及态度(观念缺失、不作为)。

（2）不遵守客观规律(知识缺失、无知者无畏、盲干)。

（3）不遵守规章(意愿缺失、明知故犯)。

（4）制度及管理的不完善(规则与制度的缺失、管理不善)。

7.3.2   实验室发生爆炸事故的防范

1. 不可随便混合化学药品

氧化剂和还原剂的混合物在受热、摩擦或撞击时会发生爆炸。表7-1中列出的混合物都发生过爆炸事故。

表 7-1   加热时发生爆炸的混合示例

混合示例	混合示例
镁粉-重铬酸铵	还原剂-硝酸铅
镁粉-硝酸银	氯化亚锡-硝酸铋
镁粉-硫黄	浓硫酸-高锰酸钾
锌粉-硫黄	三氯甲烷-丙酮
铝粉-氧化铅	铝粉-氧化铜

表7-2给出了实验室常见不相容化学物质一览表,在实验操作或废液回收混合时,必须查看其化学相容性,否则将产生难以预料的严重事故。

表 7-2   实验室常见不相容化学物质一览表

化学物质	不相容物质
乙酸	铬酸、硝酸、羟基化合物、乙二醇酯、高氯酸、过氧化合物、高锰酸盐、三氯化磷、强碱
丙酮	高浓度硝酸和硫酸混合物、溴、氯化物、三氯甲烷、氧化剂
乙炔	氟、氯、溴、铜、银、汞
碱及碱金属	水、四氯化碳及其他有机氯化物、卤素
氨(无水)	汞(包括在压力计中的)、银、氯、次氯酸钙、碘酒、溴、氢氟酸(无水)
硝酸铵	酸、金属粉末、硫黄、易燃液体、氯酸盐、氯化物、锌、有机或可燃物粉末
苯胺	硝酸、过氧化氢
叠氮化物	酸
溴或氯	氨、乙炔、丁二烯、丁烷、丙烷、甲烷(及其他石油气体)、氢气、碳化钠、苯、金属、松节油
氧化钙	水
活性炭	次氯酸钙、所有氧化剂
氯酸盐	铵盐、酸、金属粉末、硫黄、有机易燃物质
铬酸及三氧化铬	乙酸、萘、樟脑、丙三醇、酒精、易燃液体
二氧化氯	氨、甲烷、磷化氢、硫化氢

续表

化学物质	不相容物质
铜	乙炔、过氧化氢
氰化物	酸
易燃液体	硝酸铵、铬酸、硝酸、过氧化氢、过氧化钠、卤素
碳水化合物	氟、氯、溴、铬酸、过氧化钠
氢氰酸	硝酸、碱
氢氟酸(不含水分)	氨、氨水
次氯酸盐	酸、活性炭
碘酒	乙炔、氨、氨水、氢气
汞	乙炔、雷酸、氨
硝酸盐与亚硝酸盐	可燃物、酯、磷、乙酸钠、氧化亚锡、水、锌粉、氰化钾、氰化钠、铵盐
浓硝酸	乙酸、苯胺、铬酸、氢氰酸、硫化氢、易燃液体、铜、重金属
硝基烷烃	无机碱、胺
草酸	银化合物、汞、酸性氯化物、碱金属、次氯酸钠、金属、氧化剂、强碱
氧气	油、油脂、氢气、易燃物、可燃物、磷
高氯酸	乙酸酐、铋及铋合金、酒精、油脂、易燃物
过氧化物	酸(有机或无机的)
白磷	空气、氧气、碱、还原剂
钾或钠	四氯化碳、二氧化碳、水
氯酸钾、高氯酸钾	浓硫酸及其他酸
高锰酸钾	丙三醇、乙二醇酯、苯甲醛、浓硫酸
银	乙炔、草酸、酒石酸、雷酸、硝酸化合物
硝酸钠	硝酸铵和其他硝酸盐
过氧化钠	乙醛、甲醇、冰醋酸、乙酸酐、苯甲醛、二硫化碳、丙三醇、乙酸乙酯
硫化物	酸
浓硫酸	高氯酸钾、氯酸钾、高锰酸钾

2. 防止蒸馏、回流等操作时发生的爆炸

(1)密闭体系中进行蒸馏、回流等加热操作。装置处于密闭体系中,随着温度升高,系统压力增大,玻璃仪器不耐压而发生爆炸。另外,在蒸馏时,如果忘记放沸石,会导致蒸馏液体突然暴沸,喷出,造成烫伤或燃烧。

(2)在加压或减压实验中使用不耐压的玻璃仪器。减压蒸馏时,若使用平底烧瓶或锥形瓶作蒸馏瓶或接收瓶,会因其平底处不能承受较大的负压而发生炸裂。

（3）反应过于激烈而失去控制。对于放热反应,随着反应突然加速,热量聚集,极易造成反应失去控制而发生爆炸。特别是在搅拌停止,又突然搅拌时更易发生。

（4）蒸馏易产生过氧化物的溶剂。对使用的四氢呋喃、乙醚等蒸馏时,由于这类试剂放久后会产生一定的过氧化物,在对这些物质进行蒸馏前,若未检验有无过氧化物并除掉过氧化物,过氧化物被浓缩到一定程度或蒸干易发生爆炸。

曾经发生过的爆炸事故:

（1）蒸馏甲苯的过程中,忘记加入沸石,发生暴沸而引起着火。

（2）将还剩余有机溶剂的容器进行玻璃加工,引起着火爆炸而受伤。

（3）用丙酮洗涤烧瓶,然后置于干燥箱中进行干燥,残留的丙酮汽化而引起爆炸,导致干燥箱的门被炸坏。

（4）将经过加热的溶液,于分液漏斗中用二甲苯进行萃取,当打开分液漏斗的旋塞时,喷出二甲苯而引起着火。

（5）将润滑油进行减压蒸馏时,用火焰加热。蒸馏后,立刻打开减压旋塞,烧瓶中进入空气而发生爆炸。

3. 易燃易爆气体处置不当引发的事故

易燃易爆气体处置不当所引发的事故主要包括以下几个方面:

（1）忘记关闭阀门或管路中有泄漏点,易燃易爆气体如氢气、乙炔等烃类气体、煤气和有机蒸气等大量逸入空气,引起爆燃。

（2）气体钢瓶混放。氢气钢瓶、氧气钢瓶混放可导致爆炸。

（3）在使用和制备易燃、易爆气体时,不在通风橱内进行操作,或在其附近点火。

（4）搬运气体钢瓶时不使用钢瓶车,而让气体钢瓶在地上滚动,撞击气体钢瓶表头,随意调换表头,或气体钢瓶减压阀失灵等。

（5）氧气钢瓶出口放置油污抹布,氧气接触油污抹布引发事故。

（6）煤气灯用完或中途煤气供应中断时,未立即关闭煤气龙头;或煤气泄漏,未停止实验,及时检修。

4. 禁止易爆炸的化合物受热或被敲击

（1）一些本身容易爆炸的化合物,如硝酸盐类、硝酸酯类、芳香族多硝基化合物、乙炔及其重金属盐、重氮盐、叠氮化物、有机过氧化物（如过氧乙醚和过氧酸）等,受热或敲击时会爆炸。

（2）强氧化剂与一些有机化合物接触,如乙醇和浓硝酸混合时会发生猛烈的爆炸。

（3）某些强氧化剂（如氯酸钾、硝酸钾、高锰酸钾等）或其混合物不能研磨,否则会发生爆炸。

事故举例——氧化石墨烯制备实验爆炸:2016 年 9 月 21 日 9 时许,在某高校实验室内,当事人指导研一学生进行氧化石墨烯制备实验。将高锰酸钾加入盛有浓硫酸的锥形瓶中,添加了大约三分之一时发生爆炸,当事人多处受伤。

事故原因:高锰酸钾是强氧化剂,浓硫酸具有强氧化性和腐蚀性,二者混合研磨或快速加入时,可引发剧烈的氧化还原反应,释放大量热量,从而导致爆炸。

5. 易燃性物质的正确使用与处置

易燃性物质使用与处置不当极易引发爆燃。

（1）**低温着火性物质** 此类物质包括 P（白磷、红磷）、P_4S_3、P_2S_5、P_4S_7（硫化磷）、S（硫黄）、金属粉（Mg、Al 等）、金属条（Mg）等。

注意事项：

① 因为此类物质一受热就会着火，所以一定要远离热源或火源，保存于阴凉的地方。

② 此类物质若与氧化性物质混合，即会着火。

③ 白磷在空气中会着火。故要把它放入 pH 为 7~9 的水中保存，并避免阳光照射。

④ 硫黄粉末吸潮会发热而引起着火。

⑤ 金属粉末若在空气中加热，即会剧烈燃烧。并且，当与酸、碱物质作用时产生氢气而有着火的危险。

事故举例：

① 装有白磷的瓶子，从药品架上跌落，洒出白磷而着火。

② 铝粉着火时，用水灭火，火势反而更猛烈。

③ 将熔融的白磷倒入水中制成小颗粒时，烧杯倾歪了，洒出白磷而引起着火，并烧着衣服，致使烧伤。

（2）**自燃物质** 此类物质包括有机金属化合物 R_nM（R = 烷基或烯丙基，M = Li、Na、K、Rb、Se、B、Al、Ga、Tl、P、As、Sb、Bi、Ag、Zn）及还原性金属催化剂（Pt、Pd、Ni、Cu-Cr）等。

注意事项：

① 此类物质一接触空气就会着火。初次使用时，必须请有经验者进行指导。

② 有机金属化合物在溶剂中稀释，若溶液飞溅出来就会着火。因此，要把其密封保管。并且，不要将可燃性物质置于其附近。

事故举例：

① 将盛有经溶剂稀释的三乙基铝的瓶子，放入纸箱搬运的过程中，瓶子破裂发生泄漏而引起着火。

② 在滤纸上洗涤还原性镍催化剂，其后把滤纸丢入垃圾箱中而引起着火。

③ 在通风橱内用 $LiAlH_4$ 进行还原反应，在放有 $LiAlH_4$ 的烧瓶中加入乙醚时发生着火。

（3）**禁水性物质** 此类物质包括 Na、K、CaC_2（碳化钙）、Ca_3P_2（磷化钙）、CaO（生石灰）、$NaNH_2$（氨基钠）、$LiAlH_4$（氢化锂铝）等。

注意事项：

① 金属钠或钾等物质与水反应，会放出氢气而引起着火、燃烧或爆炸。

② 金属钠或钾等物质与卤化物反应，往往会发生爆炸。

③ 碳化钙与水反应产生乙炔，会引起着火、爆炸。

④ 磷化钙与水反应放出磷化氢（PH_3 为剧毒气体），由于伴随着放出自燃性的 P_2H_4 而着火，从而导致燃烧爆炸。

⑤ 金属氢化物与水（或水蒸气）作用也会着火。丢弃时，可将其分次、少量投入乙酸乙酯中（不可进行相反的操作）。

⑥ 生石灰与水作用虽不能着火，但能产生大量的热，往往使其他物质着火。

防护方法：使用这类物质时，要戴橡胶手套或用镊子操作，切不可直接用手拿取。

灭火方法：由这类物质引起火灾时，可用干燥的沙子、食盐或纯碱将其覆盖。不可用水、潮湿的物品或二氧化碳灭火器灭火。

事故举例：将经甲醇分解的金属钠丢入水中时，由于金属钠尚未完全分解而引起着火（因为当用甲醇进行分解时，在金属钠的表面生成黏稠的醇盐膜，使其难以分解）。

（4）**特别易燃性物质**　此类物质包括乙醚、二硫化碳、乙醛、戊烷、异戊烷、氧化丙烯、二乙烯醚、羰基镍、烷基铝等。

注意事项：

① 由于着火温度及燃点极低而很容易着火，所以使用时，必须熄灭附近的火源。

② 因为沸点低，爆炸浓度范围较宽，因此，要保持室内通风良好，以免其蒸气滞留在使用场所。

③ 此类物质一旦着火，爆炸范围很宽，由此引起的火灾很难扑灭。

④ 容器中储存的易燃物减少时，往往容易着火爆炸，要加以注意。

防护方法：对有毒性的物质，要戴防毒面具和橡胶手套进行处理。

灭火方法：由这类物质引起火灾时，用二氧化碳或干粉灭火器灭火。但当其周围的可燃物着火时，则用水灭火较好。

事故举例：

① 乙醚从储瓶中渗出，由离 2 m 以外的燃烧器火焰引起着火。

② 将盛有乙醚溶液的烧瓶放入冰箱保存时，漏出乙醚蒸气，由箱内电器开关产生的火花引起着火爆炸，箱门被炸飞（乙醚类物质要放入有防爆装置的冰箱内保存）。

③ 焚烧二硫化碳废液时，在点火的瞬间，产生爆炸而烧伤（焚烧这类物质时，应在开阔的地方，于远处投入燃着的木片进行点火）。

7.4　化学实验室相关规定、危害因素、事故案例及事故救护方法

7.4.1　实验室中存在的重要危害因素

1. 组织与管理不善所导致的危害

组织与管理不善是导致实验室事故发生的主要因素。主要表现在制度的缺失与落实不到位只流于形式或表面。相关人员职责不清晰，相互推诿；缺乏必要的人员培训与考核，人员的消防技能不足；相关设施不完善，如消防设施、防护设施、报警系统与救援系统等。

2. 人为的缺陷所导致的危害

人为因素是导致危害发生的最根本原因。主要表现在：缺乏安全意识、不负责任、逃避责任；存在侥幸心理、怕麻烦心理；工作粗枝大叶；对危害认识不足，知识缺乏；对危害的发生缺乏预见性，无知者无畏。

3. 危险物质所引发的危害

由于化学实验的自身特性，通常涉及一些有害、有毒、易燃、易爆的物质。在正常情况

下,一般不会发生事故。但有时也会产生无法预料的结果与伤害:

（1）**防范不足导致的突发事故**　设备损坏(如温度失控、压力失控)导致反应失控。

（2）**认识局限导致的不可预见事故**　知识不足、认识局限,导致对新物质的特性不清楚。

（3）**防护不足导致的慢性中毒伤害**　老旧实验室汞蒸气超标。试剂保存过多,排风不良等。

4. 生物物质所引发的生物危害

生物危害是指由人为操作或人类活动而导致生物体或其产物对人体健康和生态环境的现实损害或潜在风险。其主要原因包括病毒灭活不彻底、灭活方法有缺陷、缺乏监测和质量控制等。感染途径与感染方式有手口传播、空气传播、意外针刺或器皿破碎造成传播、清洁区与污染区不分造成传播等。其中气溶胶感染占实验室感染的82%左右。许多条件可产生气溶胶感染,如离心、混合、搅拌、超声、低压冻干、开启容器等过程。另外,分子生物学飞速发展,基因组 DNA 的分离纯化、质粒 DNA 的抽提及纯化、PCR 扩增(多聚酶链式反应 polymerase chain reaction, PCR 是体外酶促合成特异 DNA 片段的一种方法)、印迹杂交(southern blot)等成为分子生物学研究的强有力工具。然而,这些实验操作技术都涉及氯仿、DEPC(diethylprocarbonate,二乙基焦碳酸酯)、同位素等有毒有害或具放射性的物质,对环境和人身安全造成巨大的威胁。

（1）**放射性物质的处理**　在进行同位素操作时一定要注意个人防护,包括隔离、使用专用衣帽手套及防护背心、挡板等。对放射性物质统一保管、集中存放、集中处理。$\alpha - ^{31}P$ 半衰期为 14.5 天,在印迹杂交中应用较广,是危害较大的放射性物质。

（2）**EB(ethidiunl bromide,溴化乙啶)**　EB 是一种强烈诱变剂并有中度毒性,应戴手套操作。含有 EB 的溶液不应直接倒入下水道,用后应妥善净化处理:对 EB 含量大于 $0.5\ \mu g \cdot mL^{-1}$ 的溶液应先用水将 EB 浓度稀释至 $0.5\ \mu g \cdot mL^{-1}$ 以下,每 100 mL 溶液加入 100 mg 活性炭。不时轻轻摇荡混匀,室温放置 1 h,滤纸过滤将活性炭与滤纸密封在塑料袋中作为有害废弃物回收。

（3）**DEPC**　DEPC 为 RNA 酶的强抑制剂,是一种潜在的致癌物质。操作时戴口罩,在通风橱中进行。沾到手上立即冲洗,废液回收处理。

5. 机械的危害

机械的危害主要指机械设备运动(静止)部件、工具直接与人体接触引起的夹击、碰撞、剪切、卷入、绞、碾、割、刺等形式的伤害。各类转动机械的外露传动部分(如齿轮、轴、履带等)和往复运动部分都有可能对人体造成机械伤害。

6. 电的危害

电的危害较大,已在第四章中专门介绍。

7. 冻伤与热损害

化学实验室涉及高、低温介质,使用不当极易造成人员的冻伤与热伤害,常见的如使用液氮、液氦时,没有采取防护措施,造成手指及暴露皮肤局部冻伤。实验室中常见的热伤害有飞溅的热介质烫伤、接触未完全冷却的高温物体(坩埚、玻璃管)烫伤等。

8. 特殊物理因素造成的损害

此类损害包括超声、非电离辐射(如紫外、红外、激光辐射等)、电离辐射(如 X 射线、放射性物质等)、电磁场等。

7.4.2　化学实验室工作须知与安全守则

1. 化学实验室工作须知

(1) 一般注意事项

① 飞溅物应立刻清除以防止与皮肤或衣服接触。

② 地板和桌面避免洒水,防止滑倒及仪器进水。

③ 工作过程中必须保持环境干净。

④ 试剂和设备用完后放回正确位置。

⑤ 防护服应在工作时规范穿着,离开实验室时应脱掉。

⑥ 储存的物品、设备和玻璃管不可突出架子或台子之外。

⑦ 所有容器必须贴标签辨识容纳物及其对使用者的危险危害。

⑧ 工作结束应清洁实验室。

(2) 个人防护

① 进入实验室必须穿实验服、工作服或防护服。

② 做实验时,一定要戴防护眼镜。

③ 不能穿拖鞋、凉鞋进入实验室,鞋必须能全面保护脚部,并且有较好的防滑性能。

④ 扎紧头发,穿着宽松的衣服。

⑤ 采用适当的皮肤和手部保护措施,如戴丁腈手套或隔热手套等。

(3) 储存及处置化学物质

① 使用合理的容器盛装,明确标识。

② 保持最小量,并且避免储存易燃物。

③ 分开存放可反应物质。

④ 用小车和托盘转移运送。

⑤ 合理储存易挥发物质。

⑥ 如果量比较大,使用专门的储藏室和储藏设备。

⑦ 遵循放置试剂:上"轻"下"重"、上"固"下"液"的原则。

⑧ 液体试剂下面必须放置托盘,防止意外泄漏。

⑨ 合理处置废弃物。

(4) 玻璃器具的使用注意事项

① 应使用无破损、无裂纹且符合安全标准的玻璃器皿。

② 所有破碎的、有缺口的、有星斑的或有很深划痕的玻璃器皿,要丢弃或送去修理。捡起破碎的玻璃时应注意手部保护。

③ 使用玻璃管时,末端应用火圆口。在插入橡胶塞或橡胶管前,用甘油或水润滑玻

动画
眼部及脸部的防护

动画
身体的防护

视频
防护手套的分类及使用

璃管。

④ 不要把玻璃器皿存放在靠近架子的边沿,大的或重的玻璃器皿放在较低的架子上。

⑤ 使用合适的玻璃器皿尺寸,预留至少 20%空间。抓握三颈烧瓶的中颈而不是两边的颈。

⑥ 玻璃器皿如果跌落或打翻,不要尝试去抓住它。

⑦ 常规实验室玻璃器皿不可加压。

(5) 真空系统使用注意事项

① 在真空系统中,破裂导致内爆而不是爆炸。结果产生玻璃飞溅、化学品溅洒,可能发生火灾。

② 只使用适用于真空的、专门设计的玻璃器皿,如厚壁吸滤瓶等。

③ 不要将划伤、裂纹或蚀刻的玻璃器具应用于真空系统。

④ 处于真空的旋转式蒸发冷凝器、接收烧瓶和阱应绑紧或置于安全护罩后。

⑤ 应尽量避免使用真空系统蒸馏易挥发溶剂。水、溶剂或腐蚀性气体不可引入真空系统。

⑥ 压缩机或真空泵蒸馏挥发溶剂时,应用冷阱吸收溶剂蒸气。操作完成后,系统应排气放空。

⑦ 真空蒸馏结束后,容器内残留物必须冷却到室温后才允许空气进入装置中。

2. 化学实验室安全守则

(1) 水、电、煤气一经使用完毕应立即关闭。

(2) 实验室内严禁饮食、吸烟。实验完毕,必须洗净双手。

(3) 绝对不允许任意混合各种化学药品,以免发生意外事故。

(4) 钾、钠和白磷等暴露在空气中易燃烧。所以钾、钠应保存要煤油中,白磷则可保存在水中。取用它们时要用镊子。一些有机溶剂(如乙醚、乙醇、丙酮、苯等)极易引燃,使用时必须远离明火,用毕立即盖紧瓶塞。

(5) 不纯的氢气遇火易爆炸,在点燃前,必须先检验并确保纯度≥95%。

(6) 银氨溶液不能保存,因久置后也易发生爆炸。

(7) 某些强氧化剂(如氯酸钾、硝酸钾、高锰酸钾等)或其混合物不能研磨,否则将引起爆炸。

(8) 浓酸、浓碱具有强腐蚀性,切勿使其溅在皮肤或衣服上,尤其眼部更应注意。稀释它们时(特别是浓硫酸),应将它们慢慢倒入水中,而不能进行相反操作,以免飞溅。

(9) 能产生有刺激性气体或有毒气体的实验必须在通风橱内进行。

视频
通风橱的
使用

(10) 有毒药品(如重铬酸钾、钡盐、铅盐、砷的化合物、汞的化合物,特别是氰化物)不得进入口内或接触伤口。剩余的废液不能随便倒入下水道。

(11) 金属汞易挥发,一般通过人的呼吸而进入体内,逐渐积累会引起慢性中毒。所以不能把汞洒落在桌上或地上。一旦洒落,必须尽可能收集起来,并用硫黄粉盖在洒落的地方,使汞转变成不挥发的硫化汞。

7.4.3   化学实验室常见伤害的临时处置方法

实验室发生事故时,受伤人员应及时送医。对于常见伤害,送医或等待送医之前,应根据伤情在现场采取必要的应急处理措施,恰当的应急处理方法可以有效减轻伤情,防止伤情恶化,甚至挽救生命。

1. 割伤

小的割伤可先挑出伤口内的异物,用水洗净伤口,挤出少量血,然后在伤口处搽红药水或紫药水,再用消毒纱布包扎。也可在洗净的伤口上贴上"创口贴",可立即止血,且易愈合。

若严重割伤大量出血,应先止血,让伤者平卧,抬高出血部位,压住附近动脉,或用绷带盖住伤口直接施压,若绷带被血浸透,不要换掉,再盖上一块施压,并立即送医院治疗。

2. 烧伤与烫伤

动画
轻微烧伤
应急处理
方法

一旦被火焰、蒸气、红热的玻璃、铁器等烫伤,应立即将伤处用大量水冲淋或浸泡,以迅速降温避免深度烧伤。

要记住五字要诀:冲(水冲)、脱(衣)、泡(冷水)、包(净布)、送(医)

烧伤程度判断方法:可根据烧伤面积及烧伤深度两项及有无并发症等,综合地加以判断。表7-3给出了烧伤深度与症状的关系。

表 7-3   烧伤深度与症状的关系

深度	症状	疼痛
Ⅰ度	红斑	(+)
Ⅱ度	红斑+水疱	(+)
Ⅲ度	灰白色→黑色	(-)

烧伤紧急救治首先要保护受伤部位。应当让烧伤者迅速脱离热源,进行冷疗最为重要,冷疗是在烧伤后将受伤的肢体放在流动的自来水(10～15 ℃比较合适)下冲洗或放在大盆中浸泡,若没有自来水,可将肢体浸入井水、河水中。冷疗持续的时间多少以停止冷疗后创面不再有剧痛为准,为0.5～1 h。伤处的衣物应用剪刀取下,不可剥脱。转移时,伤处应向上,以免受压。应使用清洁的被单、衣服等覆盖创面或简单包扎。

总之,大面积烧伤后的冷却处理是关键的急救措施,但要科学合理地进行。同时,还应考虑到有发生休克的危险及"尽快入医院"这一原则。因此,严重烧伤时,应用清洁的毛巾或被单盖住烧伤面,尽可能一边进行冷却处理,一边及时送往医院治疗。

烧伤时应注意,切不可在烧伤面上涂碱或盐等,一是容易细菌感染,二是会影响创面的最佳处理,有时甚至会加重伤情。

3. 化学灼伤与中毒急救

鉴于危险化学品的种类繁多,事故种类各不相同,应急处理时宜小心谨慎,切忌盲目自救或施救。急救前应了解化学有毒物质的理化性质及毒理性质。下面介绍一些简单的、常见的处理方法以供参考。

（1）**化学灼伤**

① 受强酸腐蚀。立即用大量水冲洗，以免深度受伤，再用稀 $NaHCO_3$ 溶液浸洗，最后用水洗。

在实验室使用氢氟酸时应特别注意，氢氟酸能腐烂指甲、骨头，滴在皮肤上，会形成痛苦的、难以治愈的烧伤。皮肤若被灼烧后，应先用大量水冲洗 20 min 以上，再用冰冷的饱和硫酸镁溶液或 70%酒精浸洗 30 min 以上，或用大量水冲洗后，用肥皂水或 2%~5%$NaHCO_3$ 溶液冲洗，再用 5%$NaHCO_3$ 溶液湿敷。局部可外用可的松软膏或紫草油软膏及硫酸镁糊剂。

视频
洗眼器及
喷淋器的
使用

② 受浓碱腐蚀。立即用大量水冲洗，再用 2%醋酸溶液或 1%硼酸溶液冲洗，最后用水洗。在受上述灼伤后，若创面起水泡，均不宜把水泡挑破。

③ 受液溴腐蚀。溴烧伤不易愈合，其渗透性和毒害性都强，应立即用乙醇或甘油洗涤伤处，再用水冲洗。

④ 受苯酚腐蚀。立即用酒精洗涤伤处，再用水冲洗。

动画
化学灼伤
应急处理
方法

（2）**中毒急救** 实验中若有咽喉灼痛、嘴唇脱色、胃部痉挛或恶心呕吐、心悸头痛等症状时，则可能系中毒所致。可视中毒原因实施下述急救后，立即送医院治疗，不得延误。

① 固体或液体毒物中毒。有毒物质尚在嘴里的立即吐掉，用大量水漱口。误食碱者，先饮大量水，再喝些牛奶。误食酸者，先喝水，再服 $Mg(OH)_2$ 乳剂，最后饮些牛奶。不要用催吐药，也不要服用碳酸盐或碳酸氢盐。

重金属盐中毒者，喝一杯含有几克 $MgSO_4$ 的水溶液，立即就医。不要服催吐药，以免引起危险或使病情复杂化。

砷和汞化物中毒者，必须紧急就医。

② 吸入气体或蒸气中毒者。立即转移至室外，解开衣领和纽扣，呼吸新鲜空气。对休克者应施以人工呼吸，但不要用口对口法。同时立即送医院急救。

③ 亚硝酸钠中毒的急救处理。症状表现：主要表现为皮肤症状，如口唇、舌尖、指尖出现青紫，重者眼结膜、面部及全身皮肤青紫。另外，患者有头晕、头痛、胸闷、烦躁不安、呼吸急促等缺氧症状，可伴有消化道症状，如恶心、呕吐、腹痛、腹泻，严重者昏迷、惊厥、大小便失禁，甚至因呼吸衰竭导致死亡。

一般处理方法：置患者于空气新鲜而通风良好的环境中吸氧，并使患者绝对卧床休息，注意保暖。

清除毒物：误服亚硝酸盐应及早洗胃和导泻，现场不能洗胃者，只要神志清楚，宜先催吐。如中毒时间较长，须及时送到医院配合高位灌肠以清除残存毒物。

亚甲蓝（美蓝）特效疗法：用法为 1%亚甲蓝 1~2 mg 溶入 25%~50%葡萄糖液 20~40 mL，于 10~15 min 内缓慢静注，如症状仍不缓解，2 h 后可重复一次。

④ 硝酸汞、氯化高汞中毒的急救处理。误服后数分钟到数十分钟即引起急性腐蚀性口腔炎和胃肠炎。患者口腔和咽喉灼痛，并有恶心、呕吐、腹痛症状，继有腹泻。呕吐物和粪便常有血性黏液和脱落的坏死组织。患者常可伴有周围循环衰竭和胃肠道穿孔。在 3~4 天后（严重的可在 24 h 内）可发生急性肾功能衰竭，同时可有肝损害。

应立即移离中毒环境并向"120"急救中心呼救。中毒早期用 2%碳酸氢钠溶液洗胃（禁用生理盐水洗胃),中毒 1 h 以上洗胃须谨慎,以防胃穿孔。口服鸡蛋清 4 个加牛乳 300 mL,或口服 20%活性炭溶液。无腹泻时用 50%硫酸镁溶液 60 mL 导泻。

⑤ 白磷的中毒急救处理。口服中毒:反复洗胃,直至无大蒜味为止。亦可以口服 1%硫酸铜溶液 5 mL(硫酸铜能与磷生成不溶性黑色磷酸铜)。每 10~15 min 1 次,直至呕吐。洗胃后口服液体石蜡 100~200 mL,使磷溶解而又不被吸收(禁用动、植物油及乳类)。口服硫酸镁 20 g 导泻,亦可口服 33%硫酸钠溶液 30 mL,禁用油类泻剂,磷化锌中毒禁用硫酸镁导泻。

呼吸道吸入中毒者应脱离有毒环境,吸氧、保温、脱去污染衣物。

皮肤灼伤:创面依次用清水、2%磷酸氢钠溶液冲洗,然后以 1%硫酸铜液湿敷。五氯化磷、五氧化磷及五硫化磷所致灼伤禁用水洗,而以 1%硫酸铜溶液或 3%过氧化氢溶液冲洗。以 3%硝酸银溶液湿敷创面能迅速涂灭磷火,减轻烧伤程度,创面禁用油剂类药及敷料。

7.4.4 实验室安全事件

1. 金属钠燃烧事故

(1) **事故经过** 将 1 L 工业乙醇倒入放在水槽中的塑料盆,然后将金属钠皮用剪刀剪成小块,放入盆中。开始时反应较慢,不久盆内温度升高,反应激烈。当事人当即拉下通风橱。这时水槽边的废溶剂桶外壳突然着火,并迅速引燃了水槽中的乙醇。当事人立刻将燃烧的废溶剂桶拿至走廊,同时用灭火器扑救水槽中燃烧的乙醇。此时走廊上火势逐渐扩大,直至引燃了四扇门框。

(2) **事故原因** 反应时放出氢气和大量热量,氢气被点燃并引燃了旁边的废溶剂桶造成事故。

(3) **经验教训** 处理金属钠时必须清理周围易燃物品,一次的处理量不宜过多,注意通风效果,及时排除氢气。最好与安全部门联系,在空旷的地方处理。严禁在有水的环境中处理金属钠等遇水易燃试剂。

2. 油浴燃烧事故

(1) **事故经过** 某日深夜,当事人进行过夜实验。其所用的油浴突然起火,幸被值日巡逻人员及时发现,未酿成严重后果。

(2) **事故原因** 实验时,试剂滴落到油浴中,因油浴未及时更换,导致事故发生。

(3) **经验教训** 经常更换油浴。

3. 爆炸事故

(1) **事故经过** 用丁-1,4-炔二醇和氯化亚砜在吡啶存在下制备 4-氯丁炔-1-醇,反应完成后用乙醚萃取。经水洗干燥后在常压下蒸去乙醚和苯,剩下 500 mL 有机物,用水泵减压蒸馏,蒸出产物。加热温度 110~120 ℃,减压,反应瓶 1000 mL。当蒸出 150 mL 产品时,内温急剧上升失去控制,随即发生爆炸。由于通风橱的拉门处于关闭状态,没有造成人员受伤。该反应曾多次重复做过,因反应量很小,未曾发生事故。

(2) **事故原因** 含炔基官能团化合物在加热条件下容易与浓度较高的杂质发生聚合反应,放出大量的热量,导致温度失控引发爆炸。4-氯丁炔-1-醇是含炔基官能团的化合物,可能与反应中产生的杂质在高温下发生聚合反应引发爆炸。

（3）**经验教训** 当事人佩戴了防护眼镜和手套，并拉下了通风橱门，因而该事故未造成人员伤害。在实验中使用危险药品或产物比较活泼的，在实验前应对该实验过程中可能出现的危险性有预案，并落实防范措施。

4. 封管事故

（1）**事故经过** 玻璃封管内加入氨水 20 mL，硫酸亚铁 1 g，原料 4 g，加热温度 160 ℃。当事人在观察油浴温度时，封管突然发生爆炸，整个反应体系被完全炸碎。当事人额头受伤，幸亏当时佩戴防护眼镜，才使双眼没有受到伤害。

（2）**事故原因** 玻璃封管不耐高压，且在反应过程中无法检测管内压力。氨水在高温下变为氨气和水蒸气，产生较大的压力，致使玻璃封管爆炸。

（3）**经验教训** 化学实验必须在通风橱内进行，密闭系统和有压力的实验必须在特种实验室内进行。

5. 过氧化物爆炸事故

（1）**事故经过** 当事人蒸馏含四氢呋喃溶剂的反应混合溶液时，突然发现回收瓶及冷凝管里有大量白色烟雾涌出，当事人感觉异常，就急忙蹲下，此时反应瓶发生了爆炸。

（2）**事故原因** 存放过程中，四氢呋喃可能产生了过氧化物，导致了事故的发生。

（3）**经验教训** 在使用乙醚、四氢呋喃等有可能产生过氧化物的溶剂时，应检验是否有过氧化物存在。在使用中应加少量还原剂以防止过氧化物的产生。

6. 石油醚爆炸事故

（1）**事故经过** 当事人对所合成的产品进行后处理，即用石油醚提纯产品。反应瓶 2 L，石油醚 1000 mL（沸点 30~60 ℃），电热套加热回流，冷凝水冷却，至中午 11 时左右突然发现通风橱内有火花闪烁，接着发生爆炸。爆炸引燃了电热套和周围的纸张，当事人立即拔下电热套插座，并使用灭火器将火扑灭。

（2）**事故原因** 所使用的石油醚是沸点在 30~60 ℃的低沸点溶剂，又因夏天的连续高温，经事后测量自来水温度就达 33 ℃，石油醚未能冷却而大量挥发。当石油醚蒸气与空气混合达到一定比例时，遇火星即发生爆炸。

（3）**经验教训** 因回流溶剂时冷却效果不佳致使大量溶剂挥发造成的爆炸事故多有发生。常规的回流实验虽然简单，但必须保证良好的冷凝效果。天气炎热时应避免大量使用溶剂，尤其是低沸点溶剂。

7. 盐酸气伤人事故

（1）**事故经过** 当日上午，当事人、受伤人等在安装高压釜的紧固件和阀门。在前几日拆卸时已将管道内氯硅烷液体放出，为挡灰尘用简易塞将氯硅烷液相管塞住。当时并没有感觉到有压力和液体积存。在安装氯硅烷液相管时，当事人将简易塞拔下的一刹那，突然有气体冲出，此时正值受伤人俯身紧固螺丝，来不及躲闪，正好喷到脸上和两手臂上，将其灼伤。

（2）**事故原因**　这套高压釜反应装置被安置在棚内，当时又正值高温时节，棚内温度超过 40 ℃，管内残留的氯硅烷分解为 HCl、Cl_2、H_2 等气体，产生了一定的压力，拔去塞子时氯硅烷气体就冲了出来。

（3）**经验教训**　对高温对化学试剂可能带来的危险性认识不足，科研人员又忽视了防护用品的使用，扩大了受伤部位。

8. 误操作事故

（1）**事故经过**　当事人在准备处理一瓶四氢呋喃时，没有仔细核对，误将一瓶硝基甲烷当作四氢呋喃投到氢氧化钠中。约过了 1 min，试剂瓶中冒出了白烟。当事人立即将通风橱玻璃门拉下，此时瓶口的烟雾变成黑色泡沫状液体。随即发生了爆炸，玻璃碎片将手臂割伤。

（2）**事故原因**　该事故是由于当事人在投料时粗心大意，没有仔细核对所要使用的化学试剂。实验台药品杂乱无序、药品过多也是造成本次事故的主要原因。

（3）**经验教训**　这是一起典型的误操作事故。它告诫我们，在实验操作过程中的每一个步骤都必须仔细、认真，不能有半点马虎；实验台、工作台要保持整洁，不用的试剂瓶要摆放到试剂架上，避免试剂打翻或误用造成的事故。

9. 多氮化合物爆炸事故 1

（1）**事故经过**　当日上午 11 时左右，当事人完成反应后的处理工作。用油泵抽干氨基四氮唑的溶剂后，用牛角匙刮取附在瓶壁上的产物，发生了爆炸，碎玻璃将脸和左手手指炸伤。

（2）**事故原因**　多氮化合物爆炸所需的引爆能量极小，轻微摩擦产生的热量足以引爆，而且爆炸的能量极大。

（3）**经验教训**　在使用易爆高危的药品时，防范措施必须到位，防护用品必须使用！

10. 多氮化合物爆炸事故 2

（1）**事故经过**　在某高校化学实验室，当事人将多次合成所得到的多氮化合物装瓶保存，在装瓶过程中，有一小块产物黏附在瓶口上，当事人用不锈钢勺拨下时，发生爆炸，当事人多处受伤。

（2）**事故原因**　易爆高危物。不锈钢勺与多氮物撞击能量引爆。

（3）**经验教训**　对高危物性质了解不够，未做好安全防护。

11. 溴化物伤人事故

（1）**事故经过**　当日上午 10 时左右，当事人在制备炔丙基溴时，将 10 g 四溴化碳逐步投入乙醚中。当投入一半时，未有明显的反应。当事人将另外 5 g 一下投入乙醚中，当即发现反应放出大量的热量，使乙醚沸腾。当事人立即拔去反应瓶的塞欲放气时，炔丙基溴冲了出来，灼伤了当事人的脸部。该反应属首次放大反应量。

（2）**事故原因**　投料过快导致反应放出大量的热量，使乙醚沸腾。

（3）**经验教训**　实验条件发生变化时，应多考虑可能出现的危险情况，尤其是低沸点试剂为溶剂的放热反应。

12. 有机试剂被引燃事故

（1）**事故经过**　某高校化学实验室一研究生在做实验时,将盛有 200~300 mL 甲醇的烧瓶挂在铁架台的夹子上,未挂牢固,落到台子上,破碎,甲醇流到台子上的插座中,随即燃烧。

（2）**事故原因**　操作不规范,随意使用插座,管理不到位。

（3）**经验教训**　化学仪器的使用及操作须规范。

13. 氢氟酸灼伤事故

（1）**事故经过**　做氢氟酸高温加热溶解物质的实验,实验过程没有戴手套,暴露在氢氟酸蒸气中,并且氢氟酸沾了一滴到手上,后用大量清水冲洗,觉得洗得差不多了,就不洗了。没想到,沾了氢氟酸的地方越来越痛,后来一看,已经变白了。当时还没在意。到了晚上,觉得双手痛的不行,一看,双手全是红的,沾了氢氟酸的地方变成了黑色。

（2）**事故原因**　实验过程没有戴手套,暴露在氢氟酸蒸气中。

（3）**经验教训**　穿戴保护用品,实验不要任性。

14. 加热失控事故

（1）**事故经过**　某高校化学实验室一学生在做实验时,需要加热搅拌反应 48 h。夜间突然发生爆炸。

（2）**事故原因**　无人值守。加热装置失控,持续加热,导致爆炸。

（3）**经验教训**　无人值守,不遵守制度。

15. 无机酸碱泄漏事故

（1）**事故经过**　某高校化学实验室发生试剂架倾倒,盐酸、氨水等试剂跌落,破碎,混合后形成氯化铵气体,弥漫整个实验室。

（2）**事故原因**　铁质底座锈蚀,未固定在墙上,管理不到位。

（3）**经验教训**　化学品必须分类存放,实验室不能存放大量试剂。

思 考 题

1. 首次进入实验室时应熟悉哪些情况?
2. 实验室的化学品安全说明书包括哪些内容?
3. 化学试剂瓶上的标签不清楚了,应如何处置?
4. 打开低沸点液体试剂或其他危险试剂的瓶盖时,正确的操作包括哪些?
5. 苯酚等试剂,在冬季容易固化,经常倾倒不出来,如何正确取用?
6. 列举常见的不相容化合物。
7. 实验室中汞洒落时,如何正确处理?

8. 判断铬酸洗液有效与失效的依据是什么？

9. 需要废弃的金属钠应如何正确处理？

10. 玻璃管（棒）的断口很锋利，容易割破皮肤，如何处理？

11. 误服酸、碱时，正确的应急处置措施是什么？

12. 误服硝酸汞后数分钟到数十分钟即引起哪些症状？正确的应急处置是什么？

附 录

模拟试卷（Ⅰ）

（共计 100 分；时间：100 min）

一、 判断题（50 分）

1. 化学实验室容易发生事故的主要原因是学生多，使用了化学试剂。

2. 研究生独自在学校做实验发生伤害事故要由自己承担责任。

3. 实验室安全标识不可以随意移除或遮挡。

4. GHS 指的是"全球化学品统一分类和标签制度"。

5. 化学实验室安全教育主要是针对大学一年级的新生。

6. 化学试剂都是有毒、有害和具有危险的。

7. 可燃物都是有机物。

8. 易燃液体，如二硫化碳，在暖气表面也可能引起燃烧。

9. 物质自燃分为受热自燃和自热自燃两种类型。

10. 硫化铁的自燃不出现火焰，而是发热到炽热的状态，引起周围可燃物质燃烧。

11. 乙醚的燃点要比二硫化碳的燃点低很多。

12. 控制可燃物质的温度在燃点以下是预防发生火灾的重要措施之一。

13. 化学实验室只存在化学爆炸，不会发生物理爆炸。

14. 有的聚合反应能自发进行，并放出大量聚合热，可导致自燃。

15. 含油破布、棉纱、木屑等能引起自热自燃，而油脂存放在容器中不会发生自燃。

16. 闪点的概念主要用于可燃液体，可燃固体没有闪点，也不闪燃。

17. 直射阳光，通过有气泡的平板玻璃会聚焦形成高温焦点，可点燃可燃性物质。

18. 直射阳光，通过装有水的圆形透明塑料瓶会聚焦形成高温焦点，可点燃可燃性物质。

19. 消防沙箱是专门用于扑救 D 类金属火灾及油类火灾。

20. 用灭火器灭火时，灭火器的喷射口应对准火焰的中部。

21. 爆炸品无论在何种状态都非常敏感、易爆。

22. 易爆化合物的敏感度主要由结构决定。

23. 除氧气、空气外,其他气体不具有氧化性。

24. 毒性气体是指吸入半数致死浓度 $LC_{50}<5\ mL\cdot L^{-3}$ 的气体。

25. 自反应物质即使没有氧(空气),也易发生强烈放热分解反应。

26. 自热物质潮湿后反而变得不容易自燃了。

27. 三乙基铝着火时,可用干粉等相应的灭火剂扑救。

28. 毒性物质燃烧后就没有毒了。

29. 辐射防护的三要素为"时间、距离和屏蔽"。

30. 电击是电流对人体内部组织的伤害,也是最危险的一种伤害。

31. 电流对人体的影响,与触电部位无关。

32. 需要将插座板串联使用时,串联个数一定不要多于3个。

33. 煤气灯发生侵入火焰是由煤气量过小,空气量过大引起的。

34. 液态二氧化碳加乙醇可达到 $-72℃$ 的低温,注意防止冻伤。

35. 液氮无毒,挥发后也不会造成氮气中毒及窒息事故。

36. 对于有毒气体产生的实验,一定要在通风橱里面进行实验,把有毒气体排放出去。

37. 气瓶颜色主要是为了防止气瓶锈蚀,延长使用年限。不同颜色气瓶有不同使用年限。

38. 高压纯氧只要接触油脂类物质,就会氧化发热,甚至有燃烧、爆炸的危险。

39. 做实验时戴近视眼镜,不需要戴防护眼镜。

40. 重金属污染不利于植物生长,但不会对粮食产生污染。

41. 固体废弃物不可随意丢弃,一定要在无人处进行掩埋处理。

42. 化学实验室必须建立废液回收点,实行废液分类回收。

43. 废弃物混合前需要做废液相容性试验,不能确定特性的废弃物不能混装。

44. 对于超期存放的可过氧化的化学品,在容器瓶盖和螺纹处极有可能形成过氧化物结晶体,打开时,特别容易发生爆炸。

45. 失效的化学药品通常不具有危险性,可自行处置。

46. 少量的含氰废液可先用氢氧化钠调 pH 再加入高锰酸钾使 CN^- 氧化分解。

47. 化学实验室必须配备化学品安全说明书(MSDS)。

48. 实验室危险性大的试剂要放在高处。

49. 使用饮料瓶盛放试剂、样品时,一定要用笔写清楚。

50. 锌粉与硫黄混合加热发生爆炸。

二、 选择题(50分)

51. 高校化学实验室安全管理的核心目标是(　　)

A　保证实验顺利进行;　　　　　　　　B　确保实验数据准确;

C　提高实验效率;　　　　　　　　　　D　保障师生人身安全和财产安全,保护环境。

52. 有关国际劳工组织第170号公约描述正确的是(　　)

A　公共场所安全使用化学品公约;

B　学校场所安全使用化学品公约;

C　作业场所安全使用化学品公约;

D　商场场所安全使用化学品公约。

53. GHS 指的是（　　　）

A　《全球商品统一分类和标签制度》；

B　《全球化学品统一分类和标签制度》；

C　《中国商品统一分类和标签制度》；

D　《中国化学品统一分类和标签制度》。

54. 化学实验室安全教育培训的对象主要是（　　　）

A　本科生；　　　　　　　　　　　　B　硕士研究生；

C　博士研究生；　　　　　　　　　　D　都包括。

55. 燃烧的基本特征是（　　　）

A　有新物质生成或伴有发光、发热现象；　B　伴有发光、发热现象；

C　伴有发光、冒烟现象；　　　　　　D　伴有发热、冒烟现象。

56. 下列物质不属于氧化剂的是（　　　）

A　卤素；　　　　　　　　　　　　　B　盐酸盐；

C　氯酸盐；　　　　　　　　　　　　D　硝酸盐。

57. 下列试剂自燃点最低的是（　　　）

A　二硫化碳；　　　　　　　　　　　B　丙酮；

C　乙醛；　　　　　　　　　　　　　D　甲醇。

58. 下列试剂燃点最低的是（　　　）

A　二硫化碳；　　　　　　　　　　　B　丙酮；

C　乙醚；　　　　　　　　　　　　　D　甲醇。

59. 发生火灾时,下列哪种物质可能生成极毒的 HCN 气体？（　　　）

A　油脂；　　　　　　　　　　　　　B　木材；

C　棉花；　　　　　　　　　　　　　D　聚氨酯泡沫塑料。

60. 下列哪种物质一遇到氯气立即燃烧（　　　）

A　氧气；　　　　　　　　　　　　　B　乙炔；

C　空气；　　　　　　　　　　　　　D　氮气。

61. 金属火灾,如钾、钠、镁、铝镁合金等火灾属于（　　　）

A　A 类；　　　　　　　　　　　　　B　B 类；

C　C 类；　　　　　　　　　　　　　D　D 类。

62. 通常把闪点低于何值的液体叫易燃液体？（　　　）

A　35 ℃；　　　　　　　　　　　　　B　60 ℃；

C　55 ℃；　　　　　　　　　　　　　D　65 ℃。

63. 火灾的最佳扑救期是（　　　）

A　起火后的初期阶段；　　　　　　　B　发展阶段；

C　猛烈阶段；　　　　　　　　　　　D　熄灭阶段。

64. 化学实验室常备的灭火器材是（　　　）

A　泡沫灭火器,CO$_2$ 灭火器；

B　泡沫灭火器,CO$_2$ 灭火器,干粉灭火器；

C　CO_2 灭火器,干粉灭火器;

D　灭火器,灭火毯,消防沙箱。

65. 对于扑灭 D 类火灾,如何灭火有效?（　　）

A　使用消防沙箱;　　　　　　　　B　使用 CO_2 灭火器;

C　使用干粉灭火器;　　　　　　　D　使用泡沫灭火器。

66. 对于分析仪器着火,如何灭火最好?（　　）

A　使用消防沙箱;　　　　　　　　B　使用 CO_2 灭火器;

C　使用干粉灭火器;　　　　　　　D　使用泡沫灭火器。

67. 灭火器上压力表的指针位于什么颜色区间时,表示可正常使用（　　）

A　红色;　　　　　　　　　　　　B　黄色;

C　黑色;　　　　　　　　　　　　D　绿色。

68. 火场逃生的基本原则是（　　）

A　做好个人防护,选择合适路径;　　B　跟着人群一起跑;

C　朝楼顶跑;　　　　　　　　　　D　找卫生间,用水封门。

69. 我国发布的《危险化学品目录》(2015 版)列出了多少种危险化学品?（　　）

A　1818 种;　　　　　　　　　　B　2828 种;

C　3838 种;　　　　　　　　　　D　4848 种。

70. 不属于爆炸品的是（　　）

A　乙炔银,叠氮铅,雷酸银;

B　三硝基甲苯,三硝基苯酚,硝化甘油;

C　氯酸钾,高氯酸钾;

D　高锰酸钾,重铬酸钾。

71. 有些易爆化合物具有较强的吸湿性,吸湿性对易爆化合物的影响为（　　）

A　在含水状态下保持稳定,敏感度不变;

B　在含水状态下保持稳定,敏感度增加;

C　在含水状态下保持稳定,敏感度降低;

D　在含水状态下变得更不稳定。

72. 在化学实验室,按其危险性的大小,气体分为以下三类（　　）

A　非易燃无毒气体、易燃气体、毒性气体;

B　氧化性气体、无毒气体、毒性气体;

C　还原性气体、无毒气体、毒性气体;

D　无毒气体、毒性气体、剧毒气体。

73. 非易燃无毒气体不包括（　　）

A　氮气;　　　　　　　　　　　　B　氦气;

C　氧气;　　　　　　　　　　　　D　CO。

74. 全部属于毒性气体的是（　　）

A　光气、氯气、氨气、二氧化硫、二氧化碳等;

B　光气、氯气、氨气、二氧化硫、一氧化碳等;

C　光气、氯气、氨气、二氧化硫、乙烯等;

D　光气、氯气、氨气、二氧化硫、乙烷等。

75．下列物质不属于易燃液体的是（　　　）

A　甲醇；　　　　　　　　　　　　B　甲苯；

C　甘油；　　　　　　　　　　　　D　汽油。

76．下列不属于危险化学品的是（　　　）

A　氯化钠；　　　　　　　　　　　B　硫酸；

C　氰化钠；　　　　　　　　　　　D　过氧化氢。

77．下列不属于自热物质或混合物的是（　　　）

A　活性炭、煤粉；　　　　　　　　B　浸油棉麻、破布；

C　硫矿石、草堆；　　　　　　　　D　还原铁、还原镍。

78．自燃物质是指即使数量很少也能在与空气接触后，多长时间内着火的物质？
（　　　）

A　5 min；　　　　　　　　　　　B　15 min；

C　25 min；　　　　　　　　　　　D　35 min。

79．防止自热物质燃烧的最主要措施是（　　　）

A　经常洒水；　　　　　　　　　　B　防止太阳直射；

C　不要大量堆积及受潮；　　　　　D　阴凉处保存。

80．过氧乙酸水溶液常用作高效灭菌剂。但是，当其含量大于多少就有爆炸性？
（　　　）

A　40%的水溶液；　　　　　　　　B　30%的水溶液；

C　20%的水溶液；　　　　　　　　D　10%的水溶液。

81．发生误服毒物时，应立即采取的最有效措施是（　　　）

A　喝水稀释；　　　　　　　　　　B　吃鸡蛋吸附；

C　呕吐或洗胃；　　　　　　　　　D　吃米饭吸附。

82．在化学实验室，不允许用饮料瓶装化学试剂，最重要原因是（　　　）

A　不科学；　　　　　　　　　　　B　饮料瓶不干净；

C　饮料瓶易破碎；　　　　　　　　D　防止误服。

83．药品柜中存放液体腐蚀品需要采取的措施是（　　　）

A　放橡胶手套；　　　　　　　　　B　放在托盘里；

C　下面放吸油棉；　　　　　　　　D　放防火毯。

84．电离辐射强度通常采用照射量（X）或吸收量（D）表示。照射量用 X 射线在空气中
产生的离子对数来表示射线的强度。单位是（　　　）

A　库仑；　　　　　　　　　　　　B　拉德；

C　伦琴；　　　　　　　　　　　　D　戈瑞。

85．最常用的辐射防护措施为（　　　）

A　时间、距离和屏蔽；　　　　　　B　食物、距离和屏蔽；

C　距离和屏蔽；　　　　　　　　　D　屏蔽。

86．允许流经人体的最大电流为（　　　）

A　16 mA；　　　　　　　　　　　B　20 mA；

C　30 mA；　　　　　　　　　　　　D　35 mA。

87．电流对人体的影响,与电流通过人体的路径有着较大关系。下列哪种路径危险性最大?（　　　）

A　左脚至右脚；　　　　　　　　　B　左手至右手；
C　左手到脚；　　　　　　　　　　D　右手到脚。

88．油浴加热着火的原因主要有（　　　）

A　油温太高；　　　　　　　　　　B　加热失控；
C　试剂混入；　　　　　　　　　　D　以上所有。

89．使用冷冻剂获取低温时,能获得最低温的冷冻剂是（　　　）

A　冰 + 盐混合物；　　　　　　　　B　干冰+ 溶剂；
C　液氨；　　　　　　　　　　　　D　液氮。

90．实验室进行回流或蒸馏操作时,突发冲料、引起着火事故,可能原因是（　　　）

A　冷却水未开或未加沸石造成冲料；
B　装料过多或接口未封严,蒸气泄漏；
C　温度突然失控或明火加热；
D　以上都有可能。

91．在实验室搬运气瓶时,正确的做法是（　　　）

A　两人抬；　　　　　　　　　　　B　用肩扛；
C　用气瓶车推；　　　　　　　　　D　横卧滚动。

92．下列哪种分析仪器,使用易燃有机溶剂?（　　　）

A　气相色谱仪；　　　　　　　　　B　高效液相色谱仪；
C　红外吸收光谱仪；　　　　　　　D　原子吸收光谱仪。

93．化学品溅到身体时,正确的做法是（　　　）

A　立即用毛巾擦洗；　　　　　　　B　立即打开喷淋器淋洗；
C　立即去医院；　　　　　　　　　D　去医药箱里找药。

94．冬季燃煤形成的光化学烟雾,属于（　　　）

A　伦敦型烟雾；　　　　　　　　　B　洛杉矶型烟雾；
C　北京型烟雾；　　　　　　　　　D　纽约型烟雾。

95．化学实验室废液处理中不允许的方法是（　　　）

A　统一回收；　　　　　　　　　　B　废弃经过溶液吸收；
C　酸碱中和；　　　　　　　　　　D　水稀释后倒入下水道。

96．含氰废液无害化处理通常采取（　　　）

A　中和法；　　　　　　　　　　　B　沉淀法；
C　碱性氧化法；　　　　　　　　　D　以上都可以。

97．对于可过氧化的化学品,生成高危险的过氧化物一个明显标志是（　　　）

A　有颜色改变；　　　　　　　　　B　有气味；
C　有结晶现象；　　　　　　　　　D　有白色沉淀。

98．减少实验室废弃物的途径是（　　　）

A　选择绿色实验；　　　　　　　　B　采用微量及半微量实验；

C　开展虚拟仿真实验；　　　　　　　D　以上都是。

99．有关铬酸洗液描述正确的是（　　）

A　极易燃烧；　　　　　　　　　　　B　容易爆炸；

C　极强的腐蚀性；　　　　　　　　　D　容易中毒。

100．当皮肤接触到液溴时,应（　　）

A　立即用乙醇或甘油洗涤伤处,再用水冲洗；

B　立即用大量水冲洗；

C　立即用碳酸钠溶液冲洗,再用水冲洗；

D　都可以。

模拟试卷（Ⅱ）

（共计 100 分；时间：100min）

一、 判断题（50分）

1. 化学实验室安全教育培训主要是应对事故频发的临时措施。
2. 化学实验室安全教育是我国独有的，国外高等学校不需要。
3. 危险化学品只占全部化学品的很小部分。
4. 物质的闪点越低，燃爆的危险性越大。
5. 可燃物质在没有外部火花、火焰等火源的作用下不发生燃烧。
6. 可燃物发生持续燃烧的最低温度叫着火点（燃点）。
7. 有数据表明火灾造成的死亡人数大多数为窒息和吸入气体中毒引起的。
8. 金属粉末不属于可燃粉尘。
9. 闪点的概念主要用于可燃液体，可燃固体没有闪点，也不闪燃。
10. 防火门的开启方向应为疏散方向。
11. 硝化甘油是心绞痛的缓解药物，也是易爆化合物。
12. 纯过氧化氢不会发生爆炸，一般要与有机物混合时，才会形成爆炸混合物。
13. 氧气是易燃气体。
14. 氢与氟的混合物在低温和黑暗环境就能发生自发性爆炸。
15. 自热物质不同于自燃物质，在数量较大和时间周期较长时才会着火燃烧。
16. 遇湿放出易燃的物质不得与水接触，但可以与酸接触。
17. 金属锂着火时不可用干沙进行扑救。
18. 高锰酸钾与甘油或乙二醇接触能引起自燃。
19. 强氧化剂与弱氧化剂性质一致，可以一起储运。
20. 毒性物质的毒性常用半致死剂量（LD_{50}）和半致死浓度（LC_{50}）来表征。
21. 一种毒性物质可加强另一种毒性物质的毒性，称拮抗作用。
22. 硝酸是强氧化剂，遇金属粉末、松节油立即燃烧，甚至爆炸。
23. 即使不从事放射性作业，人体也不能完全避免放射性辐射。
24. 避免人体受到触电伤害的最大允许电流为 40 mA。
25. 化学实验室不要将插座板放在实验室地面或实验台面上使用。
26. 电动搅拌器、电磁搅拌器停止搅拌时，要将调速旋钮调到零，再关闭开关。
27. 在加热方式选择时，低温采取间接加热方式，高温采取直接加热方式。
28. 为了掩盖煤气的臭味，需要在煤气中掺有一些特殊的物质。
29. 将碎冰与食盐混合，实际能达到-18～-5 ℃的低温。
30. 液氮可达-196 ℃的低温，稍有不慎将引起严重的冻伤。
31. 将冷凝管使用完毕，清洗后可直接放入电烘箱中干燥。

32. 在通风橱里面进行实验要将通风橱的门拉下,需要仔细查看时,可伸头进里面查看。

33. 气瓶的安全泄压装置类型有爆破片、易熔塞及复合装置。

34. 可燃性气体减压阀采用反向螺纹,非可燃性气体减压阀采用正向螺纹。

35. 关闭气瓶时,一定要先拧松调节螺杆,然后再关闭气瓶总阀。

36. 离心机运转过程中,要时常打开盖子查看离心试管是否正常。

37. 背部着火时,可就地翻滚熄灭火苗,或者就近使用紧急喷淋器,切忌外跑。

38. 化学废弃物对水体的危害主要是直接造成其损害、死亡,不会形成富营养化状态。

39. 海中的贝类、鱼类对重金属有很强的富集作用。

40. 无害化处理是指在远离居住区进行掩埋处理或焚烧处理。

41. 每个实验室都必须设置一个大塑料回收桶,收集实验室产生的所有废液。

42. 回收容器每装入一种新的废弃物,都应立即在"化学废弃物日志"中标明。

43. 含砷废液加氢氧化钙,即可生成砷酸钙沉淀后,直接排放。

44. 为了准确称量,使用前需要将苦味酸放置在干燥器中彻底干燥。

45. 虚拟仿真实验改变了传统化学实验方式,不产生废液。

46. 化学实验室必须配备化学品安全说明书(MSDS)。

47. 夏季进化学实验室必须穿实验服,冬季穿的衣服多,可以不穿。

48. 液体试剂要放在柜子的底层,固体试剂放在上层。

49. 废液回收混合时,必须查对其化学相容性,否则将产生的难以预料的严重事故。

50. 佩戴隐形眼镜进入化学实验室做实验是很不安全的。

二、 选择题(50分)

51. 当前化学实验室安全事故频发体现出的问题是( )
A 安全意识的缺乏或落后于时代;
B 安全技能的缺失与不足;管理水平的低下与不足;
C 安全教育内容与方式与快速发展的经济不适应;
D 以上都有。

52. GHS 是由谁发布的?( )
A 国际劳工组织;　　　　　　　B 联合国;
C 中国政府;　　　　　　　　　D 中华总工会。

53. 燃烧需要具备的必要条件是( )
A 空气;　　　　　　　　　　　B 可燃物、氧气;
C 可燃物、空气;　　　　　　　D 可燃物、氧化剂、引火源。

54. 下列属于引火源的是( )
A 高温表面;　　　　　　　　　B 电火花;
C 静电;　　　　　　　　　　　D 都是。

55. 硫化染料生产厂,停产时发生了自燃,最可能引起自燃的物质是( )
A 设备中残留的甲苯溶剂;　　　B 设备受腐蚀而产生的硫化铁;
C 设备中残留的硫化染料;　　　D 加热使用的导热油。

56. 烟头中心的温度可高达（　　　）

A　300～500 ℃；　　　　　　　　B　500～600 ℃；

C　700～800 ℃；　　　　　　　　D　800～1000 ℃。

57. 当大量的可燃蒸气突然泄漏出来，蒸气大面积扩散同时与空气混合，引燃后产生的严重爆炸称为（　　　）

A　燃爆；　　　　　　　　　　　　B　气爆；

C　燃烧爆炸；　　　　　　　　　　D　蒸气云爆。

58. 在化学实验室，有时不可避免地要使用到可燃物和氧化剂。因此，防火防爆的最关键措施是（　　　）

A　消除或控制点火源；　　　　　　B　时刻都要保持室内通风；

C　24 h 有人值班；　　　　　　　　D　不间断巡守。

59. 有爆炸危险的场所，必须将窗玻璃涂上白漆或采用磨砂玻璃，这是因为直射的太阳光可通过下列哪种物体聚焦形成高温焦点，点燃可燃性物质？（　　　）

A　圆形玻璃瓶；　　　　　　　　　B　装有水的圆形透明塑料瓶；

C　气泡的平板玻璃；　　　　　　　D　以上都可能。

60. 灭火的四种基本方法是（　　　）

A　冷冻法、窒息法、隔离法、抑制法；　　B　冷却法、窒息法、分离法、抑制法；

C　冷却法、窒息法、隔离法、抑制法；　　D　冷却法、掩埋法、隔离法、抑制法。

61. 在学校人员密集的地方，如教室、实验室等，逃生通道的门必须设计成（　　　）

A　向外开启，平时上锁；

B　向外开启，晚间上锁；

C　向内开启，任何时候都不能上锁；

D　向外开启，任何时候都不能上锁。

62. 灭火器上压力表的指针位于什么颜色区间时，表示失效、需要更换？（　　　）

A　红色；　　　　　　　　　　　　B　黄色；

C　黑色；　　　　　　　　　　　　D　绿色。

63. 我国发布的《危险化学品目录》（2015 版）列出了多少种剧毒化学品？（　　　）

A　40 种；　　　　　　　　　　　　B　140 种；

C　240 种；　　　　　　　　　　　　D　340 种。

64. 下列不属于危险化学品的是（　　　）

A　氯化钠；　　　　　　　　　　　B　硫酸；

C　氰化钠；　　　　　　　　　　　D　过氧化氢。

65. 易爆化合物爆炸的主要特点是（　　　）

A　爆炸时反应速率快；　　　　　　B　反应中释放出大量的热；

C　反应中能生成大量的气体；　　　D　包括以上三点。

66. 实验室易燃气体是（　　　）

A　乙烯、乙烷、乙炔、氧气及硫化氢等；

B　氢、甲烷、乙烯、乙炔及硫化氢等；

C　乙烯、乙烷、乙炔、CO_2 及硫化氢等；

D　乙烯、乙烷、乙炔、氧气及 CO_2 等。

67. 常压下,当氧的浓度超过多少时,就有可能发生氧中毒（　　）

A　20%;　　　　　　　　　　　B　30%;

C　40%;　　　　　　　　　　　D　50%。

68. 下列哪种无机化合物毒性最强?（　　）

A　亚硝酸钠;　　　　　　　　　B　重铬酸钾;

C　铬酸钾;　　　　　　　　　　D　氰化钠。

69. X 射线放射源的有效屏蔽防护是（　　）

A　玻璃和铁板屏蔽;　　　　　　B　有机玻璃和铝板屏蔽;

C　塑料盒有机溶液屏蔽;　　　　D　铅和混凝土屏蔽。

70. 导致生命危险的电流称为致命电流。一般情况下,多大以上的电流足以致命?（　　）

A　16 mA;　　　　　　　　　　B　32 mA;

C　50 mA;　　　　　　　　　　D　100 mA。

71. 实验室停电维修、检查时,电源开关处应（　　）

A　悬挂"维修中,严禁合闸"的警示牌;　B　一定要派人值守;

C　悬挂"维修中"的提示牌;　　　　　　D　一定要将电源上锁。

72. 化学实验室通常使用的电加热套突然发生燃烧,可能的原因是（　　）

A　加热失控;　　　　　　　　　B　水洒入;

C　温度太高;　　　　　　　　　D　溶剂洒入。

73. 下列有关气瓶颜色说法不对的是（　　）

A　氢气为深绿底白字;　　　　　B　氧气为天蓝底黑字;

C　氮气为黑底黄字;　　　　　　D　氦气为银灰底绿字。

74. 在通风橱里做实验时,正确的做法是（　　）

A　应将通风橱的门完全拉下,防止气体溢出道室内;

B　应将通风橱的门拉下一半,为了便于观察实验;

C　应将通风橱的门拉下,并留 5 cm 左右的进风口;

D　应将通风橱的门拉下,并留 30 cm 左右,便于操作。

75. 在实验室做实验时穿的实验服不得穿到（　　）

A　食堂;　　　　　　　　　　　B　会议室;

C　寝室;　　　　　　　　　　　D　以上所有公共场所。

76. 由氮氧化合物形成的、具有刺激性的浅蓝色光化学烟雾,称为（　　）

A　伦敦型烟雾;　　　　　　　　B　洛杉矶型烟雾;

C　北京型烟雾;　　　　　　　　D　纽约型烟雾。

77. 化学实验室废弃物具有哪些特性?（　　）

A　量少、种类繁多;　　　　　　B　形态多样、组成复杂;

C　具有毒性、腐蚀性;　　　　　D　以上所有。

78. 含砷废液无害化处理通常采取（　　）

A　中和法;　　　　　　　　　　B　沉淀法;

C　氧化法;　　　　　　　　　　D　以上都可以。

79. 对化学实验室废液回收点的要求包括(　　　)

A 悬挂指定的废液回收标志;　　　　　　B 塑料回收桶带有防漏托盘;

C 悬挂"废弃物日志"记录本;　　　　　　D 以上都包括。

80. 使用化学试剂时的安全注意事项,包括(　　　)

A 应佩戴防护眼镜、防护手套及实验服;

B 确认标签清晰,严格防止误用;

C 拿起试剂瓶时,应注意手心对着标签;

D 以上都是。

81. 实验室的试剂摆放高度以不超过多少米为宜? (　　　)

A 0.5 m;　　　　　　　　　　　　　　　B 1.0 m;

C 1.5 m;　　　　　　　　　　　　　　　D 2.0 m。

82. 实验室的试剂摆放原则是(　　　)

A 固体在上、液体在下;　　　　　　　　B 固体在下、液体在上;

C 固体在左、液体在右;　　　　　　　　D 没有规定。

83. 金属钠的使用与安全操作包括(　　　)

A 避免与酸类、卤素接触;　　　　　　　B 要储存于煤油中;

C 少量钠废料用乙醇处理;　　　　　　　D 以上所有。

84. 铬酸洗液有效时与失效时的颜色分别为(　　　)

A 无色与黑色;　　　　　　　　　　　　B 红棕色与绿色;

C 黄色与黑色;　　　　　　　　　　　　D 绿色与红棕色。

85. 实验室发生安全事故的外在因素包括(　　　)

A 专业知识与经验的不足,安全意愿缺乏;

B 设计不合理及安全防护设施投入不足;

C 对工作不适应及过度疲劳;

D 以上所有。

86. 含氰化物废液严禁与下列哪种废液混合? (　　　)

A 酸;　　　　　　　　　　　　　　　　B 碱;

C 盐;　　　　　　　　　　　　　　　　D 以上所有。

87. 已经采取了易燃防护措施,但蒸馏四氢呋喃时发生爆炸,最大的原因是(　　　)

A 光照有点强;　　　　　　　　　　　　B 有过氧化物形成;

C 温度控制有点高;　　　　　　　　　　D 冷却水温度不够低。

88. 化学实验室通常存在以下哪些安全隐患? (　　　)

A 保存试剂过多;　　　　　　　　　　　B 工作区学习区没有分开;

C 试剂没有分类放置;　　　　　　　　　D 都存在。

89. 容器中储存的易燃物(　　　)

A 量减少时,往往更容易着火爆炸;　　　B 都一样,没有区别;

C 量多时,往往容易着火爆炸;　　　　　D 不确定。

90. 化学实验室通常存在以下哪些安全隐患? (　　　)

A 液体试剂没放在托盘中;　　　　　　　B 只有一个废液回收桶;

C　没有穿实验服;　　　　　　　　D　都存在。

91. 在实验室,误食酸液时(　　)

A　先服 $Mg(OH)_2$ 乳剂,再喝水,最后饮些牛奶;

B　先喝水,再服 $Mg(OH)_2$ 乳剂,最后饮些牛奶;

C　先催吐,再喝水,最后喝奶;

D　立即服用碳酸盐或碳酸氢盐溶液。

92. 五氯化磷、五氧化磷及五硫化磷所致皮肤灼伤时(　　)

A　禁用水洗,而以 1% 硫酸铜或 3% 过氧化氢液冲洗;

B　大量水洗,再用 1% 硫酸铜或 3% 过氧化氢液冲洗;

C　立即用 2% 碳酸氢钠溶液冲洗;

D　用油剂类药及敷料涂抹。

93. 在实验室你发现自己衣服着火了,正确的做法是(　　)

A　立即用毛巾、衣服等扑打;　　　　B　用灭火器喷射;

C　用灭火毯覆盖;　　　　　　　　　D　立即使用喷淋器灭火。

94. 用电设备的电源引线不得大于(　　)

A　一般为 2 m;　　　　　　　　　　B　一般为 3 m;

C　一般为 5 m;　　　　　　　　　　D　一般为 10 m。

95. 下列化合物中,毒性最小的是(　　)

A　甲醇;　　　　　　　　　　　　　B　甲醛;

C　石油醚;　　　　　　　　　　　　D　苯。

96. 以下关于自热物质描述正确的是(　　)

A　不与空气或氧气接触也会自燃;

B　与空气接触不需要能量提供就能够自热;

C　少量短时间就可自燃;

D　硫化钠属于自热物质。

97. 酒精灯的不正确操作是(　　)

A　不能在燃着时添加酒精;　　　　　B　熄灭时用灯帽盖灭;

C　用燃着的酒精灯去点燃另一盏;　　D　酒精量不超其容积的 2/3。

98. 化学实验室废液回收时,应注意(　　)

A　按容器容积的 70%~80% 盛装;

B　回收容器应带有防漏托盘和带盖漏斗;

C　混合时做废液相容性试验;

D　以上所有。

99. 含铬废液无害化处理通常采取(　　)

A　碱性氯化法;　　　　　　　　　　B　中和法;

C　氧化法;　　　　　　　　　　　　D　还原沉淀法。

100. 减少实验室废弃物的途径是(　　)

A　选择绿色实验;　　　　　　　　　B　采用微量及半微量实验;

C　开展虚拟仿真实验;　　　　　　　D　以上都是。

模拟试卷（Ⅰ）参考答案

一、 判断题

1. 错 2. 错 3. 对 4. 对 5. 错 6. 错 7. 错 8. 对 9. 对
10. 对 11. 错 12. 对 13. 错 14. 对 15. 对 16. 错 17. 对 18. 对
19. 对 20. 错 21. 错 22. 错 23. 错 24. 对 25. 对 26. 错 27. 对
28. 错 29. 对 30. 对 31. 错 32. 错 33. 对 34. 对 35. 错 36. 错
37. 错 38. 对 39. 错 40. 错 41. 错 42. 对 43. 对 44. 对 45. 错
46. 对 47. 对 48. 错 49. 错 50. 对

二、 选择题

51. D 52. C 53. B 54. D 55. A 56. B 57. A 58. A 59. D 60. B
61. D 62. B 63. A 64. D 65. A 66. B 67. D 68. A 69. B 70. D
71. C 72. A 73. D 74. B 75. C 76. A 77. A 78. A 79. C 80. A
81. C 82. D 83. B 84. A 85. A 86. C 87. C 88. D 89. C 90. D
91. C 92. B 93. B 94. A 95. D 96. C 97. C 98. D 99. C 100. A

模拟试卷（Ⅱ）参考答案

一、 判断题

1. 错 2. 错 3. 对 4. 对 5. 错 6. 对 7. 对 8. 错 9. 错
10. 对 11. 对 12. 错 13. 错 14. 对 15. 对 16. 错 17. 对 18. 对
19. 错 20. 对 21. 错 22. 对 23. 对 24. 错 25. 对 26. 对 27. 错
28. 错 29. 对 30. 对 31. 错 32. 错 33. 对 34. 对 35. 错 36. 错
37. 对 38. 错 39. 对 40. 错 41. 错 42. 对 43. 错 44. 错 45. 对
46. 对 47. 错 48. 对 49. 对 50. 对

二、 选择题

51. D 52. B 53. D 54. D 55. B 56. C 57. D 58. A 59. D 60. C
61. D 62. A 63. B 64. A 65. D 66. B 67. C 68. D 69. D 70. D
71. A 72. D 73. A 74. C 75. D 76. B 77. D 78. B 79. D 80. D
81. C 82. A 83. D 84. B 85. D 86. A 87. B 88. D 89. A 90. D
91. B 92. A 93. D 94. C 95. C 96. B 97. C 98. D 99. D 100. D

参考文献

［1］郑春龙,李五一. 中外高校实验室安全教育教材建设的比较. 实验室研究与探索,2011,30(11):181-184.

［2］北京大学化学与分子工程学院实验室安全技术教学组. 化学实验室安全知识教程. 北京:北京大学出版社,2012.

［3］朱莉娜. 高校实验室安全基础. 天津:天津大学出版社,2014.

［4］黄志斌. 高等学校化学化工实验室安全教程. 南京:南京大学出版社,2015.

［5］蔡乐. 高等学校化学实验室安全基础. 北京:化学工业出版社,2018.

［6］孙绍玉. 火灾防范与火场逃生概论. 北京:中国人民公安大学出版社,2001.

［7］郑瑞文,刘海辰. 消防安全技术. 2版. 北京:化学工业出版社,2011.

［8］张海峰. 危险化学品安全技术全书. 2版,北京:化学工业出版社,2008.

［9］赵庆贤,邵辉. 危险化学品安全管理. 北京:中国石化出版社,2005.

［10］张荣,张晓东. 危险化学品安全技术. 北京:化学工业出版社,2017.

［11］蒋成军. 危险化学品安全技术与管理. 3版. 北京:化学工业出版社,2015.

［12］杨有启. 用电安全技术. 2版. 北京:化学工业出版社,1996.

［13］孟长功,辛剑. 基础化学实验. 2版. 北京:高等教育出版社,2009.

［14］蒋卫华,曹剑瑜,朱晔. 高校化学实验室实施安全教育的研究与实践. 化学教育,2015,20:25-29.

［15］罗一帆,汤又文,孙峰. 高校实验室安全管理的探讨. 实验技术与管理,2009,26(4):147-149.

［16］曾懋华,洪显兰,彭翠红. 对比中美实验安全规则反思我国高校化学实验室安全管理. 实验室研究与探索,2009,28(6):310-313.

［17］李振健,范强锐,金军. 高等学校危险化学品安全管理探索. 安全与环境学报,2004,4(3):20.

［18］冯建跃. 高校实验室化学安全与防护. 杭州:浙江大学出版社,2013.

［19］郑春龙. 高校实验室生物安全技术与管理. 杭州:浙江大学出版社,2015.

［20］孙玲玲. 高校实验室安全与环境管理导论. 杭州:浙江大学出版社,2015.

读者意见反馈

为收集对教材的意见建议，进一步完善教材编写并做好服务工作，读者可将对本教材的意见建议通过如下渠道反馈至我社。

咨询电话　400-810-0598

反馈邮箱　hepsci@ pub. hep. cn

通信地址　北京市朝阳区惠新东街 4 号富盛大厦 1 座
　　　　　高等教育出版社理科事业部

邮政编码　100029